LA VIE REPENSÉE

Quand la Science Quantique et la Spiritualité se rejoignent, le bonheur se matérialise

PHILIPPE BROUILLARD, PHD CAND

VITAQUANTUM

PREMIÈRE ÉDITION

«Il s'agit d'un excellent résumé de la science quantique au sein de la conscience et d'une excellente introduction à la vision quantique du monde. Les auteurs savent présenter des concepts difficiles de manière conviviale. Je le recommande. Vous, le lecteur, l'aimerez.»

– Dr AMIT Goswami

PhD, Physicien Théorique Quantique Renommé et Auteur

« Quand la science quantique et la spiritualité se rejoignent, nul besoin de vous dire à quel point toutes mes cellules sont en éveil. Ce magnifique ouvrage créé par mes amis, Philippe et Gaétan, n'est pas seulement une lecture, mais une expérience transformatrice dans le cœur, l'esprit et le corps, soufflant un réveil à notre plein potentiel. Laissez-vous inspirer par ces pages et permettez à la vie de vous métamorphoser sur le chemin de la redécouverte de soi et de la vie. »

– François Lemay

Coach, auteur et conférencier international

« L'ouvrage que vous vous apprêtez à lire est absolument essentiel! Essentiel parce qu'il pave la voie vers une meilleure compréhension du monde de l'infiniment petit et de son influence dans nos vies. Merci au tandem père-fils, Gaétan et Philippe Brouillard, de contribuer à cette rencontre tant attendue entre la physique et la métaphysique en levant le voile sur la puissance de la conscience à créer notre réalité, tant personnelle que collective, pour plus de joie, de bonheur... et de santé! »

– France Gauthier

Animatrice, conférencière, auteure sur la spiritualité

« La Vie repensée promet de vous guider vers une compréhension éclairée de la Vie et du Bonheur, dévoilant ainsi la lumière qui persiste, même dans les moments les plus sombres. «Quand la science quantique et la spiritualité se rejoignent, » c'est aussi une invitation à redéfinir notre compréhension de l'existence. Une exploration audacieuse de la convergence entre la science et la spiritualité, dévoilant une perspective qui transcende les frontières du connu. Cette lecture est enivrante et puissante. »

– Kathy Tropiano

Coach, conférencière, auteur et fondatrice du Salon de L'Éveil

Gaétan Brouillard
Philippe Brouillard

La Vie repensée
Quand la science quantique et la spiritualité se rejoignent,
le bonheur se matérialise

Éditeur : Édition U Vital FZE
Révision linguistique : Joanne Chicoine
Logo de la couverture : Conscious Graphix
Graphisme de la page couverture : Isabelle Jardin
Graphisme maquette : Isabelle Jardin

ISBN papier : 978-9948-739-02-9
ISBN numérique : 978-9948-739-45-6

Dépôt légal
Bibliothèque et Archives nationales du Québec, 2024
Bibliothèque et Archives du Canada, 2024

Cet ouvrage reflète l'opinion et les idés des auteurs. Il vise à donner du matériel éducatif et formateur sur la vie en général. Il est entendu que ni l'éditeur, ni les auteurs ne proposent des services médicaux. Avant de mettre en pratique les suggestions proposées, les lecteurs devraient consulter un professionnel de la santé ou tout autre professionnel compétent.

L'éditeur et les auteurs se déchargent de toutes responsabilités relatives à tout dommage pouvant impliquer des désordres à quelque niveau que ce soit.

LA VIE REPENSÉE

Quand la Science Quantique et la Spiritualité se rejoignent, le bonheur se matérialise

GAÉTAN BROUILLARD, médecin (1976-2022)
PHILIPPE BROUILLARD, PhD candidat
Préface de DENIS LÉVESQUE

PHILIPPE BROUILLARD, PHD CAND
VITAQUANTUM

Je dédie ce livre à tous les chercheurs spirituels qui veulent comprendre la vraie nature de la réalité et de la vie ainsi qu'aux activistes du bonheur afin de trouver la vraie liberté d'être.

Philippe Brouillard

À tous ceux et celles qui cheminent dans la conscience, à ces citoyens éveillés qui porteront haut et fort le flambeau de la Liberté, de l'Unité et de la Lumière.

Gaétan Brouillard

TABLE DES MATIÈRES

PRÉFACE

J'ai connu le docteur Brouillard grâce à mon émission de télévision en 2015. Il était venu me parler de son livre « La santé repensée ». Tout de suite, j'ai beaucoup aimé l'homme et son approche différente de la santé. J'ai fait des centaines d'entrevues et je n'ai jamais craint d'explorer des avenues singulières avec toutes sortes d'intervenants : des chercheurs, des médecins, des infirmières ou des professionnels de ce qu'on appelle souvent la médecine fonctionnelle ou même la médecine douce.

J'ai été impressionné par l'ouverture et la profondeur du docteur Brouillard, un urgentologue formé pour agir rapidement à l'hôpital. Il s'est intéressé à plusieurs champs d'activité souvent négligés par la médecine traditionnelle dont la médecine fonctionnelle qui recherche la cause de la maladie, ou même l'ostéopathie. Au Québec, un jeune étudiant en médecine me disait qu'un de ses professeurs soutenait en classe que c'était pratiquement du charlatanisme. Il se trouve que j'ai vu un ostéopathe pendant longtemps. C'est lui qui me permettait de contrôler le plus efficacement la douleur de l'arthrose invasive dont je souffre. Je ne crois donc pas au charlatanisme de cette pratique.

En plus de l'ostéopathie, le docteur Brouillard s'est intéressé à l'acupuncture, à l'hypnose, à la psychologie. Pour l'arthrose spécifiquement, il a utilisé des techniques que le Collège des médecins québécois assez conservateur ne reconnaît pas nécessairement : des injections de substances naturelles ou des champs magnétiques pulsés. Pour l'arthrose spécifiquement, il a utilisé des techniques d'infiltration de substances biologiques. Il m'a traité de cette façon et ma douleur a considérablement diminué.

Avec ce livre, ce médecin retraité en compagnie de son fils Philippe, poursuit son exploration des différentes façons de faire et de voir la santé et la vie dans sa globalité. Leur approche est assez originale. Elle incorpore des notions inhérentes à la théorie quantique relevant davantage de la physique comme telle et d'autres étroitement liées à la philosophie bouddhiste. Cette approche suppose qu'il y a d'autres façons d'appréhender la maladie que mécaniquement. Les émotions jouent un rôle fondamental, autant dans la santé que dans la maladie ou la guérison.

Par exemple, pour eux, l'anxiété a des effets directs sur la structure des cellules du corps humain. Si un bon moral peut aider à la guérison, à rebours l'anxiété peut entraîner la maladie et l'exacerbation des facteurs héréditaires qui peuvent la déclencher. Ce faisant, le bonheur devient un élément de santé fondamental. Le vivre n'est certainement pas une assurance contre la maladie, mais il peut favoriser la santé.

Après avoir démontré que le bonheur et le calme intérieur qu'il induit peuvent avoir des effets directs sur la santé, Gaétan et Philippe proposent des pistes de solutions qui ont directement leurs racines dans la philosophie bouddhiste. Comme eux, je me suis beaucoup intéressé au bouddhisme. J'ai commencé à le faire en fréquentant la philosophie en douze étapes des groupes d'entraide comme les AA. J'ai la conviction que Bob et Bill qui sont à l'origine de ce mouvement ont aussi beaucoup fréquenté la littérature bouddhiste.

Le lâcher-prise, l'impermanence cristallisée par le « un jour à la fois », la compassion, la visualisation et la méditation constituent des concepts tout à fait bouddhistes. Comme le moine Matthieu Ricard, que j'ai reçu à quelques reprises en entrevue, Gaétan et Philippe croient que développer la conscience de ce que nous sommes et de ce que nous faisons engendre la sérénité sous-jacente au bonheur. Être gentil avec les autres et avec soi-même réduit l'angoisse et la peur et nous incite au bonheur, car entretenir les idées négatives nous font basculer vers la peur.

Bien sûr, on met également l'accent sur l'importance de l'alimentation, de l'exercice et du sommeil. Sur la flore intestinale qu'il faut savoir entretenir parce que les intestins sont en quelque sorte notre deuxième cerveau. Leur malfonctionnement a un effet direct sur notre physique, mais aussi sur nos émotions.

Lire un livre comme celui-là permettra au lecteur de faire le point sur sa vie, sa santé et ses croyances. Évidemment, chacun en tirera des conclusions différentes, mais ce point de vue original nous amènera à réfléchir et à prendre conscience des divers chemins à emprunter et de ceux qu'on peut changer pour alimenter notre bonheur et, du même coup, pour notre santé !

Denis Lévesque, animateur

AVANT-PROPOS

Gaétan Brouillard : *Après avoir écrit trois livres, j'en mijotais un quatrième depuis deux ans déjà. Plusieurs sujets traversaient mon esprit, mais le thème unificateur n'était pas encore précisé. Ces dernières années, plus je regardais notre monde, plus l'objet de ce recueil devait avoir une importance capitale face à la situation dans laquelle l'humanité est plongée actuellement. Plus le temps avançait, plus je voyais les relations humaines se dégrader alors que les éléments de peur étaient devenus pandémiques sur notre globe encore bleu.*

De nouvelles divisions, jusqu'alors inconnues, se creusaient entre les gens et entre les nations. Pourquoi tant de bouleversements ? Ce qui a poussé ma réflexion encore plus en avant est le nombre de travailleurs de la santé, et même de la population en général, ayant traversé difficilement ces dernières années. Je voulais désormais écrire un livre qui parlerait du cœur pour se retrouver en tant qu'humain conscient, un livre pour se reconnecter avec l'être que nous sommes véritablement, un livre sur le sens même de la vie et de notre présence ici sur terre.

Il était clair que je devais apporter plus de sérénité et plus de paix en ces périodes d'ajustement que le monde traverse. Au fur et à mesure que le temps passait, mon sujet se précisait. Puis l'univers s'ordonna pour que je mette en œuvre un texte qui parle de la place du bonheur dans notre vie, dans cette abondance d'épreuves que notre monde subit depuis trop longtemps.

En tant que médecin holistique, j'ai toujours considéré l'importance d'un corps sain dans un esprit sain et toute notion d'une spiritualité authentique était d'un intérêt capital dans ma vie: une spiritualité sans religion, pour comprendre la place de l'humain dans l'univers qui le compose. Qui est-il véritablement?

Le comportement humain m'a toujours passionné. Ses origines et tout ce qui le définit sont sujets à questionnements. Dès mon jeune âge, les sciences spirituelles et la place de l'humain dans cet univers me passionnent et éclairent ma vie tout entière. Mes nombreux voyages aux États-Unis, en Thaïlande, dans différents ashrams (ermitages) en Inde, en Chine, au Népal et jusqu'aux monastères les plus reculés des hauts plateaux himalayens du Tibet m'ont permis de recueillir une vision éclairée de l'humanité et de sa destinée.

J'ai eu la chance d'avoir un mentor, Etbonan Karta, qui a créé la Fondation Poorna-Jnana Yoga, ce yoga de la pleine connaissance où j'ai étudié, avec mon épouse Carole, les sciences spirituelles et occultes pendant plus de 35 ans. Ce coach doué de Lumière et de Sagesse m'a permis d'éclairer les coins sombres de ma personnalité et de sortir du brouillard!

Le soulagement de la souffrance a toujours été mon mandat médical, tout comme la quête du bonheur dans ce monde constamment en recherche. Si je demandais: «Êtes-vous heureux?», la réponse ne venait pas d'emblée. De quel bonheur parle-t-on? «Hier, oui, le bonheur y était, mais pas aujourd'hui.» Mais pourquoi l'humain doit-il vivre ce côté conditionnel et temporel du bonheur?

Ce qui a confirmé le sujet précis de ce livre a été la conversation que j'ai eue avec mon fils, Philippe, candidat au doctorat Science quantique de la santé, de la prospérité et du bonheur (Ph. D.).

La science quantique utilise les concepts de la physique quantique pour expliquer l'évolution de l'être humain du malheur vers le bonheur total. Elle utilise une échelle du bonheur pour nous aider à comprendre notre réalité individuelle, comme nous le verrons plus loin.

Le terme quantique fait référence au «quantum», c'est-à-dire au plus petit «paquet d'énergie ou unité lumière». C'est la science de l'infiniment petit qui, aujourd'hui, explique l'infiniment grand dans lequel nous vivons. Tout notre univers est quantique, tout est énergie et lumière, comme il a déjà été mentionné dans les livres *La santé repensée* et *C'est une question de vie et de mort* du Dr Brouillard.

Philippe Brouillard: *J'apporterai une note scientifique à ce livre sur l'énergie, le comportement humain et le bonheur. Ma thèse doctorale porte sur ce concept du bonheur dont nos sociétés actuelles ont tant besoin. La vision de la science quantique permet de mettre l'être* *humain et sa conscience au centre de tout ce qui se passe dans sa vie, dans son comportement ainsi que dans son environnement en unifiant la physique quantique et la spiritualité. Tout est énergétique et le bonheur l'est tout autant. Quel beau synchronisme !*

J'ai toujours été en quête du bonheur. J'ai suivi de nombreuses formations, participé à des retraites, bénéficié de coaching et de mentorat. J'ai investi beaucoup de temps et d'argent, mais cette petite flamme intérieure du bonheur semblait toujours me fuir. Jusqu'au jour où j'ai entrepris mon doctorat en science quantique, la science des possibilités unifiant les principes de la physique quantique et de la spiritualité.

Pour la première fois, j'ai pu comprendre toutes les formations spirituelles et les expériences que j'avais vécues auparavant en commençant mon doctorat avec Dr Amit Goswami. Cette compréhension a fait toute la différence pour moi. Ce parcours n'a pas été facile, car la science quantique est très complexe. C'est pourquoi j'ai ressenti le besoin de simplifier cette information et de la rendre accessible à tous, afin que chacun puisse l'appliquer dans sa vie.

J'ai commencé par enseigner aux étudiants à la maîtrise et au doctorat, avec pour mission de simplifier, simplifier et simplifier encore. Les retours que j'ai reçus ont été incroyables. Cela m'a encouragé à lancer mon premier programme de groupe en ligne sur le Bonheur Quantique, mais je voulais aller encore plus loin.

L'idée d'écrire un livre me trottait dans la tête, toutefois j'étais trop occupé pour me lancer dans cette aventure. Et c'est là que le destin a joué en ma faveur. Lors d'une conversation avec mon père sur ma perception de la vie quantique, l'idée de ce livre a émergé. Parler de science pour expliquer l'évolution humaine est ma passion, et c'est ce que je souhaite transmettre à travers nos écrits. Nous avons maintenant l'opportunité d'expliquer l'ensemble de nos expériences et de nos intuitions afin de transformer nos croyances et notre mental et de vivre des expansions de conscience.

Voilà, c'est lancé : un livre sur la dimension scientifique et spirituelle de l'être que nous sommes. Un livre sur la Vie et le Bonheur, mais pas n'importe quel bonheur ; celui que nous recherchons tous à un moment de notre vie, même lorsque la souffrance se pointe. Nous devons être présents à cette souffrance pour qu'elle soit comprise et dépassée et pour que, ultimement, elle fasse place à notre héritage oublié : le bonheur.

Nous avons donc décidé de cocréer cette œuvre littéraire, Philippe apportant la touche scientifique des sciences quantiques.

C'est une belle coopération père-fils, science et spiritualité réunies, comme cela aurait dû l'être depuis des siècles. La science vient ajouter et expliquer ce que l'humanité a toujours su au fond d'elle. Des sages et des érudits ont compris que l'humain était un être en devenir, avec la béatitude (*bliss*) comme aboutissement en fin de vie sur notre planète Terre.

Ce livre, écrit par Gaétan et Philippe, est le fruit de nos discussions, de nos échanges, de nos interprétations et de nombreuses réécritures. Il vous offrira compréhension et éveil, même si les sujets sortent parfois des sentiers battus. Il faudra dénouer des nœuds, remettre en question des croyances pour embrasser le nouveau, car l'humanité est à un tournant de son évolution, cherchant à comprendre, à progresser et à agir.

INTRODUCTION

Bravo, sans le savoir, vous faites partie de la synchronicité de la vie, en ce moment même. En êtes-vous conscient ? Il n'y a pas de hasard. Tout est orchestré parfaitement selon vos pensées, vos désirs et selon l'Esprit universel ou la Conscience. Bien que vous n'en preniez pas conscience à chaque instant, ceci est prouvé par la science et nous le verrons dans ce livre.

Ce n'est pas par hasard si vous tenez en main un livre sur le bonheur. Et ce n'est pas nécessairement parce que vous êtes malheureux ! Et si c'était votre petite joie intérieure, dont vous ignorez pour l'instant l'existence, qui vous avait guidé vers cet ouvrage ?

Ce que vous lisez ou entendez maintenant n'est pas le fruit du hasard. Tout ce qui se présente dans votre vie, une partie de vous l'a invité même si vous n'en êtes pas conscient pour l'instant (mais vous apprendrez à développer cette présence tout au cours de cette lecture). Cet instant présent est d'une très grande valeur pour vous, car tout sera à propos de vous, de votre vie qui se déroule et de votre mieux-être maintenant.

Il semble que nous ne pouvons parler du bonheur sans parler de la vie, des souffrances, des fléaux, des épreuves, des tourments, des revers qui nous empêchent de le trouver. Peut-être que le bonheur est quelque chose qui nous poursuit constamment, mais que nous ne pouvons saisir, car la vie véritable nous échappe ? Peut-être aussi que l'infortune fait partie de notre vie à notre insu, qu'une partie de nous l'aurait peut-être programmée ?

Une chose est cependant certaine : nous désirons tous le bonheur et non seulement nous le désirons, mais nous le méritons tous !

La race humaine a été créée il y a plus de 14 millions d'années, mais on ne lui a pas donné les clés du bonheur. Le livre d'instruction est manquant actuellement, et on continue de chercher. Ne devrait-il pas exister ? Ou peut-être l'humain a-t-il oublié… Peut-être a-t-il perdu ce fameux registre qui expliquait le bonheur candide de nos premiers moments ? Avant d'explorer l'univers et son fonctionnement, ne devrions-nous pas connaître nos origines, qui nous sommes véritablement, de quoi nous sommes composés, ce qu'est notre mental, comment nous fonctionnons, d'où nous venons, ce qu'est la vie et la mort ?

Autant dans le passé il était irréfléchi et même imprudent de faire l'unité entre spiritualité et science, autant aujourd'hui l'humain cherche à comprendre son évolution spirituelle en utilisant la science de l'invisible (quantique). Nous trouvons de plus en plus de points communs entre le bouddhisme et la physique quantique et encore davantage avec l'hindouisme, qui est l'une des plus anciennes religions du monde encore pratiquée et qui n'est détenue et structurée par aucune organisation, sans fondateur et sans dogmatisme.

Aujourd'hui, on explique scientifiquement ce que le bouddhisme et l'hindouisme savaient à leur façon, depuis longtemps. Tous les atomes de notre corps contiennent les particules de l'univers. Tous ensemble, en tant qu'humains, nous sommes interconnectés et constitués de la même essence. Nous sommes entrelacés dans un réseau, la toile de l'univers (Web), comme nous le verrons avec la science quantique, néanmoins nous vivons dans un état de séparation quotidienne.

À la lecture de ce livre, nous pourrons discerner cette connexion universelle pour retrouver la santé et le bonheur.

La connaissance de l'humain ne cesse de s'enrichir. Et même des textes hindouistes aussi anciens que la Bhagavad-Gita, écrits probablement près de 5000 ans avant Jésus-Christ décrivent le rôle de l'humain dans la société, ses implications morales, ses guerres incessantes, ses craintes et ses conflits de toutes sortes. On y parle d'un monde qui un jour devra être détruit pour vivre une transformation souhaitable.

Cet enseignement met l'accent sur la domination des désirs qui sont à la source des souffrances humaines. Pour l'humain moderne, la connaissance et le service dans l'action sont des outils qui permettent à l'humain et à la société de prospérer en vue de la réalisation d'un bonheur durable. Nous avons beaucoup à apprendre des vérités ancestrales… Quand l'humain reconnaîtra-t-il qu'il n'y a pas de grandes nouveautés sous le soleil ?

En y regardant de près, la littérature foisonne de livres portant sur le bonheur. Des titres qui ressemblent à: *Vivre plus vieux et en santé*, *Vivre heureux et dans la joie* ou *Se faire plaisir avec de nouvelles recettes* font le palmarès dans les librairies. Mais nous ne voulons pas donner des recettes de bonheur qui seront délaissées dès que la situation change, qu'un bien s'envole ou que le cancer frappe. Nous voudrions parler avant tout de l'être que nous sommes, de notre composition, de notre développement, de la vie qui se joue devant nous, et même de notre interaction dans ce système planétaire.

Il n'y a pas de recettes toutes faites pour le bonheur sans connaître **d'abord le sens de la vie** qui nous échappe, sans réaliser **le sens de notre présence ici** sur cette plate-forme d'évolution qu'est la Terre. La vie est joie: plus nous apprenons sur les mécanismes de la vie et sur la raison de notre présence ici sur terre, plus il sera facile d'agir selon les règles cosmiques et d'inviter peu à peu le bonheur.

Pour le bonheur, il n'y a pas de recettes toutes faites. Évidemment, les gens adorent les recettes toutes faites, tout comme la pilule miracle, mais il n'en sera jamais ainsi pour la vie. Par contre, il y a des principes qui peuvent vous guider dans votre quête.

Dans la première section du livre, nous établissons les bases en explorant la vie, une expérience bien différente de ce que nous avons peut-être pensé ou de ce qui nous a été enseigné. Il est temps de remettre en question cette vision conventionnelle de la vie, car elle est souvent à la racine de nos malheurs, comme les bouddhistes nous l'ont enseigné depuis des millénaires.

Dans ces pages, vous découvrirez une nouvelle perspective de la réalité, fusionnant les connaissances de pointe de notre science moderne avec la sagesse intemporelle de la spiritualité qui remonte à des milliers d'années.

La deuxième section vous invite à voir comment cette nouvelle vision peut s'appliquer dans divers domaines de votre vie, dévoilant comment elle peut être utilisée pour accroître votre bonheur. La véritable métamorphose commence lorsque nous prenons les informations des autres, comme celles de ce livre, et que nous les enrichissons de notre propre perspective pour leur donner un sens personnel.

La troisième section vous guidera vers des pratiques concrètes que vous pouvez intégrer dans votre quotidien. Cependant, les outils ne sont qu'une partie du processus. Pour un changement profond, il est essentiel de modifier votre vision du monde. En adaptant votre perception, vous transformerez votre réalité, votre vie et votre bonheur.

Enfin, la dernière section du livre est dédiée à l'inspiration. Elle vous rappellera que vous avez le pouvoir de réinventer votre vie et de redécouvrir votre véritable essence. Vous êtes bien plus que vous ne le pensez, et cet ouvrage vous invite à embrasser ce potentiel extraordinaire qui réside en vous. Vous êtes le narrateur de votre propre histoire et il est temps de créer un récit empli de bonheur et de sens.

Certes, nous pouvons qualifier la vie comme un grand maître, mais pourquoi attendre pour apprendre et comprendre, alors que certaines situations peuvent s'avérer parfois éprouvantes ? La vie est précieuse, elle sera toujours un grand maître, peu importe les conditions et le temps qu'elle nous donne. Nous pouvons dire que le temps qui nous est alloué est tout aussi précieux.

Si vous lisez ces lignes, c'est un choix que vous avez fait. Il est à propos de votre mieux-être, d'une meilleure compréhension de la vie et de son mécanisme pour générer plus de bonheur et de créativité.

AVIS AUX LECTEURS

Découvrez ce livre passionnant regorgeant de nouvelles connaissances captivantes ! Vous y trouverez une multitude de questions de réflexion pour stimuler votre esprit ainsi que des liens externes soigneusement sélectionnés pour approfondir vos découvertes. Et pour rendre votre expérience de lecture encore plus agréable, nous avons regroupé toutes les questions essentielles et les liens mentionnés et y avons ajouté plusieurs pistes de réflexion dans un document.

Plongez-vous dans ce trésor de sagesse et laissez-vous emporter par une aventure intellectuelle enrichissante !

Vous pouvez aller sur le lien
https://vitaquantum.com/lecadeaurepense
ou utiliser le code QR ci-dessous :

REMERCIEMENTS

Depuis que je suis tout petit, j'ai toujours voulu comprendre la vie. J'ai rencontré beaucoup de gens qui m'ont aidé dans cette quête. Je remercie d'abord mes parents de m'avoir initié à la spiritualité à l'âge de neuf ans même si, par la suite, j'ai remis en question ce que j'apprenais. Je me suis bien sûr rebellé, car je ne me sentais pas compris. Je suis donc parti dans une croisade vers la compréhension de notre monde.

Je remercie Alexandre Nadeau. J'ai fait partie de son premier groupe, il y a environ 25 ans. Je voulais aller encore plus loin et comprendre la réalité dans laquelle nous vivons. J'ai suivi de nombreuses formations, eu des coachs, des mentors, des certifications, et je remercie toutes ces personnes qui ont croisé ma route. Je remercie également mon mentor actuel, le Dr Amit Goswami, qui a su me faire comprendre la nature de la réalité et de la vie d'une manière qui correspond à tout ce que j'ai appris jusqu'à présent.

Merci à tous ceux et celles qui ont travaillé de proche ou de loin à l'élaboration de ce livre, incluant Antoinette Layoun « Shanti ».

Et, bien sûr, merci à ma femme, Natasha Azrak, qui a été un soutien précieux. Dans mes périodes les plus pénibles, elle a été là, même si, par moments, cela n'a pas été facile. Et aujourd'hui, notre fille est ma plus grande source de transformation. Elle est ma plus grande coach, même si elle n'en est pas encore consciente.

Merci à tous ceux et celles qui ont osé faire partie de ma première cohorte test et de ma cohorte de thèse doctorale. Félicitations pour être des pionniers de cette nouvelle société.

Finalement, je remercie la vie d'être à mon écoute. Elle me donne tout ce dont j'ai besoin pour grandir sur le chemin du réel bonheur intérieur.

Philippe Brouillard

Toutes ces années passées avec un mentor m'ont permis de progresser dans mes recherches sur la composition de l'homme et de sa place dans notre univers. Je remercie Etbonan Karta, mon coach de vie, pour sa guidance éclairée, car le discernement est chose primordiale dans un processus évolutionnaire.

Merci à ma chère épouse, Carole, pour son sourire et sa patience dans l'exécution de ce livre. Pour son soutien lors de ces quelques moments de découragement qui ont toujours fait partie de mes projets d'écriture.

Merci également à mon cher fils, Philippe, qui a osé suivre ce cheminement, cette vision intégrée des énergies qui composent notre univers. Ce fut également un moment de partage et de communion entre nous sur la compréhension de la science quantique lors de l'écriture de cette œuvre originale.

Merci à son épouse, Natasha, ma belle-fille et nouvelle maman, pour son encouragement dans ce projet. Merci de nous avoir concocté un délicieux chapitre sur le bonheur des aliments.

Merci à mon fils Simon, son épouse Gabrielle et leurs quatre enfants pour leur patience puisque parfois, même trop souvent, j'ai brillé par mon absence lors de l'écriture de ce livre.

Merci à Philippe et à sa maison d'édition.

Merci à Yannick « le gentil » pour son chapitre sur la gentillesse qui est rempli de sagesse.

Merci à tous mes amis-patients qui, durant mes 46 ans de pratique, maintenant terminée, ont été des livres ouverts sur la santé, la douleur et la souffrance. Avec eux et leurs questionnements sur la vie, j'ai pu avancer un peu plus loin sur le sentier évolutif de notre long cheminement terrestre.

Gaétan Brouillard

À PROPOS DES AUTEURS

BIOGRAPHIE DE PHILIPPE BROUILLARD

Philippe est né dans une famille spirituelle et possède une âme visionnaire et intuitive. Il a toujours été en quête du sens de la vie et a remis en question les croyances conventionnelles, ce qui l'a fait se sentir divergent et incompris.

À l'école, il était surdoué, mais il s'ennuyait réellement. Dans les sports extrêmes, il fut classé 21e au Canada en ski de bosse, malgré son envie de faire des sauts jamais vus auparavant que ses entraîneurs désapprouvaient.

Même en construisant son entreprise consciente dans l'industrie de la santé avec son père, le Dr Brouillard, et sa femme, Natasha Azrak, il se sentait différent. Il a quand même choisi de poursuivre sa quête de spiritualité et de transformation personnelle.

Malgré ses formations approfondies en coaching, PNL, hypnose, chamanisme, guérison énergétique et bien d'autres, il ressentait qu'il lui manquait quelque chose et se sentait incomplet.

Lorsqu'il a découvert qu'il était possible d'obtenir un doctorat en science quantique de la santé, de la prospérité et du bonheur, il a su que c'était la pièce manquante : intégrer la science et la spiritualité. Comme l'a dit le Dalaï-Lama : « La spiritualité sans la physique quantique est une image incomplète de la réalité. » Par conséquent, il a décidé de mettre fin à son entreprise florissante et de poursuivre un doctorat en science quantique.

Sa thèse : Comment enlever les barrières inconscientes pour que les gens redécouvrent leur passion, leur mission d'âme et puissent atteindre un véritable bonheur.

En tant que chercheur, il explore constamment de nouveaux horizons, cherchant des expériences fascinantes telles que des retraites bouddhistes au Népal, la poussée de ses limites physiques et mentales vers le camp de base de l'Everest, des échanges avec des moines bouddhistes, la pratique de la méditation Vipassana ou même des retraites dans l'obscurité, pour n'en citer que quelques-unes. Toujours avide de découvertes, il s'efforce sans relâche de dénicher de nouvelles expériences, approches ou techniques qu'il pourra ensuite partager avec sa communauté, dans un élan continu de croissance personnelle et de partage enrichissant.

Philippe est passionné par la vie quantique où la Conscience est le fondement de tout être pour un véritable bonheur. C'est pourquoi il est également passionné par la création d'un écovillage quantique qui intègre la géométrie sacrée, la permaculture et les principes de l'évolution humaine à travers le prisme de la science quantique. À travers son travail, Philippe vise à créer un effet domino de changement positif, transformant les individus, les communautés et le monde dans son ensemble. Il rêve d'un monde où l'humanité prospère et où chacun vit en harmonie les uns avec les autres et avec la planète.

À travers ses enseignements et ses programmes, Philippe vise à aider les gens à transcender leurs croyances limitantes et à se connecter avec le pouvoir de leur subconscient, afin de libérer leur plein potentiel et de vivre une vie de sens et d'épanouissement. Il croit que l'intégration de la science et de la spiritualité permet une compréhension qui est essentielle pour que les individus puissent réaliser une véritable transformation et vivre à un niveau de conscience supérieur.

Il est conférencier international en français et en anglais. Ses auditeurs lui disent souvent que, grâce à lui, ils comprennent enfin des concepts complexes, ce qui les rend plus faciles à appliquer pour une transformation personnelle profonde. Il est le seul étudiant au doctorat qui enseigne aux étudiants de maîtrise et doctorat à comprendre plus facilement les concepts difficiles.

BIOGRAPHIE DE GAÉTAN BROUILLARD

Diplômé en 1976 de l'Université de Montréal, Gaétan Brouillard a pratiqué la médecine pendant plus de 46 ans. Il a été médecin-conseil de l'hôpital Maisonneuve-Rosemont où il a été chargé d'enseignement clinique pendant plus de 35 ans. Il a pratiqué la thérapie de la douleur chronique et des pathologies musculo-squelettiques, tout en y apportant des techniques nouvelles et avant-gardistes.

Il a été directeur de la Clinique de Santé Globale Brouillard de Laval jusqu'en 2015 et possède une expertise dans la pratique de la médecine préventive (style de vie, nutrition, suppléments, gestion du stress, méditation, hormonothérapie bio-identique, exercices). Il fut un doyen de la médecine fonctionnelle ici même au Québec. Après de multiples symposiums à l'extérieur du pays, il pratique l'approche de l'Institute of Functional Medicine américaine avec ses médecins mentors, dont le Docteur Jones et le Docteur Hyman, ceux-là même qui ont traité un président à la Maison-Blanche.

Il a rédigé plusieurs articles sur le renouveau de la médecine et ses approches intégratives dans la revue l'Actualité Médicale destinée aux médecins francophones. Il s'est intéressé aux médecines complémentaires dès 1981 et il a obtenu un diplôme en acupuncture. Subséquemment, il a acquis des compétences dans divers domaines tels que la naturopathie, l'homéopathie, l'ostéopathie, la chiropraxie et l'hypnothérapie. Reconnaissant l'homme dans sa multiple dimension en tant qu'unité corps et esprit, il s'est passionné pour le yoga sous différentes formes ainsi que pour la médecine énergétique lors de voyages au Népal, au Tibet, en Thaïlande et en Inde. De plus, il a participé à une retraite avec le Dr Jon Kabat-Zinn portant sur la réduction du stress et la méditation de pleine conscience.

En 2014, il fut le médecin en charge de la série télévisée « Les Persévérants » à Radio-Canada (six émissions) pour démontrer que le style de vie des adolescents pouvait faire la différence chez les décrocheurs potentiels en matière scolaire. En 2015, il publie son premier livre, La santé repensée. Ce livre fait le palmarès, avec plus de 60 000 volumes vendus (au Québec seulement) et suscite plusieurs entrevues médiatiques, tant à la radio qu'à la télévision, au Québec, en France, en Belgique, en Russie et au Mexique.

En 2020, au Palais des congrès de Montréal, il donne une téléconférence devant plus de 5000 personnes dans 54 pays de langue francophone. Il a été conférencier québécois annuel pour le First Line Therapy (MD Metagenics, USA), ateliers et conférences de trois jours s'adressant aux naturopathes, entraîneurs sportifs, infirmières et médecins.

Il a été également expert pour une maison d'édition pour valider la qualité du contenu médical. En septembre 2017, il publia un deuxième livre : La douleur repensée dont les médias firent un grand éloge. Ce best-seller sur la douleur intègre les différentes facettes physiques, psychologiques et spirituelles de l'homme pour harmoniser le retour à la santé. Puis s'enchaîne un troisième livre en 2019, C'est une question de vie et de mort. Ces livres de santé intégrale furent traduits en plusieurs langues.

Pour le Dr Brouillard, tout est énergétique, tout ce qui compose l'homme et tout autant l'univers dans lequel l'homme évolue. En avril 2022, il quitta son poste de médecin clinicien pour œuvrer davantage en tant qu'auteur et conférencier.

Le docteur Brouillard encourage la recherche d'une médecine globale axée sur l'individu et non sur la maladie. Il nous parle de ce renouveau de la médecine où le style de vie, l'environnement et nos croyances ont préséance sur la santé. Nous avons grand besoin d'harmoniser nos diverses écoles de pensées et de développer une médecine intégrée au service du patient et non au service d'une idéologie technologique et trop souvent uniquement pharmaceutique.

PARTIE 1

UNE NOUVELLE VISION DU MONDE

CHAPITRE 1

LE POUVOIR DE NOTRE CONSCIENCE

Pourquoi la joie n'est-elle pas toujours présente dans notre vie? L'univers exprime toujours ce que nous lui demandons, ou pire, ce que nous pensons de la vie. Un principe veut que l'univers réponde toujours à nos requêtes intimes, qu'elles soient sous forme de pensées, d'attentes ou de croyances. Si nous croyons que la vie est misérable, injuste, triste, eh bien, elle sera fidèle, obéissante et nous donnera exactement ce que nous pensons d'elle! Ce n'est pas quelque chose qu'on aime entendre parce que c'est plus complexe que ça, mais ça commence par cette compréhension. L'univers, la vie et la conscience ne demandent pas mieux qu'à nous obéir en nous retournant ce que nous pensons d'eux exactement et fidèlement comme un boomerang.

Le bonheur ou le malheur dépend uniquement de la manière dont nous voyons la vie (notre vision du monde) et de la façon dont nous l'appréhendons. Cette vision du monde est principalement inconsciente. Cependant, le temps de réaction à matérialiser nos pensées sera variable selon notre alignement avec la conscience universelle et avec le degré de notre état de conscience, c'est-à-dire la puissance de notre présence du moment, de notre motivation, de notre intention et de notre degré d'évolution. Plus l'individu sera avancé sur son chemin de la conscience ou de sa lumière, plus il sera en accord avec la conscience universelle et plus ses pensées deviendront réalité rapidement.

Il est temps de prendre conscience et de redéfinir notre vision du monde, façonnée en grande partie par nos parents, notre système éducatif, les médias, la télévision, les entreprises et les gouvernements. Si nous ne vivons pas la joie telle que nous la souhaitons, il est essentiel de comprendre que cela découle en grande partie de notre vision du monde. Il est important de se rappeler que cette vision du monde peut être modifiée.

Nous avons le pouvoir de créer une nouvelle perspective, basée sur une compréhension plus profonde de la véritable nature de la vie. En embrassant cette transformation, nous pouvons cultiver le bonheur que nous cherchons et vivre une vie plus épanouissante. Le changement commence par reconnaître que notre vision actuelle est en grande partie erronée, car nous sommes ignorants de la vraie nature de la vie, celle qui est et qui a toujours été.

Dans l'enseignement bouddhiste, l'ignorance est perçue comme la source de tous les défis humains. Elle découle de notre quête pour comprendre la vraie nature de la réalité, y compris celle de notre propre essence. Nous sommes hélas captifs de nos illusions et de nos désirs. Le seul péché est celui de l'ignorance qui devient le point de départ de deux émotions destructrices, le désir (attachement) et la colère. Ces émotions, lorsqu'elles dominent notre esprit, sont considérées comme les racines de la souffrance et des troubles mentaux.

À cause de notre ignorance, nous croyons que les choses sont permanentes, que nous sommes séparés et distincts du reste de l'univers. Cela nous amène à développer des attachements, des dépendances et des aversions qui créent notre souffrance. Nous avons oublié que tout ici sur terre est transitoire.

Par ignorance, nous ne pouvons voir et ressentir la souffrance, l'insatisfaction, l'impermanence et le conflit incessant dans le monde qui nous entoure. Ceci peut nous amener à agir de manière égoïste et à causer encore plus de souffrance aux autres.

Dans le bouddhisme, une clé pour surmonter cette ignorance est de développer la sagesse et la compréhension de la véritable nature de notre réalité : en d'autres mots, accroître notre conscience. C'est là que ce livre et la science quantique que Philippe enseigne sont si importants pour nous permettre de changer notre vision du monde et de voir les choses telles qu'elles sont vraiment, sans les filtres de nos désirs et de nos illusions.

En somme, cette ignorance, cette inaptitude à voir la vie qui se déroule nous empêche d'en profiter pleinement en nous entraînant dans un cycle de souffrances et de désirs insatisfaits. Le chemin vers le bonheur consiste à surmonter cette ignorance et à développer une compréhension plus profonde de la réalité. Peut-on réellement atteindre le bonheur en accumulant davantage de biens matériels et de plaisirs ?

CHAPITRE 2

PLAISIR ET BONHEUR SONT-ILS SYNONYMES ?

L'humain est toujours à la poursuite du bonheur comme si le bonheur lui échappait sans cesse. Si nous faisons la fête avec de l'alcool pour nous sentir bien, par exemple, les chances de nous réveiller le lendemain avec une absence de bonheur sont fortes. Le bonheur aura été remplacé par une certaine souffrance causée par des nausées, un mal de tête ainsi que de la fatigue. Nous courons surtout après un plaisir, nous voudrions qu'il soit toujours là, mais il nous glisse entre les mains. Mais est-ce bien ça, le bonheur ?

Idéalement, nous devrions retrouver **le bonheur à l'intérieur de nous.** Il est tellement près que nous ne pouvons le voir, le ressentir ou le vivre. Nous plaçons toujours tout à l'extérieur de soi alors qu'il n'est pas nécessaire de le faire. Pourquoi vouloir une plus belle et plus grosse maison, une plus belle automobile que celle du voisin, etc. ? Nous sommes devenus dépendants de ce que nous croyons être le bonheur.

Nous ne sommes pas amoureux, pas plus que nous sommes amour, mais nous sommes toujours à la recherche. Nous ne vivons pas le bonheur, mais recherchons des plaisirs, espérant que ceux-ci, ces objets extérieurs qui chatouillent nos hormones de plaisir, nous donneront le bonheur. Alors que c'est toujours quelque chose d'intérieur. Un état plus qu'un résultat.

Le bonheur, c'est quoi ?

Nous aimons toujours commencer avec une définition pour que nous puissions partir sur le même pied. Le brave Petit Robert entreprend de le définir avec des mots comme : chance, félicité, béatitude, joie, état de pleine satisfaction... Bonheur, joie et plaisir, tous ces mots portent à confusion. Puis, Larousse de poursuivre avec contentement, euphorie, félicité, plaisir, agrément... mais est-ce bien tous des synonymes ?

Dans son documentaire *C'est quoi le Bonheur pour vous*?, Julien Peron a interrogé 1 500 personnes provenant de 25 pays ; chaque personne avait sa propre définition et plus de 25 % des personnes interrogées étaient incapables de répondre [1]. Nous devons déchiffrer ce qu'il en retourne puisque le bonheur est une attitude de la vie, une ambiance qui donne à la vie sa plénitude. Le bonheur est non seulement un attribut de la vie, mais ultimement le but même de la vie !

En mai 2017, Harris Poll a interrogé 2 202 Américains de 18 ans et plus et a révélé que 90 % des personnes interrogées voulaient être plus heureuses et que seulement 33 % d'entre elles étaient heureuses [2]. La littérature scientifique, les enquêtes, les rapports et les discussions en ligne s'intéressent de plus en plus au bonheur.

Le rapport sur le « bonheur et la satisfaction de vivre » de 2013 révèle que parmi les pays en tête de liste, les États-Unis, le Canada, l'Indonésie et la Suède affichent des niveaux de bonheur presque similaires lorsqu'on leur demande s'ils se sentent « très heureux, plutôt heureux, pas très heureux ou pas du tout heureux » [3]. Il est également à noter que les dix premiers pays ayant connu les plus grandes expériences d'émotions positives, selon le rapport mondial sur le bonheur de Gallup en 2019, sont pour la plupart des pays pauvres d'Amérique centrale, à l'exception de l'Indonésie [4]. Si nous disons que les pays les plus heureux ne sont pas les pays qui vivent le plus d'expériences d'émotions positives, alors nous sommes perplexes sur ce qu'est le réel bonheur.

Il est important de noter que la plupart de ces études sont fondées sur la physique newtonienne, où tout est considéré comme de la matière et où il n'y a pas de différence entre le plaisir et le bonheur, comme les dictionnaires nous l'ont démontré.

Il est intéressant de noter que, lors des voyages de Philippe aux États-Unis, au Canada, en Indonésie et au Népal, il a été particulièrement impressionné par le bonheur des Indonésiens et des Népalais, malgré l'absence d'accumulation matérielle telle que nous la connaissons dans les pays développés. Ils se montrent toujours prêts à aider, bien plus que les Américains. Lorsque Philippe et sa femme ont eu un accident, tous les Indonésiens présents se sont immédiatement mobilisés pour leur porter assistance. À Bali, on constate rapidement que la plupart d'entre eux arborent un sourire constant.

Certaines personnes ont avancé l'idée que l'intelligence est proportionnelle au bonheur. Cependant, des études menées sur 23 enquêtes révèlent qu'il n'existe aucune corrélation entre un QI élevé et le bonheur [5]. De plus, il a été établi que le revenu annuel moyen de 75 000 $ est le seuil où l'on ressent le plus de bonheur, et qu'au-delà de cette somme, la vie peut sembler moins agréable [6]. Alors, pourquoi l'Indonésie, un pays sous-développé, apparaît-elle dans ce classement ? Cette inclusion de l'Indonésie est particulièrement intrigante. Il se pourrait bien que ce pays pauvre, mais positif et heureux, ait des leçons à nous enseigner.

En un sens, ce livre nous apporte une perspective nouvelle pour le découvrir. Il faut prendre conscience de nos croyances et de celles qu'on nous a inculquées. Elles peuvent être tout autant des fausses perceptions face à la vie, face à nous-mêmes et face à nos comportements artificiels.

Qui ne désire pas le bonheur ? Qui n'est pas prêt à le connaître ou à changer pour le meilleur ? Le bonheur, c'est du contentement, de la sérénité avant tout et partout : dans tout ce qu'on est, ce qu'on fait, ce qu'on donne. Il est dans l'aide et le réconfort à autrui. Il fait partie de chaque instant.

La définition la plus complète du bonheur vient du mentor et professeur de Philippe dans son doctorat, le Dr Amit Goswami.

Le Dr Amit Goswami est un physicien théoricien et un pionnier de la science quantique. C'est le premier qui a utilisé les fondements de la physique quantique en les liant à la spiritualité et à la conscience dans les années 1980.

Il se distingue souvent par ses propos avérés et nous pouvons le reconnaître dans presque tous les bons documentaires spirituels dont ***Que sait-on vraiment de la réalité !?*** (*What the Bleep Do We Know!?*), sorti en 2004. Il amène souvent le côté scientifique et beaucoup de crédibilité à ces documentaires, même si son accent indien n'est pas toujours facile à comprendre.

La crédibilité du Dr Amit Goswami repose sur sa formation scientifique solide et son expérience en tant que chercheur. Il a publié de nombreux articles dans des revues scientifiques réputées et a reçu des prix pour ses contributions à la physique théorique. Sa capacité à combiner la rigueur scientifique avec une approche spirituelle a suscité l'intérêt et le respect de nombreux chercheurs et penseurs.

Sa vision novatrice a remis en question les paradigmes traditionnels de la science.

Sa définition du bonheur est celle-ci : c'est une expansion de conscience qui efface une partie de notre ignorance. Plus nous avons conscience de la nature de la vie, plus nous faisons l'expérience du réel bonheur qui est intérieur.

Dans le bouddhisme, le bonheur peut aussi être défini par le mot « équanimité ». Cette égalité d'âme et d'humeur qui nous permet de vivre en sérénité, en paix et avec détachement tout sentiment agréable ou désagréable dans notre vie. Cette « haute indifférence » pour l'acceptation totale de soi et des circonstances parfois pénibles que la vie nous impose. C'est un lâcher-prise face à nous-mêmes, face à notre réactivité personnelle. Nous devenons pleinement confiants du bien-fondé de la vie, alors que notre intuition et notre conscience se développent, que les désirs et les peurs s'estompent. Le bonheur participe à la Conscience universelle.

Plaisir et bonheur, à ne pas confondre

Examinons la différence entre plaisir et bonheur ; il s'agit d'une distinction très importante. Nous disons que le plaisir et le bonheur sont différents. Pollard et Lustig le définissent : « le plaisir est lié à un état émotionnel éphémère résultant de la satisfaction d'un désir, d'une envie, tandis que le bonheur fait référence à un état émotionnel durable de contentement, d'équilibre émotionnel » [7, 8] et le Dr Amit Goswami et Pattani sont d'accord comme expliqué dans leur livre *Quantum Psychology and the Science of Happiness*. Nous ne disons pas que le plaisir est négatif, mais il ne constitue pas le bonheur [9].

Le plaisir est le résultat d'une action qui apporte un bien-être, qui répond à un besoin, qui répond à un désir. Plaisir rime avec désir. Un temps de repos bien mérité, un travail bien fait, un bon film à la télé, un repas bien apprêté avec des amis, voilà des situations qui nous relaxent. Le plaisir ne fait grandir personne en conscience, mais le plaisir naturel et équilibré est important dans un monde où la souffrance est encore trop présente. La recherche du plaisir excessif et insensé est souvent présente pour camoufler un malaise, une peine ou une crise qu'on ne veut pas traverser ou même prendre conscience.

Le plaisir est momentané et sous la dépendance des hormones cérébrales, ces neurotransmetteurs dont parlent la médecine : le plaisir relève de la dopamine, une hormone de courte durée et rapide d'installation. Au contraire, le bonheur relève en partie de la sérotonine, qui est relâchée de façon lente et continue. Cette distinction entre bonheur et plaisir est fondamentale, et cette mésentente est à la source de plusieurs problèmes.

En poursuivant la quête du plaisir, nous devenons des consommateurs et esclaves des « désirs »... ce qui nous maintient dans une illusion de « bonheur », avec la souffrance qui en découle. **On nous vend du plaisir, mais on ne peut pas vendre du bonheur.** Le plaisir est éphémère et peut créer rapidement une dépendance alors que le bonheur est intérieur, non dépendant de quoi que ce soit à l'extérieur de nous. Le bonheur se bâtit donc graduellement et il est plus durable.

Quand cette expérience temporaire n'y est plus, le plaisir ne se manifeste plus. De même lorsque vous avez du plaisir à boire un bon verre de vin, peut-être est-ce une occasion d'apprécier un bon vin, mais cela peut également devenir un besoin pour relaxer, et rapidement, on se sent obligé de boire ce verre tous les soirs. Mais un verre ne suffira plus, laissant bientôt place au besoin d'un deuxième verre, puis pourquoi pas d'un troisième. Il est facile ici de voir la dépendance (addiction) à ce plaisir qui s'installe et qui peut causer la déchéance. Le plaisir attire le plaisir et encore plus, on en veut davantage.

À force d'excitation, nos récepteurs de dopamine deviennent de moins en moins réceptifs et ont besoin de plus d'excitation. On veut plus, on veut plus gros, on veut plus neuf, on veut encore et encore. Il ne faut cependant pas considérer le plaisir comme un élément à éviter, pas plus qu'un verre de vin ou une tasse de café comme un désir abject. C'est la dépendance à la demande effrénée qui est nocive.

Par exemple, nous pensons que notre prochaine augmentation de salaire nous apportera le bonheur tant recherché. Au moment où nous savons que nous allons recevoir une augmentation de salaire ou même si notre patrimoine ou nos actifs augmentent, nous avons tendance à dépenser davantage, même si nous n'avons pas cet argent. Ce concept est appelé l'effet de richesse. Dès que nous savons que nous allons l'avoir, nous sommes très heureux : « Je l'ai enfin reçue ! » Mais après quelques jours ou semaines, nous sommes déjà revenus à notre état d'avant. Comme si tout était maintenant normal, nous tombons dans l'insatisfaction. Pas assez et encore un peu plus... Nous sommes de nouveau en manque. Ceci est une boucle sans fin. Une recherche constante du prochain plaisir. C'est la loi de notre biochimie cérébrale qui nous fait vivre ces montagnes russes. Nous avons tendance à percevoir plaisir et bonheur comme synonymes, d'ailleurs, c'est tout à fait normal, on nous l'a enseigné ainsi. Le Robert et le Larousse nous le confirment ! C'est comme dans les manèges. Si vous aimez vous étourdir, vous en demanderez encore.

Le plaisir et la peine sont les deux bouts du même bâton, disait Ramana Maharshi. Ce grand sage indien parlait ainsi du bonheur : « Le bonheur est la nature même du Soi ; le Soi et le bonheur sont la même chose. Le bonheur ne se trouve dans aucun objet du monde. Du fait de notre ignorance, nous croyons que les objets nous procurent le bonheur. Quand le mental s'extériorise, il éprouve de la souffrance. »

Ramana Maharshi rapporte également que dans les états de sommeil, ou de contemplation et d'extase (samadhi), le mental retourne à sa source et est complètement calme, sans pensées, et il peut jouir du plein bonheur. Le mental agité de l'humain ignorant est toujours en action et saute de branche en branche comme un singe. Étourdi par les choses du monde, il souffre et se sent malheureux.

En nous limitant à la quête de plaisirs, nous sommes à moitié humains, à moitié vivants, à moitié heureux, et toujours en quête d'un élément extérieur pour nous satisfaire. Dans notre monde physique et matériel, nous croyons rechercher le bonheur, alors que nous recherchons le plaisir avant tout. Nous le réclamons toujours et encore davantage. Puis, la peine, la souffrance, le malheur s'installent au fur et à mesure que le plaisir diminue. Ce sera toujours ainsi, les deux faces d'une même médaille. Le pendule se balance toujours d'un côté, puis de l'autre. Il oscille entre les deux constamment. Rechercher un trop grand plaisir attire infailliblement la peine, car le contraste est trop dur. Le plaisir disparaît, crée un vide et cède la place à la peine. On recherche aussitôt un autre plaisir pour remplir le vide et repousser la peine.

Le plaisir n'est pas néfaste en soi, mais c'est quand il devient une dépendance qu'il devient un cancer qui nous ronge. Pour aller vers le bonheur, nous devons faire face à cette souffrance, cette peine, ce malheur, car si nous allons dans le plaisir, nous camouflons sans cesse cette souffrance et elle reviendra encore et encore. Et nous serons coupés de notre réel bonheur intérieur.

Le bonheur est intérieur et il pourra croître avec le temps

Le bonheur est un état, il se situe davantage sur le plan des sentiments (*feelings*). Il n'est pas palpable et n'a pas besoin de conditions extérieures pour parvenir à se manifester. Avec le temps, si nous y portons attention, notre conscience pourra grandir, donc le bonheur aussi. L'être devient plus expansif, englobant et même compatissant. Il est souvent accompagné de calme, de sérénité, de légèreté, de contentement.

Par exemple, lorsque vous êtes avec un bon livre, vous pouvez vous sentir heureux et vous pourrez ressentir encore le bonheur après votre lecture. Vous êtes bien et tout est parfait à cet instant. Quand vous voyez la beauté d'une fleur, vous pouvez ressentir cette expansion, ce ravissement à l'intérieur de vous. Vous êtes connectés à cette union divine en tant qu'unité. Vous pouvez même extrapoler et y rencontrer la beauté du monde tout autour. C'est reconnaître une partie de soi qui contacte le tout dans un monde de possibilités infinies, comme décrit dans la physique quantique.

Comme nous le verrons au chapitre suivant, cette recherche de l'unité est d'abord intérieure, tout se passe en soi et ce soi se reflète à l'extérieur. Plus on est en soi, plus nous devenons sensibles à tout ce qui se passe à l'extérieur. Nous ne sommes jamais séparés selon la physique quantique, mais à cause de cette trop grande préoccupation matérielle de notre corps et de notre environnement, nous nous coupons de cette unicité qui nous entoure.

Il faut réaliser que nous sommes conscience, que la conscience est tout et que nous sommes ce grand Tout. Qu'on le veuille ou pas, l'humain a toujours été un être multidimensionnel, il n'est pas isolé, mais relié à tout le reste de la création comme nous le verrons.

N'est-ce pas merveilleux de réaliser que nous sommes « unicité » et que cette grandeur et cette immensité nous habitent depuis la nuit des temps ?

Une connexion avec l'unicité apporte automatiquement une expansion de conscience, de bonheur. C'est une expérience subtile dans son intensité qui laisse une trace. Attention, ce n'est pas une expérience planifiée comme telle et qui vous rend illuminé, mais seulement un grain de sable qui vient de se déposer. Il n'est pas très visible, nous ne le voyons pas grandir, mais avec le temps, l'addition de ces grains de sable deviendra une plage. Donc, c'est avec la somme de ces expériences que nous devenons une personne irradiant le bonheur. De plus, si nos conditionnements sont éliminés, cela nous apporte de la légèreté. Et donc, c'est un peu la même chose, c'est une addition de grains de sable qui nous apporte une expansion de conscience.

Philippe et Gaétan ont vécu ce type d'expériences d'unicité. Gaétan nous amène dans une de ces expériences pour que vous compreniez davantage ce type d'expérience. Ceci n'est qu'un exemple parmi tant d'autres.

Je me souviens d'un retour de vacances avec mon épouse et mes deux enfants. J'avais fait l'acquisition d'un véhicule récréatif (motorisé) pour visiter le fameux parc de Yellowstone et Grand Teton. Deux jours avant de revenir au Canada, je commence un état grippal et une grosse sinusite... tellement que je demande à mon épouse, Carole, de conduire le véhicule. Je suis quelque peu fiévreux, mais surtout congestionné, avec des maux de tête intenses et des douleurs musculaires. Je suis assis à l'avant côté passager, car je me sens tellement épuisé et souffrant. Je ferme les yeux et je médite pendant que Carole conduit et que les enfants jouent. Après une heure, je ressens quelque chose d'inhabituel, comme si quelque chose allait arriver, une chose insolite. Comme si une partie de moi allait craquer. Mon inconfort est tel que je demande à Carole de bifurquer en direction de l'hôpital pour examiner ce qui m'arrive. Les yeux fermés, je médite, souhaitant que tous ces malaises soient moins pénibles. Dans le stationnement de l'hôpital, je regarde cette grosse bâtisse et je réalise que c'est pure folie d'aller frapper à la porte de l'urgence. Je dis à Carole de poursuivre notre route vers le Canada, espérant que ces malaises finiront par passer.

En route, je ressens soudainement une vague de chaleur et de pétillement partant des pieds et qui remonte lentement dans mes jambes. Tellement lentement que je peux suivre cette remontée graduelle. Puis, cette vague de chaleur continue de monter dans mon tronc et mes membres supérieurs pour se terminer dans ma tête. À ma grande surprise, c'était comme si un voile venait de disparaître autant dans ma tête que dans ma vision. Je n'avais plus aucune douleur, aucun malaise. Je suis tout à coup devenu tellement bien, tellement calme et complètement vide de toute pensée. Tous mes malaises et douleurs venaient de s'arrêter subitement. Il n'y avait plus aucun bruit dans ma tête. Seule la présence. Je suis présent à tout ce qui se passe ici et maintenant et tout autour.

Je redresse le dossier de mon siège graduellement et je regarde par la fenêtre. Je vois les arbres défiler sur le côté de l'autoroute et tout est si calme, si en paix, si à sa place ! Rien dans mon corps, rien dans ma tête, aucun bruit, comme si je suis partout à la fois ici et là-bas. Aucune barrière, aucune séparation, je suis dans tout et tout est en moi. La lumière des arbres qui s'élève vers le ciel est fascinante, tout est ordonné, à sa place et en parfaite harmonie. Je ressens l'union de ces arbres avec l'univers qui les entoure, tout se fond et communique ensemble. Puis, je perçois un rocher vibrant, émettant une lumière se fondant dans la nature, dialoguant avec le ciel. C'est merveilleux de voir et de ressentir leurs danses, tout est si beau ! Je ressens non seulement une grande paix, mais un émerveillement et un bonheur jamais ressentis auparavant. Je peux même entendre leurs discussions ! C'est fascinant, je fais partie d'eux maintenant. Je peux ressentir notre communion intime sans paroles, sans signes.

La voiture défile alors que tout est au beau ralenti dans ma tête. Je regarde vers la gauche les voitures qui roulent de l'autre côté de l'autoroute. Mon regard se porte sur une voiture en particulier et son chauffeur. Ils sont pourtant à plus de 30 mètres, je suis surpris d'entendre ses pensées. Il est très malheureux, il vient de se disputer avec son épouse. Puis, je reviens en regardant la route défiler et je dis à Carole de prendre la prochaine sortie pour aller manger. En entrant au restaurant, j'en profite pour mettre à la poubelle mes décongestionnants et mes analgésiques. Tout est parfait, ordonné, tranquille, malgré tous ces gens autour affairés à prendre leur repas. Mes gestes et mes paroles sont posés, calmes et tout à fait ajustés au moment qui passe. Comme si tout est nouveau, je suis émerveillé de voir la vie qui se déroule alors que je suis présent dans tout cet enchantement, parfaitement bien et qu'une petite joie me remplit. Cela a duré quelques heures. Un moment de bonheur qui s'est estompé graduellement le lendemain. La vie a repris son cours normal. Ce moment de plénitude est cependant gravé dans mon être. Deux autres expériences similaires sont survenues au cours des années suivantes.

Ce type d'expérience comme celle de Gaétan ne veut pas dire que vous serez heureux pour le reste de votre vie, mais vous pourrez retrouver ces sentiments d'expansion et de bonheur à un autre moment. En fait, joie intérieure et bonheur peuvent parfois se ressembler, selon les nomenclatures ou les sources qui en parlent.

Nous connaissons tous de ces êtres de pleine sagesse qui ont acquis cette permanence du bonheur. Ce sont des maîtres spirituels qui dégagent du bonheur. C'est la petite joie de l'âme en expression dans le vivant. Comme enseigné par ces sages, l'âme est toujours joyeuse, peu importe les situations de la vie matérielle. Elle est ici sur terre pour vivre des expériences, qu'elles soient agréables ou désagréables pour nous, cela est toujours plaisant pour elle, car elle veut goûter à toutes les expériences terrestres. Elle s'est incarnée dans un but d'expériences. À ce sujet, nous pourrions ultimement parler d'allégresse, de béatitude (*bliss*), de félicité lorsque nous nous adressons au niveau de l'Esprit.

La joie et le bonheur sont aussi synonymes de paix intérieure. Lorsque les pensées sont suspendues et que le cœur est paisible, c'est tout notre être qui goûte au présent. Lorsque nous nous entraînons à construire cette qualité de joie, de bonheur, nous nous ancrons dans le royaume de l'âme. Selon le maître tibétain Djwhal Khul, « Le bonheur est sur le plan de l'émotion, une réaction de la personnalité alors que la joie est une qualité de l'âme, elle a son siège dans le mental quand a lieu l'alignement avec l'âme. La béatitude participe de la nature de l'Esprit. Cette réalisation est précédée de la fusion de l'âme et de la personnalité ». La joie et le bonheur sont des qualités de l'âme. Les grands maîtres, comme Jésus ou Bouddha, atteignent le plus haut niveau du bonheur, comme expliqué plus en détail dans le chapitre sur les six niveaux de bonheur.

LE BONHEUR DEMANDE UNE DOSE DE SAGESSE

Cesser de résister à tout ce que la vie nous présente facilite l'expression du bonheur, tout comme ce dernier nous aide à traverser ces épisodes parfois douloureux de l'existence. Ceci va dans les deux sens. Toutes ces expériences de bonheur sporadique pourront créer une ambiance, un état pour que la vie soit plus riche en possibilités et en créativité.

La sagesse se développe avec l'expérience et la curiosité. Les expériences sont essentielles à notre évolution. Vous pouvez lire un livre, assister à une conférence et avoir une conversation avec un ami, mais c'est lorsque vous allez vous poser des questions, pratiquer et vous mettre en action que vous allez vraiment apprendre. Par exemple, vous lisez un livre sur comment faire de la bicyclette, vous connaissez tout sur la façon d'en faire, mais n'avez jamais monté sur une bicyclette. Les premiers essais ne seront sûrement pas réussis. Vous ne savez pas comment faire jusqu'au moment où vous montez sur une bicyclette et que vous mettez en pratique l'information que vous avez reçue. L'information jumelée à la pratique apporte graduellement de la sagesse.

Nos parents nous ont montré la vie et comment éviter la plupart des problèmes inutiles, par exemple le danger de tomber, de se brûler, etc. Même si les explications étaient claires, nous avons tout de même voulu expérimenter par nous-mêmes. Nous avons voulu tester cette vérité, avec des conséquences parfois douloureuses. Une brûlure fait souffrir.

Philippe: *À 18 ans, je fais partie de l'équipe du Québec en ski acrobatique, spécialisée dans les bosses. Les sauts sont ma passion et ma force. Nous sommes en compétition amicale au Sommet Saint-Sauveur (anciennement appelé Mont Saint-Sauveur), au Québec, et je me retrouve face à face avec le champion du monde, Pierre-Alexandre Rousseau, qui est aussi un bon ami. Nous nous tenons sur la ligne de départ et nous nous lançons le défi de la victoire. Et c'est parti! Je prends de l'avance de trois bosses dès le premier saut, mais soudain, je perds le contrôle et je m'écrase en atterrissant sur le haut de mon dos. Je perds conscience pendant de longues minutes et la foule est glacée par ce qui vient de se produire. J'ouvre les yeux pendant quelques secondes, puis je replonge dans l'inconscience. Je me réveille dans l'ambulance, quelques minutes avant d'arriver à l'hôpital. Je ressens des douleurs de la tête aux pieds, je passe plusieurs tests, mais heureusement, tout va bien.*

Le lendemain matin, je quitte l'hôpital avec des douleurs généralisées. Ces douleurs dureront deux semaines, avec des difficultés à marcher. Trois mois plus tard, lors d'un camp d'entraînement d'été à Whistler, dans l'Ouest canadien, je décide de continuer à faire des sauts, même avec la tête en bas, sur une distance de plus de 30 mètres. Quel plaisir! Quelle montée d'adrénaline! Je suis accro à cette sensation, même si cela fait très mal. J'ai brisé des casques, des skis, subi plusieurs commotions cérébrales et eu de nombreuses douleurs. Souvent, nous n'apprenons que par la souffrance. Est-ce normal? J'ai dû faire appel à la sagesse pour décider d'arrêter cette dépendance. Même en tant qu'adulte, l'apprentissage de la vie est souvent difficile et éprouvant, au détriment du bonheur. La souffrance est omniprésente sur notre planète en ce moment, car la sagesse n'y est pas.

La peur, le stress et les émotions négatives font partie de notre ADN et de notre mécanisme de survie. Mais nous ne sommes plus dans un mécanisme de survie actuellement. Il y a longtemps que le lion ne court plus après nous pour nous dévorer. Toutefois, nous vivons comme si nous étions encore au temps des cavernes, pourchassés constamment, et ce sentiment de peur est encore bien présent chez nous. C'est un ancrage puissant inscrit dans notre cerveau. Nos émotions négatives ont plus d'impact que nos émotions positives [10, 11]. Nous vivons donc encore sous le contrôle du cerveau limbique. Celui-ci date de millions d'années et il est encore actif. Nous devrons dorénavant apprendre que la vie est bonne et généreuse.

Plus nos communautés ont grandi, plus la peur a régné au sein d'elles. Plus nos sociétés devenaient complexes, moins le bonheur se manifestait malgré toute cette technologie ultra sophistiquée, ce matériel et ce confort qui devaient pourtant nous réconforter et nous apporter le bonheur et la santé. Nous sommes des civilisations savantes et pourtant les moins heureuses. Et nous investissons dans toutes sortes de stimulations et d'expériences qu'on nous présente et qu'on nous vend pour nous faire sentir vivants.

Souvent, nous ne voulons pas regarder notre vie telle qu'elle est et faire face à la réalité. Nous tentons de nous assouvir en recherchant des émotions fortes, de plus en plus fortes, comme dans l'exemple de Philippe, mais aussi dans des films et des téléséries, dans des dépenses de toutes sortes pour calmer notre anxiété, notre vide intérieur et notre manque de bonheur. Pourtant, nos garde-robes, nos garde-manger et nos armoires sont toujours pleins. Nous ne sommes plus dans un mécanisme de survie, mais on agit encore comme si...

Si nous regardons actuellement les rapports de pouvoir sur la terre, c'est encore la loi de la jungle, comme si nous devions faire la guerre pour survivre. La peur d'en manquer d'un côté, le contrôle et le pouvoir de l'autre. L'évolution dans le bonheur n'y est pas. C'est pitoyable de voir la dégradation de notre demeure planétaire. Et encore davantage si nous regardons les efforts déployés avec tout notre arsenal militaire pour contribuer à notre autodestruction en tant qu'espèce.

Heureusement, à travers les époques de noirceur, il y a toujours eu des êtres remplis de sagesse pour montrer à l'humain le chemin de la connaissance et du bonheur. Ces êtres éclairés ont apporté une compréhension de la vie et de ses comportements dans notre monde qui devenait de plus en plus mental.

PRENEZ UN INSTANT POUR INTÉGRER.

Chaque chapitre ouvre la voie à un changement de perspective, mais pour l'intégrer pleinement, la réflexion est essentielle.

Consultez dès maintenant votre **Guide d'accompagnement** et répondez aux questions liées à ce chapitre.

➡ Si vous ne l'avez pas encore téléchargé, vous pouvez le faire ici :

Scannez le code QR ou rendez-vous sur **https://vitaquantum.com/cadeaurepense** pour accéder à vos bonus.

CHAPITRE 3

La science de notre évolution

Certains scientifiques affirment que c'est la science qui nous fait connaître la totalité des choses qui existent et que cette connaissance pourrait suffire à satisfaire toutes les aspirations humaines. Mais l'être humain n'est-il qu'un ramassis de sciences matérielles et de biologie ?

Pourtant, l'évolution nous indique que rien ne sera permanent, ni maintenant ni demain, comme si bien expliqué dans le bouddhisme. La seule chose qui ne changera jamais est le changement. Ce qui est vrai aujourd'hui risque de devenir faux demain. La médecine du siècle dernier a commis des méprises et nous pourrons en dire autant dans 50 ans lorsque nous critiquerons la médecine et la technologie actuelles. Si nous regardons de près l'évolution de la médecine, il est facile de constater que la science a malheureusement rejeté beaucoup de principes de sagesse ancestraux. **La science a pris toute la place, dépouillant l'humain de son savoir inné**. Pourtant, la médecine se doit d'être avant tout un art au service de l'individu et non uniquement une science dépourvue d'humanité.

La science apporte beaucoup à l'humain et ses progrès sont énormes. Mais une entière confiance dans l'application des principes et des méthodes de la science expérimentale dans tous les domaines pourrait s'avérer une erreur. Elle tente de se déclarer la seule issue véritable qui permet de décrire complètement la réalité de qui nous sommes et de ce qui nous entoure. N'est-elle pas un peu radicale? Anciennement, tout ce que la science ne pouvait expliquer, elle le retournait au domaine de la religion, comme si cela était de moindre importance.

Au départ, les religions ont un côté positif: celui de rassembler les humains. Le mot religion vient de *religare*, c'est-à-dire relier. L'appartenance religieuse a apporté à l'humain une contribution à son bien-être personnel, familial et communautaire. Elle a d'ailleurs encadré avantageusement divers rites de passage, que ce soit la naissance, le mariage et même la mort.

Est-il raisonnable de croire que tous les grands sages, philosophes et théologiens du passé s'illusionnaient? Que tous ces éclaireurs du passé n'étaient que tromperie et que nous sommes aujourd'hui les seuls sages? Non, il y a bien plus dans ces religions du passé que de simples superstitions. N'y avait-il pas dans ces approches spirituelles une authentique science spirituelle? Nous n'avons pas compris tous ces mystères de l'Antiquité. La théologie et la science ne doivent plus s'affronter, mais s'unir.

Notre monde matérialiste a tout misé sur notre cerveau, délaissant l'intuitif et l'invisible. Ce que nous ne pouvons pas percevoir avec nos cinq sens (vision, audition, odorat, toucher, goût) n'a pas de réalité, nous a-t-on dit. À partir d'une stricte logique rationnelle et objective, plusieurs humains en sont venus à croire que Dieu, le Créateur, la Conscience n'existe pas, et pourtant, nous savons intérieurement qu'il y a quelque chose de plus grand.

La science, sur un podium trop haut, peut risquer une chute

Comprendre le monde par les sciences expérimentales prime de plus en plus sur toutes les autres formes d'interprétations, qu'elles soient religieuses, métaphysiques, des coutumes ou des sciences naturelles. Le scientisme n'ose formuler aucune hypothèse de vérité d'ordre philosophique ou moral en dehors de ce qui peut être scientifiquement démontré. La science n'a jamais prouvé l'existence de Dieu: devons-nous être athées pour autant? La science est importante, elle permet l'évolution des masses tout en rectifiant les croyances aberrantes. Mais on a destitué la religion, et la science classique s'est retrouvée seule sur le podium.

L'humain d'aujourd'hui a perdu sa force intérieure et son intuition, attendant patiemment que la science lui dise quoi faire et comment penser. Dans notre société matérialiste, nous rejetons tout ce que la science n'a pas prouvé. Nous lui avons cédé notre capacité de discerner ce qui est vrai de ce qui est faux.

C'est à travers l'intuition que des gens comme Einstein et Heisenberg ont découvert la physique quantique. Toute recherche scientifique doit d'abord s'appuyer sur une possibilité intuitive émise par le scientifique qui, un jour, prouve sa théorie. Einstein avait pressenti la théorie de la relativité. Il a fallu 14 ans pour qu'il puisse enfin prouver son intuition. C'est la même chose avec la spiritualité, cela a pris plusieurs milliers d'années pour que la physique quantique prouve plusieurs aspects de la spiritualité.

Intuitivement, Philippe avait l'impression et la certitude que son programme sur le bonheur quantique était vraiment efficace. Comment savoir avant d'en faire un programme de recherche? Impossible. Mais son premier groupe, en 2023, a apporté des résultats vraiment incroyables en seulement trois mois : 33 % de diminution de stress, 39 % d'amélioration dans l'équilibre des neurotransmetteurs, 39 % d'augmentation de la satisfaction de vie et 25 % d'amélioration du vrai bonheur intérieur. Et en plus, il y a eu 29 % de diminution de divers problèmes de santé, alors qu'aucun travail sur la santé physique n'a été fait.

Heureusement, aujourd'hui, certains d'entre nous ont la possibilité d'explorer le côté intuitif de notre mental, ce qui est extrêmement excitant. L'esprit intuitif est cette partie de notre conscience qui va au-delà de la logique et du raisonnement. Il est associé à la créativité, à l'inspiration et à une connaissance plus profonde qui ne peut être expliquée uniquement par l'esprit analytique. L'esprit intuitif nous permet de puiser dans notre sagesse intérieure et d'accéder à des idées qui ne sont pas immédiatement apparentes par la pensée logique. Cependant, notre côté rationnel reste prédominant pour la plupart d'entre nous.

La vie n'est peut-être pas ce qu'on vous a dit... La société s'appuie trop souvent sur des demi-vérités que l'humain qui se conscientise devra un jour apprendre à discerner correctement.

La nouvelle science conjuguant la physique et la quantique serait-elle à l'aube de fusionner l'écart entre l'intuition ou la sagesse ancestrale et la science moderne ? À l'aube de découvrir ce que nous attendions depuis si longtemps ?

Une nouvelle façon de faire de la science

Pour la première fois depuis des milliers d'années, nous avons la possibilité d'expliquer par la science ce que ces sages spirituels nous ont transmis grâce à leurs expériences et leur intuition. Auparavant, l'humain n'était pas encore dans l'étude du monde mental, il était davantage connecté à ses ressentis. Il faisait l'expérience de la réalité à travers ses sentiments sans nécessairement en comprendre le fonctionnement.

Cependant, avec l'émergence de notre mental rationnel, nous avons vu la physique newtonienne prendre le dessus et éliminer l'aspect évolutif de l'humain. Cette physique concerne les lois qui régissent seulement le mouvement des objets visibles et matériels. On nous a fait croire que l'humain vivait uniquement dans un monde matériel où chacun est séparé tout et que le monde spirituel et énergétique n'existait pas.

Depuis le début des années 1900, nous avons eu la chance d'assister à l'avènement de la physique quantique. Grâce aux avancées de cette discipline, nous avons désormais la capacité d'expliquer la réalité et l'évolution de l'humain de manière cartésienne, comblant ainsi notre besoin de compréhension méthodique.

La science quantique utilise les principes de la physique quantique pour expliquer de manière raisonnée et logique ce que les sages mystiques nous ont transmis depuis des milliers d'années. Grâce à la science quantique, nous pouvons intégrer notre esprit rationnel et intuitif pour comprendre le monde, notre propre évolution et notre cheminement vers un bonheur intérieur authentique. Nous avons la chance incroyable de vivre à une époque unique où le mystique et la quantique se rejoignent.

Cette section sera principalement développée par Philippe Brouillard, car c'est son sujet de thèse doctorale, sa passion et ce qu'il enseigne au grand public et au niveau universitaire. Commençons par le début pour comprendre comment cette science a vu le jour.

L'ÉVOLUTION DE LA PHYSIQUE NEWTONIENNE VERS LA PHYSIQUE QUANTIQUE

La physique newtonienne tire son origine d'Isaac Newton, un génie des temps modernes. On le connaît principalement grâce à la loi de la gravité, mais c'est aussi lui qui a développé les lois du mouvement. Cela a tout simplement révolutionné le monde de la physique au 17e siècle. Imaginez, il était le premier à expliquer la façon dont la matière bouge ! Par la suite, Charles Darwin a confirmé que notre évolution était alignée sur ce que Newton avait dit.

L'aventure s'arrête dès le début du 20e siècle, alors qu'un groupe de scientifiques incroyables sont arrivés sur scène, prêts à renverser les règles connues de l'époque. La chasse aux sorcières pour des opinions divergentes était maintenant révolue. D'autant plus que plusieurs de ces scientifiques renommés avaient déjà pignon sur rue et étaient détenteurs de prix Nobel dans les domaines de la physique quantique.

On parle ici de Max Planck, Niels Bohr, Werner Heisenberg, Erwin Schrödinger et Albert Einstein. Ces superstars ont apporté un tout nouveau modèle : la physique quantique. Ils arrivaient à des théories qui semblaient farfelues dans notre physique newtonienne, mais qui, pourtant, se révélaient bien fonctionnelles et à la source de tout notre monde physique. Si vous avez vu le film biographique à grand succès *Oppenheimer,* vous avez aperçu les débuts polémiques percutants de l'arrivée de la physique quantique dans le monde scientifique. Même si, dans le film, cette science n'est pas utilisée pour le bien, on y voit toute sa puissance.

La physique quantique permet de décrire le comportement de la matière de l'infiniment petit (échelle sub-atomique) à l'infiniment grand (échelle cosmique). Elle est aujourd'hui un élément incontournable pour tous ceux qui veulent comprendre la physique contemporaine ; elle est au-delà de ce que nous pouvons voir et parfois imaginer. Et pourtant, sans le monde quantique, nous n'aurions pas d'ordinateur, de téléphone mobile, de PET-scan, d'IA (Intelligence Artificielle), etc.

La physique quantique est d'une importance capitale pour l'évolution humaine. Elle révèle que notre réalité est fluide et malléable, nous permettant de façonner notre expérience. En comprenant ces principes, nous devenons des créateurs actifs de notre réalité, transcendant les limites du conditionnement.

La physique quantique est considérée comme la physique des possibilités. En embrassant celle-ci, nous ouvrons un monde d'opportunités et de transformations profondes. Nous pouvons explorer de nouvelles voies, développer notre créativité et nous connecter à notre sagesse intérieure. En prenant part à cette vision, nous évoluons vers une existence épanouissante, alignée sur notre véritable essence et notre bonheur profond.

Maintenant, nous allons vous parler des **sept principes qui démantèlent la physique newtonienne et qui montrent comment la science quantique explique sur tous les plans la science de la vie.** Je ne détaillerai pas la manière dont chaque principe a été découvert ; j'ai rendu ça le plus simple possible pour faciliter votre compréhension.

01. DÉTERMINISME VS INCERTITUDE, PROBABILITÉ ET POSSIBILITÉ

Autrefois, on croyait que le monde était régi par le **déterminisme**, c'est-à-dire que tout événement était causé par un autre. Le déterminisme, c'est le principe de « cause à effet » (causalité) qui a été popularisé par Newton, même si cela venait du temps d'Aristote.

On pensait également que nous pouvions mesurer la vitesse et connaître la position de chaque objet à chaque instant. Mais voilà, Max Born est arrivé et a tout changé ! Avec son interprétation révolutionnaire de la physique quantique, c'est à travers **l'expérience emblématique à doubles fentes** qu'il a pu prouver que les objets quantiques, comme les électrons, ces petites particules, peuvent être une particule ou une onde en même temps, **selon si on les observe ou non**. Si vous ne connaissez pas encore l'expérience à doubles fentes, j'en ai fait une vidéo explicative disponible sur notre page référence. C'est une expérience difficile à expliquer par écrit, mais incroyable et à connaître absolument !

Ces ondes sont en réalité **des ondes de possibilités**. Trouver leur position n'était qu'une question de probabilité. Nous ne pouvons prouver avec certitude que cette particule n'était qu'à un endroit spécifique. Ainsi, lorsque nous mesurons sa position, nous pouvons la trouver à différents endroits avec des probabilités différentes.

Werner Heisenberg, quant à lui, a formulé le **principe d'incertitude**, qui repose sur l'impossibilité de mesurer simultanément avec une grande précision la position et la vitesse d'un objet quantique. Eh oui, le monde est bien plus incertain et rempli de possibilités que nous ne pouvions l'imaginer ! Le déterminisme d'autrefois n'a qu'à bien se tenir, car la physique quantique vient bousculer toutes ces certitudes du monde matérialiste de Newton.

02. MATIÈRE VS OBJET QUANTIQUE

Certains pourraient dire que la physique quantique ne s'applique qu'aux objets microscopiques et qu'elle n'a pas vraiment d'importance pour nous, les macro-êtres vivants. Mais détrompez-vous, cette idée est totalement fausse. Même les objets macroscopiques (à grande échelle) qui nous entourent sont en constante évolution. Leur mouvement peut paraître imperceptible à nos yeux, mais une vague de possibilités les anime en permanence. Seul un laser sophistiqué peut révéler cette réalité cachée. Mais attendez, il y a encore plus à découvrir sur les pensées et les sentiments. Ainsi, que ce soit un électron, un photon, un crayon, une maison ou même une pensée ou un sentiment, tout est influencé par les principes de la physique quantique. C'est un sujet passionnant qui mérite une attention particulière.

La vision newtonienne du monde se révèle limitée face à cette vérité quantique tout à fait fascinante. Nous sommes tous enveloppés d'une danse quantique joyeuse et vibrante !

03. CONTINUITÉ VS DISCONTINUITÉ

Vous connaissez Darwin, n'est-ce pas ? Eh bien, il a été l'un des premiers à parler de continuité dans l'évolution. Selon lui, tout se déroule de manière linéaire, en une suite logique et continue. Et devinez quoi ? Dans le monde macroscopique, cela semble se vérifier, même lorsque la science l'examine de près. Cette hypothèse de continuité nous permet d'étudier la physique de manière mathématique, objective et logique.

Max Planck a pourtant bousculé ces certitudes. Ce génie de la physique quantique a remarqué que l'énergie ne se transmettait pas de manière continue, mais plutôt par petites quantités discrètes appelées « quanta ». Le quantum d'énergie est la plus petite unité d'échange énergétique connue entre deux corps. Et les expériences menées par James Frank et Gustav Hertz ont confirmé l'existence de niveaux d'énergie atomiques discontinus. Cela signifie que les électrons ne peuvent pas passer par l'espace entre deux orbites, mais un électron va plutôt « sauter » d'une orbite à une autre, disparaissant et apparaissant instantanément, c'est ce qu'on appelle un « saut quantique ».

C'est tout simplement incroyable ! Cette discontinuité énergétique remet en question aussi la théorie de l'évolution de Darwin. Si nous observons attentivement les fossiles, nous constatons qu'il n'y a pas de lien linéaire aussi simple que Darwin l'avait imaginé entre les différentes espèces. Les plantes, les animaux, les reptiles, les oiseaux, les primates et les humains… tout est beaucoup plus complexe et fascinant que ce que nous pensions. Un point de plus pour le monde quantique contre l'équipe newtonienne et darwinienne.

On pourrait donner l'exemple de l'apparition de la vision chez l'animal. Pour qu'un jour la bête puisse voir, croyez-vous que cela s'est fait par une infinie succession de transformations cellulaires avant qu'un œil puisse finalement se manifester au bout de centaines de milliers d'années ? Des milliers d'années où l'œil se serait construit petit à petit ! Pourtant, l'archéologie n'a jamais découvert de telles observations graduelles. Des milliers d'années où l'animal n'aurait pu voir que partiellement et de façon vague, en faisant ainsi une proie facile. Évidemment, cette vision des choses aurait été catastrophique pour l'évolution.

04. LOCALITÉ VS NON-LOCALITÉ

Einstein a découvert la théorie de la relativité et elle a été largement acceptée par les scientifiques de son époque. Avec cette théorie venait la vitesse de la lumière comme limite de vitesse la plus rapide pour les objets matériels.

Cette théorie définissait en partie la localité, car tout transport ou communication se fait dans l'espace et dans le temps (ça prend un certain temps pour passer d'une place à l'autre ou pour envoyer un signal). Comme lorsque l'information et l'énergie se transfèrent directement d'un objet à un autre, grâce à un signal ou à un fil, ainsi nos ordinateurs qui sont connectés avec un fil Ethernet ou par Wi-Fi, c'est encore de la localité.

Mais attention, la physique quantique a encore une carte dans sa manche : la non-localité. Elle nous permet de communiquer instantanément, plus vite que la lumière et sans avoir besoin de signal. Comment est-ce possible ?

C'est justement ce qui a confronté Einstein et ses collègues au paradoxe EPR (Einstein, Podolsky, Rosen) [12]. Ce paradoxe nous a révélé que la physique quantique est bien plus complexe et fascinante que ce que nous pouvions croire. Imaginez cela : lorsque nous séparons deux particules qui ont été étroitement liées et que nous les éloignons à une distance astronomique, si nous modifions l'une d'entre elles, l'autre est instantanément affectée. Instantanément veut dire que c'est plus rapide que la vitesse de la lumière, ce qu'on appelle être en dehors de l'espace-temps. C'est ce qui ne pouvait pas fonctionner avec la théorie de la relativité d'Einstein, lui-même étant si stupéfait qu'il a qualifié cela « d'action effrayante à distance » (*Spooky action at a distance*) !

Gaétan : *Tu veux dire que si deux particules se sont connues, même une fois séparées, et ce, peu importe le temps et la distance qui les séparent, elles seront affectées l'une par l'autre ?*

C'est exactement ça, et imaginez les implications !

Cela nous ramène à l'idée profonde que tout est unité, tout est unifié, toujours et en tout temps. L'hindouisme dit que tout est Conscience et Unité, donc ce que tu fais à autrui, tu le fais à toi-même. On nous a toujours dit ça, mais maintenant, la science nous fait comprendre que ce que je fais à autrui, je le fais en réalité à moi-même, car tout est Un.

Lorsque les possibilités se transforment en réalité, par exemple une vague quantique qui devient un électron, cela se produit en un clin d'œil, sans le besoin d'un signal. Et la cerise sur le gâteau, c'est que tout cela ne viole même pas la loi disant que rien ne peut aller plus vite que la vitesse de la lumière. Cette communication se déroule en dehors de l'espace-temps (en dehors de notre réalité physique et perceptible). C'est tout simplement extraordinaire ! Et nous sommes partie intégrante de cette composition universelle. Pouvons-nous imaginer un seul instant comment nous fonctionnons à travers ce prodigieux univers quantique et ce potentiel vertigineux dont nous sommes partie intégrante ?

05. L'ENTRELACEMENT QUANTIQUE

Pour aller encore plus loin, quand on inclut la discontinuité et la non-localité, nous arrivons à l'entrelacement quantique. Lorsque deux objets ou plus ont communiqué de façon locale, ces particules deviennent alors entrelacées. Elles s'impactent instantanément sans signal. Ce n'est pas continuel ou par un signal ; il s'agit d'une communication instantanée, sans signal, des deux côtés. Elles sont interconnectées.

Préparez-vous à être ébloui par une étude qui explique cela et qui a essayé de démontrer le paradoxe d'Einstein-Podolsky-Rosen (EPR) au niveau du cerveau humain :

Dans l'étude *The Einstein-Podolsky-Rosen Paradox in the Brain* [13], les chercheurs ont utilisé des dispositifs pour mesurer l'activité cérébrale (EEG) de deux individus avec connexion auparavant. Ils ont étudié sept paires de binômes de différents sexes âgés de 20 à 44 ans. Cinq paires ont été assis côte à côte à méditer pendant 20 minutes et deux paires étaient des groupes contrôles qui se sont uniquement assis côte à côte pendant 20 minutes (sans connecter). Les participants ont ensuite été placés dans des cages de Faraday (salles qui bloquent toutes les interférences électromagnétiques extérieures, donc aucun signal ne peut entrer ni sortir). Les chercheurs ont envoyé des flashs de lumière dans les yeux qui stimulent une partie du cerveau. Ils ont alors retrouvé chez 25 % des paires cette même partie du cerveau activée chez l'autre personne avec laquelle elle avait médité. Assez étonnant que ceci soit possible ! Cela signifie que leurs cerveaux semblaient être en relation ou interagir même en l'absence de communication ou de signal, de façon instantanée, donc en dehors de l'espace-temps. Ils étaient en entrelacement quantique.

Cette étude a été reproduite plusieurs fois dans différents pays avec les mêmes résultats. Cela confirme que la nature quantique s'applique aussi bien au niveau macroscopique (et non seulement au niveau de l'étude des particules atomiques).

Lorsque nous avons deux objets ou plus qui sont entrelacés de manière quantique, la même chose se produit. Lorsque nous mesurons l'un des objets, l'autre réagit instantanément, et ce, de manière non locale. Des scientifiques visionnaires comme David Bohm et John Bell ont établi ces faits fascinants. Alain Aspect, qui a reçu le prix Nobel de physique en 2022, a mené des expériences qui ont prouvé cette non-localité et l'entrelacement quantique. Ces découvertes révèlent l'existence d'un domaine au-delà de notre réalité matérielle et physique, au-delà de l'espace-temps lui-même. Cela va à l'encontre de l'hypothèse d'un monde matériel unique, appelé réalisme matérialiste. Cela soutient directement l'idée d'une réalité au-delà de la perception, de l'espace-temps, présente dans toutes les traditions spirituelles.

C'est exactement ce principe d'**unité** que toutes les grandes religions ont avancé depuis la nuit des temps dans leurs essences authentiques. Donc, ces particules seront pour toujours réunies et toujours affectées l'une par l'autre. Aucune séparation. Toute la notion de divorce que nous vivons en tant qu'humains perd tout son sens : nous ne sommes plus jamais séparés, mais unis pour la vie, comme le disent les vœux du mariage.

Voilà qui est intéressant puisque nous réalisons également que les liens familiaux et générationnels se perpétuent à notre insu. Les enfants sont influencés par les comportements des parents et même des arrière-grands-parents. Ils ne sont pas seulement influencés, mais ils prennent dans leur comportement une partie des comportements psychiques des ancêtres. C'est ce que nous enseignent également la métagénéalogie et la psychogénéalogie. Ces approches explorent les liens entre l'histoire familiale et générationnelle et les problèmes psychologiques.

06. LA QUANTIQUE INTÈGRE TOUT !

Nous avons le monde matérialiste qui prétend que tout est simplement de la matière mécanique et est régi par des lois de cause à effet. Selon cette vision, nous serions de simples machines, dépourvues de conscience, de sentiments, de sens, d'intuition, de créativité, d'évolution et même de réincarnation. Les phénomènes paranormaux et la spiritualité seraient relégués au rang de futilités.

Mais attendez, la science quantique revient encore en force et nous propose une vision tout à fait différente et complète. Le Dr Amit Goswami l'a si bien exprimé : « La conscience est à la base de toute existence, y compris la matière. » Et la Bhagavad-Gita nous enseigne : « Sarvam Khalvidam Brahma », ce qui signifie que « tout est Conscience ».

Dans cette vision, tous les paradoxes disparaissent et nous découvrons une unicité totale, une interconnexion de toutes choses. Imaginez les possibilités infinies que cela ouvre pour l'évolution et la croissance de l'humanité. Nous avons le pouvoir de choisir, de nous élever, de prendre en main notre vie, de vivre heureux, même si cela peut parfois sembler complexe.

Bien que la science soit basée sur des faits, il est important de comprendre que cela ne représente pas toute la vérité. Nous avons déjà vu que toute observation, bien qu'étant subjective, modifie l'expérimentation en cours. La physique newtonienne, qui ne peut expliquer de nombreux aspects du monde quantique, tels que le lien entre le cerveau et l'esprit, le principe d'incertitude, l'entrelacement quantique et le principe de relativité, est donc incomplète. Lorsque nous abordons le sujet de la science, il est essentiel qu'elle puisse expliquer tous les aspects de notre réalité. Sinon, nous risquons de basculer dans une pseudoscience en choisissant de n'expliquer que certaines choses et d'ignorer le reste.

07. ÉPIPHÉNOMÈNE DE LA CONSCIENCE

Dans le mot épigénétique ou épiphénomène, le préfixe « épi » signifie « au-delà ». Si nous considérons que la Conscience est un épiphénomène du cerveau, cela signifie qu'elle est une manifestation du cerveau, comme le soutiennent les scientifiques matérialistes. Cependant, cela pose un problème et crée un paradoxe. Cela impliquerait que rien ne peut se matérialiser, car la conscience est considérée comme de la matière. Si nous affirmons que la matière est un épiphénomène de la Conscience, cela signifie que tout est Conscience et que la matière, y compris le cerveau, émerge de la Conscience.

Contrairement à ce que l'on a toujours cru, nous réalisons que la Conscience est en dehors du cerveau. Le cerveau est l'outil matériel que la Conscience utilise pour créer la réalité. Pour vraiment comprendre cela, explorons ce qu'est le rôle de l'observateur.

LE MODE OBSERVATEUR CRÉE NOTRE RÉALITÉ

Il existe un pouvoir extraordinaire qui réside en vous et qui vous permet de créer votre propre réalité. Fred Alan Wolf a abordé cette idée fascinante, la notion selon laquelle nous créons notre propre réalité. Explorons ensemble les bases de l'observateur quantique et du paradoxe de la mesure.

Imaginez-vous en train d'observer le monde qui vous entoure avec une conscience émerveillée. À ce moment précis, quelque chose de magique se produit : vous transformez les possibilités en réalité tangible. C'est comme si vous aviez une baguette magique pour façonner votre destinée.

Le terme collapse représente un phénomène important en physique quantique. Lorsque nous observons une particule subatomique, elle s'effondre, se solidifie, se condense ou se matérialise instantanément dans une forme spécifique, passant de l'information à une réalité concrète. En revanche, lorsque personne ne l'observe, la particule subatomique n'a pas de réalité définie, elle est simplement une probabilité parmi des possibilités infinies. Lorsque nous observons quelque chose, nous choisissons par notre observation ce qui se produit. Nous devenons donc par notre choix le créateur de ce moment. Mais attention, car nous ne choisissons consciemment que rarement. Nous allons élaborer ceci un peu plus loin, dans la section qui traite du libre arbitre.

C'est un peu comme si on transformait les probabilités en réalité instantanément. Et si on ne regarde pas, il y a alors plein de possibilités qui s'offrent encore à nous. Vous êtes un maître créateur, capable de donner vie à vos désirs les plus profonds, mais ce n'est pas si magique que ça, malheureusement, comme nous le verrons au chapitre suivant.

Mais qui a la capacité d'observer? Eh bien, selon le théorème de John von Neumann, un simple objet ne peut pas créer la réalité. Lorsqu'un objet interagit avec un autre objet, cela crée simplement plus de possibilités, sans les concrétiser. **En revanche, c'est la conscience de l'observateur qui change tout.** Les êtres dotés d'une conscience, comme les humains, mais aussi comme les créatures étonnantes telles que les abeilles, les chats, les oiseaux et bien d'autres, sont capables de créer leur réalité, leur version d'une vie harmonieuse.

En 1993, Helmut Schmidt, parapsychologue, a mené une étude pour évaluer à quel point le pouvoir de notre intention peut influencer la matière, et ce, même lors de résultats qui sont déjà passés [14].

Voici comment l'expérience s'est déroulée :

1. Pour générer les résultats, on utilise un système quantique pour produire une grande quantité de rouge ou vert aléatoires. Ce type de système, après une grande quantité de fois, donne toujours environ 50 % de vert et 50 % de rouge.
2. Par la suite, les résultats ont été imprimés sur du papier et placés dans une enveloppe, sans être vus par personne. Ils ont également été sauvegardés sur une disquette. À ce stade, seuls l'imprimante, le papier, l'ordinateur et la disquette avaient accès aux résultats.
3. Quelques mois plus tard, des mystiques ont été invités à influencer les résultats en augmentant le nombre de vert ou de rouge.
4. Les chercheurs ont ensuite examiné les résultats, où des observateurs conscients ont pu les voir.

Les résultats de cette étude extraordinaire ont révélé des découvertes statistiquement significatives lors de l'ouverture des enveloppes. Les mystiques ont réussi à modifier les résultats en augmentant le nombre de vert ou de rouge grâce à leurs intentions, même si les résultats avaient été imprimés plusieurs mois auparavant. Leur pouvoir de création est véritablement incroyable. Nous avons donc une capacité de changer le passé pour créer un présent différent. Cela semble invraisemblable, mais c'est une réalité que nous devons commencer à mettre dans nos intentions.

- Les imprimantes, les papiers, les ordinateurs et les disquettes n'avaient pas collapsé ou figé l'information au départ, car sinon, les mystiques n'auraient pas pu influencer les résultats en raison de leurs observations. C'est bien la conscience des observateurs qui a joué un rôle essentiel.
- Seul l'observateur conscient peut collapser, solidifier ou condenser, matérialiser dans une forme précise l'information, et une fois que cela se produit, il devient impossible de modifier le résultat. L'observateur

vient de matérialiser un résultat donné par le simple fait de son observation.

- L'observateur conscient est le maître de sa réalité! Notre monde est la réalité de nous tous en tant qu'observateurs. Nous avons exactement le monde dans lequel nous vivons par nos croyances et en partie selon les facettes de nos observations individuelles.

Ainsi, tant qu'un observateur conscient n'a pas expérimenté le monde, toutes les possibilités restent ouvertes. Peut-être avez-vous en vous le pouvoir extraordinaire de créer votre propre réalité, de manifester vos intentions les plus profondes et de transformer le passé grâce à votre conscience éclairée? Mais attention, car il y a présence d'un autre paradoxe.

En laboratoire, nous avons découvert que la simple présence d'un observateur peut influencer le comportement des électrons. Mais lorsque deux observateurs sont présents, nous faisons face au paradoxe appelé « ami de Wigner » (*Wigner's friend paradox*) [15]!

Alors, qui choisit si c'est moi qui crée ma propre réalité? Pour résoudre ce paradoxe, certains suggèrent que c'est la conscience universelle qui choisit à travers nous. Cela signifie que notre ego individualiste ne crée pas directement notre réalité, **mais plutôt que la réalité qui est la meilleure pour chaque individu est créée à travers nous par la conscience universelle.**

Notre ego individualiste n'est pas le maître direct de notre réalité. Au contraire, c'est la conscience universelle qui crée la meilleure réalité pour chacun d'entre nous, en utilisant notre être comme un canal. Imaginez un monde d'unité où nous sommes tous cette Conscience universelle!

Les mystiques nous rappellent que notre libre arbitre est en concordance avec la volonté de Dieu, aussi appelé Conscience. Et nous avons quand même toujours la possibilité d'un libre arbitre. Cette vérité est renforcée par le phénomène de non-localité, qui nous montre que nous sommes tous connectés sans signal (au-delà de l'espace et du temps).

Voici la révélation lumineuse: nous ne créons pas notre réalité par égocentrisme, mais la réalité est créée par la Conscience universelle à travers nous, dans une intention bienveillante pour l'humanité. Comme il est souvent dit dans des livres ou des films, tout arrive pour une raison; c'est la Conscience qui choisit à travers nous pour notre plus grand bien. C'est une danse magique où nous devenons des cocréateurs conscients, des canaux de lumière qui apportent des bénédictions à tous. Soyez émerveillé par le pouvoir qui réside en vous, et rappelez-vous que chaque pensée, chaque intention, chaque acte est une graine qui peut fleurir en une réalité magique.

Ouvrez votre cœur à la merveilleuse collaboration entre votre être et la Conscience universelle. Ensemble, nous pouvons tisser un monde de beauté, de paix et d'abondance pour tous. La magie de la création est entre vos mains, et l'univers tout entier sourit à votre présence rayonnante.

La bataille entre mon conscient et mes inconscients

Quand on pense que nous avons le pouvoir de créer ce que nous voulons, c'est vrai, mais en partie : nous créons consciemment seulement 5 % du temps. Le reste, soit 95 %, est géré par notre inconscient. La bonne nouvelle est qu'il est possible de transformer le 95 % en notre faveur.

Notre inconscient est comme notre partenaire secret qui joue un rôle majeur dans notre quotidien. Il dicte ce que nous attirons dans nos vies, souvent sans que nous en soyons conscients. C'est comme si notre inconscient remportait la médaille d'or la plupart du temps.

Imaginez cela : vous souhaitez ardemment posséder votre propre voiture, votre maison de rêve ou obtenir ce travail qui vous passionne. Mais 95 % du temps, vous vous mettez des bâtons dans les roues, sans même le réaliser. C'est comme si vous étiez votre propre saboteur secret. Cette influence est déterminée par nos deux types d'inconscients : l'inconscient personnel et aussi l'inconscient collectif.

Notre inconscient personnel, cette partie mystérieuse découverte par Freud, est un véritable trésor. Nous verrons qu'il est composé de nos traumatismes, de nos souvenirs refoulés, de nos croyances et de nos valeurs, qu'elles soient positives ou non et, comme nous le verrons bientôt aussi, de nos vies antérieures. Les croyances et les valeurs conscientes et inconscientes de nos sociétés influencent aussi notre inconscient personnel et sont les forces qui façonnent notre perception de la vie, même si nous ne nous en rendons pas souvent compte.

Pendant les sept premières années de notre vie, le cerveau est encore en plein développement, mais il est comme une éponge. Nous sommes sous l'emprise d'une douce hypnose à cette époque. **C'est durant cette période que de nombreuses valeurs et croyances sont programmées et que se bâtit notre inconscient personnel.**

C'est ainsi que nous faisons des choix sans vraiment savoir pourquoi nous agissons ainsi. Il s'agit du résultat de ces croyances et de ces valeurs inconscientes qui s'effectue en coulisses. Le secret de ce comportement : la plupart de ces croyances ne sont pas réelles du tout, elles sont dans l'inconscient. Vous pensiez peut-être que le monde était simplement matériel, alors que toutes les théories quantiques tendent à prouver le contraire.

Savez-vous également que nous sommes tous connectés à travers un incroyable phénomène appelé l'inconscient collectif? C'est Carl Jung qui l'a défini en 1916 et il est partagé par l'ensemble de notre communauté, de notre région, de notre pays et bien plus encore. L'inconscient collectif est comme une toile invisible qui nous relie tous, imprégnée de nos coutumes, de nos histoires et de nos croyances.

L'inconscient collectif peut parfois être difficile à percevoir, car il est ancré si profondément en nous. Changer cet inconscient collectif demande une audace incroyable. Cela signifie aller à contre-courant des récits dominants, être un rebelle, un avant-gardiste et même parfois un conspirationniste.

Prenons l'exemple de Galilée. Contrairement à ce que l'on croit souvent, ce n'est pas lui qui a découvert que la Terre était ronde, mais bien Pythagore. Galilée a été traité de toutes sortes de noms et a même été emprisonné. Le pape l'a censuré, simplement parce qu'il osait contredire l'ordre établi. Galilée affirmait que le soleil était le centre de l'univers (héliocentrisme), tandis que l'Église soutenait que c'était la Terre (géocentrisme). Et il n'a pas été le seul à subir de telles persécutions. De nombreux autres scientifiques et penseurs ont apporté des idées différentes, remettant en question les croyances de l'Église qui était l'autorité suprême à l'époque. Giordano Bruno, par exemple, a été brûlé vif en 1600 pour ses idées révolutionnaires, comme sa croyance en l'existence d'une infinité de mondes habités dans l'univers.

Comme le disait si bien William James:

Quand une chose est nouvelle, les gens disent: « Ce n'est pas vrai. » Plus tard, quand sa vérité devient évidente, ils disent: « Ce n'est pas important. » Enfin, quand son importance ne peut être niée, ils disent: « De toute façon, ce n'est pas nouveau. »

Accepter la vérité demande de l'humilité, car cela signifie remettre en question ce que nous avons toujours cru. C'est là que réside le pouvoir de notre inconscient collectif. Cependant, avoir le courage de poser des questions et de remettre en cause ces croyances personnelles et collectives est essentiel pour notre évolution.

Philippe: *Prenons l'exemple inspirant de mon père, Gaétan Brouillard, coauteur de ce livre. Il a fait preuve d'un immense courage en cherchant à comprendre la véritable nature de la santé. Il refusait de voir les êtres humains comme de simples machines qui ne pouvaient être traitées qu'avec des médicaments (vision newtonienne de la* *santé). Il s'est ouvert à d'autres approches lorsque ma mère souffrait de maux de dos et qu'aucune solution traditionnelle ne fonctionnait. Il est ainsi devenu acupuncteur, hypnothérapeute et a exploré l'ostéopathie, la naturopathie, l'homéopathie, la médecine fonctionnelle, les traitements énergétiques et bien plus encore (vision quantique de la santé).*

Mon père a consacré énormément de temps, d'argent et d'énergie à se former et à explorer de nouvelles approches thérapeutiques. Il n'a jamais facturé plus que ses pairs, car son objectif ultime était d'aider ses patients. Il avait cette ouverture d'esprit qui lui permettait d'apprendre de nouvelles approches thérapeutiques et d'approfondir ses connaissances. C'est un véritable exemple de dévouement et de passion pour le bien-être des autres.

Même face à l'adversité, il est un véritable exemple de dévouement et de passion pour le bien-être des autres. Par exemple, certains spécialistes voyant que leurs patients s'étaient améliorés avec des méthodes différentes proposées par un médecin de famille, au lieu de s'y intéresser, jugèrent bon de porter plainte contre mon père. Je l'ai vu souvent stressé alors qu'il avait grandement aidé ses patients. Voilà une raison pour laquelle il n'a jamais eu de réprimande lors des enquêtes. Les enquêteurs voyaient bien que ses patients allaient beaucoup mieux. De plus, il a été chargé d'enseignement clinique pendant plus de 30 ans auprès des jeunes médecins résidents.

C'est quand même fou de penser que nous préférons avoir raison plutôt que de nous soucier du bien-être d'autrui.

À la fin de l'année 2014, le Collège des médecins lui a reproché de nouveau de pratiquer selon le mode de la médecine fonctionnelle, une méthode qui s'intéresse aux causes sous-jacentes des maladies et dont le mode de vie a un rôle prépondérant dans le mieux-être et la prévention. Il a pu continuer la pratique de la prolothérapie même si cette approche n'était pas acceptée; il pouvait la continuer grâce à ses milliers d'heures de pratique dans les différentes techniques d'infiltration. De son côté, puisqu'il ne pratiquait plus que deux jours par semaine, que ma mère voulait depuis des années qu'il prenne sa retraite, et que Natasha était formée dans l'approche de la médecine fonctionnelle et pouvait continuer le suivi à temps plein, il a pris la décision audacieuse de fermer notre clinique familiale, lui qui était pourtant un précurseur d'une médecine de pointe internationale qui se retrouve aujourd'hui pratiquée ici même au Québec.

Un jour, j'ai réalisé quelque chose de vraiment intéressant. Pour beaucoup de gens, voyager en avion est une peur parce qu'ils pensent qu'il y a un risque. Mais savez-vous ce que j'ai découvert? Les statistiques montrent qu'il y a 83 000 fois plus de chances de mourir dans un accident de voiture que dans un accident d'avion d'une compagnie aérienne. C'est incroyable, n'est-ce pas? Alors pourquoi ne pas envoyer nos meilleurs vœux et pensées à quelqu'un qui prend le volant au lieu d'à quelqu'un qui prend l'avion?

Quand j'ai commencé à poser cette question aux gens, j'ai réalisé qu'ils ne savaient pas pourquoi. C'est fascinant de constater à quel point certaines croyances sont ancrées en nous sans que nous en connaissions le fondement. Dans les années 40 et 50, les voyages en avion n'étaient pas aussi sûrs qu'aujourd'hui et cela pourrait expliquer pourquoi cette conviction est restée dans notre inconscient collectif. Mais maintenant, avec les avancées technologiques et les normes de sécurité élevées, il est temps de revoir cette croyance obsolète!

Ceci est juste un exemple parmi tant d'autres. Il y a tellement de croyances préconçues qui nous limitent et nous retiennent. Rappelons-nous toutes ces phrases que nous avons entendues, comme « On est né pour un petit pain » ou « L'argent ne pousse pas dans les arbres. » Et que dire de l'idée selon laquelle il faut absolument obtenir un diplôme pour réussir dans la vie? Ou que pour gagner de l'argent, il faut travailler dur? Ces croyances varient d'une région à l'autre, d'un pays à l'autre, et elles amplifient nos propres croyances personnelles comme: je ne suis pas bon, je ne suis pas intelligent, je suis stupide, je suis nul, je suis... Comment peut-on trouver le bonheur avec de telles attitudes et croyances limitantes?

De la même manière, nos croyances collectives sont profondément ancrées dans nos systèmes, qu'il s'agisse de l'économie, de l'éducation ou de la culture. Chaque pays, chaque siècle a son propre ensemble de croyances et de valeurs. Par exemple, dans certains pays, les habitants expriment facilement leurs émotions, tandis que dans d'autres, ils préfèrent les garder pour eux. Mais le moment est venu de remettre en question ces croyances et de créer un monde où chacun peut exprimer librement son authenticité.

Réalisons que nous avons le pouvoir de créer un avenir plus ouvert, plus inclusif et plus joyeux. Dans les programmes quantiques en ligne de Philippe, ainsi que dans sa thèse, une part importante est consacrée à transformer notre vision du monde, car elle est principalement influencée par nos croyances. C'est en remettant en question nos croyances limitantes et en embrassant de nouvelles perspectives que nous pourrons nous épanouir pleinement. Alors, osons explorer nos croyances et nos inconscients personnels, familiaux et collectifs, embrassons la diversité des idées et des cultures.

L'ÉVOLUTION VERS LA SCIENCE QUANTIQUE

Depuis le début du monde scientifique, le monde newtonien domine et veut expliquer notre réalité. Cependant, la science newtonienne n'est qu'une perception de la réalité sans être la réalité même.

Selon les études, la matière peut être tantôt une onde, tantôt une particule, selon la présence d'un observateur. Ainsi, l'observateur, par sa simple présence, peut changer le déroulement de la matière. Voilà pourquoi nous disons que nous sommes des créateurs, pour l'instant à notre insu. Si nous pouvions réaliser parfaitement cet énoncé, le vivre pleinement avec notre mental quantique, toute notre vie ne serait que bonheur. Et voici aussi pourquoi nous disons que **la physique quantique est la physique des possibilités.**

Le corps physique lui-même est en interaction avec une plus grande toile tissée par les courants planétaires et solaires. Nous ne sommes pas isolés, mais en communication constante avec le reste de la création. Que d'énoncés qui peuvent porter à la controverse et pourtant... tellement présents à notre insu dans l'infini petit.

Ce que les savants appellent énergie, vibrations, onde, le religieux l'appelle Dieu. Est-ce que Dieu, l'Absolu, l'Être suprême, l'Esprit universel, le Mental universel, les Intelligences systémiques, la Conscience cosmique ou l'Énergie cosmique seraient tous synonymes ? Plus récemment, nous sommes donc passés au domaine des sciences quantiques.

Philippe : *La **science** quantique est l'intégration de la **physique** quantique et de la spiritualité pour expliquer notre évolution. C'est mon professeur et mentor, le Dr Amit Goswami, qui a popularisé la **science quantique**. En disant que la conscience est la base de tout et est tout, incluant le matériel, cela enlève tous les paradoxes auxquels les physiques newtonienne et quantique font face. Nous réalisons que nous sommes dans un monde interrelationnel et que nous subissons son influence continuellement et en tout lieu. Ce type d'interrelations existe à l'intérieur même de notre cerveau. La connexion entre la science quantique et la spiritualité devient de plus en plus évidente. Comme a dit le Dalaï-Lama: « La spiritualité sans la physique quantique est une image incomplète de la réalité. » Selon cette vision du monde, nous ne sommes pas séparés les uns des autres ni de notre environnement ni de nos perceptions. Ce qui veut dire que nous sommes tous UN en possibilité.*

Il a été dit que l'humain n'était qu'un vulgaire corps physique et que nous étions tous séparés. Et pourtant, nous avons vu que nous ne sommes pas séparés. Détrompez-vous, car l'humain est un être multidimensionnel comme nous allons le voir dans la prochaine section. C'est en intégrant avec sagesse chacune de ses dimensions qu'il atteindra des niveaux de bonheur de plus en plus élevés.

CHAPITRE 4

ANATOMIE SPIRITUELLE DE L'HUMAIN

Généralement, selon la physique newtonienne, nous considérons que nous n'avons qu'un corps physique et que tout est de la matière. Cependant, de nombreuses traditions spirituelles anciennes, telles que l'Upanishad (textes sacrés hindouistes), parlent de cinq corps (aura). L'aura est un champ énergétique subtil qui entoure le corps humain et qui est souvent décrit comme un champ lumineux. Ces cinq corps en science quantique représentent différents aspects de la conscience infinie vers laquelle nous devons cheminer pour nous unir de plus en plus avec cette source.

Nous sommes présentement dans une période évolutive, la période où l'humain reprend sa Conscience, sa Lumière en vue de se reconnecter consciemment avec ses cinq corps.

Les cinq corps selon l'Upanishad sont :

1. le corps physique (Annamaya Kosha) ;
2. le corps vital (éthérique) (Pranamaya Kosha) ;
3. le corps mental (astral) (Manomaya Kosha) ;
4. le corps supramental (Vijnanamaya Kosha) ;
5. le corps de la béatitude (*bliss*) (Anandamaya Kosha).

Examinons chacun d'eux.

LE CORPS PHYSIQUE (ANNAMAYA KOSHA)

Pour commencer notre transformation et notre évolution vers plus de conscience et de bonheur, nous devons commencer par travailler sur notre corps physique. Le corps physique est construit par la matière et est la seule chose que nous percevons, car il est externe et public. Il nous permet de faire l'expérience du monde extérieur avec nos cinq sens. C'est le corps le plus tangible et le plus facile à percevoir. Il comprend notre peau, nos muscles, nos os, nos organes, nos tissus, etc., et même nos cellules.

La pratique d'exercices physiques et la bonne alimentation aident à maintenir ce corps en bonne santé. Cependant, le corps physique peut être considéré comme le plus gros mensonge de l'humanité, car il nous empêche d'évoluer et d'atteindre le bonheur en nous limitant à ce que nous percevons matériellement. Pour évoluer, nous devons aller vers l'intérieur de soi, où se retrouvent les autres corps.

LE CORPS VITAL (PRANAMAYA KOSHA)

C'est un corps électromagnétique où les sentiments (*feelings*) s'expriment sans connotation mentale et émotionnelle. Ce corps est fait d'énergie vitale ou pranique, que l'on dénomme aussi le corps éthérique. Et on doit aller à l'intérieur de soi pour en faire l'expérience. Avec ce corps, nous faisons l'expérience du monde avec nos sentiments.

Il ne faut pas mélanger sentiments (*feelings*) et sensations ou émotions. Un sentiment est pure et sans jugement ou interprétation, elle est ce qu'elle est. Des exemples de sentiments sont: vibration, légèreté, lourdeur, picotement, expansion, chaleur, etc. Une émotion est un mélange entre un sensation et une pensée ou une mémoire, elle peut être négative ou positive. Un sentiment (*feeling*) n'est pas négative ou positive, elle est seulement quelque chose qu'on ressent dans notre corps.

Par exemple, vous êtes dans le trafic, vous vous mettez en colère, car vous avez la croyance inconsciente qu'en étant en retard, vous serez pénalisé. Cette colère (émotion) est une réaction qui vous fait perdre le contrôle, puisque vous n'avez pas su prendre conscience des premiers signes comme la tension, la lourdeur, les palpitations, etc. dans votre corps. Cela vous empêcherait de ressentir de la colère. Ces sentiments sont nos guides, mais nous avons perdu la capacité de les écouter. Il y a une sagesse d'écouter ces guides/sentiments.

Nous faisons l'expérience des sentiments principalement au niveau des sept chakras. Ces centres d'énergie, entrelacés dans ce corps vital (éthérique), sont situés le long de la colonne vertébrale. Depuis une centaine d'années, nous traitons le corps physique, et maintenant depuis une trentaine d'années, nous parlons de notre corps mental, mais nous avons oublié le corps vital qui est si important. Dans la guérison, nous nous préoccupons beaucoup de notre corps mental (astral pour d'autres écoles qui représentent les éléments psychologiques, pensées et émotions) alors que le corps vital serait très important à traiter, puisqu'il entretient la santé du corps physique directement.

Notre corps vital est directement entrelacé avec le corps physique. Le corps vital est comme le logiciel (*software*) qui dit au corps physique, l'équipement matériel (*hardware*) quoi faire. Il est responsable de la circulation de l'énergie vitale à travers le corps physique, notamment par le biais des respirations (pranayama) et des mouvements d'énergie vitale, aussi appelés Prana, Chi ou Ki. Ce corps est lié à notre respiration, notre circulation sanguine et notre système nerveux comme il a été démontré par Rubert Sheldrake avec le concept de champ morphogénétique.

Morphogénétique vient du mot « morpho », qui veut dire forme, et de « génétique », qui donne la fonction. Ce champ est comme un plan qui donne la forme et la fonction aux organes physiques. Donc, ce corps vital dit aux gènes quoi produire comme protéines.

Le corps physique n'existerait pas sans l'entrelacement quantique avec le corps vital.

Est-ce que vous vous êtes déjà posé la question sur la manière dont notre première cellule ayant un ADN précis réussit à créer un foie, un œil, un orteil, etc. par la même cellule ? La science moderne ne peut l'expliquer et donc n'en parle pas.

Il y a longtemps que nous devrions parler du corps vital, qui mérite qu'on s'y intéresse de plus en plus. Ce corps est d'une importance capitale pour la science. La médecine de demain devra lui attribuer un plus grand intérêt, car les phénomènes de maladies pourront se détecter au départ dans le corps vital (éthérique) pour ensuite prendre matière dans le corps physique. Dans le futur et même actuellement, les guérisons devront se faire principalement au niveau de ce corps énergétique vital qui remettra le corps physique sur pied, et ce, sans effets secondaires.

C'est un corps qui nous préoccupe beaucoup et avec lequel le Dr Gaétan Brouillard a travaillé pendant sa pratique médicale pour traiter des problèmes qui semblaient insolubles à la médecine pharmaceutique. Et Philippe y met aussi beaucoup l'accent dans ses programmes quantiques évolutifs. Il faut reprendre l'anatomie spirituelle de l'être humain, que les sages d'autrefois nous ont léguée et que les sciences quantiques remettent aujourd'hui au grand jour.

Chaque organe possède son corps vital (organe vital) en relation intime (entrelacement quantique) avec son corps physique (organe physique) comme le champ morphogénétique le démontre. Ce dernier ne saurait et ne pourrait exister sans ce premier. Cet espace vital baigne chaque cellule et passe l'information vibratoire supportant la matérialité. Lorsque nous faisons une amputation d'un organe, le corps vital, ou éthérique, reste présent et c'est pour cette raison que l'harmonie vitale reste présente entre tous les organes du corps physique.

C'est ce que la médecine chinoise nous dit également avec les circuits énergétiques des méridiens qui se poursuivent malgré la perte d'un organe, ou on parle même de douleur fantôme lors d'une amputation chirurgicale d'un membre. Sans ce corps vital ou éthérique, il n'y aurait pas de corps physique.

Le corps vital est une source de régénération incroyable pour le corps physique.

L'effet Kirlian a été découvert en 1939 par le scientifique russe Semyon Kirlian et sa femme Valentina Kirlian. Ces photographies électro-photoniques ont été les premières démonstrations du corps vital. Il y a eu plusieurs controverses à ce sujet, mais aujourd'hui, nous avons beaucoup d'outils pour percevoir cette partie de l'aura.

Comme nous pouvons le voir en science quantique, le corps vital est la matrice qui entoure tout être vivant biologique, que ce soit une feuille, une main ou un humain dans sa totalité. Son modèle vital est toujours présent dans son entièreté. Ce corps vital permet la régénération intégrale de l'amputation traumatique. Il est intéressant de réaliser que dans la nature, plusieurs animaux démontrent cette fonction de revitalisation complète du corps vital qui va pouvoir restituer physiquement, matériellement, la partie amputée.

Par exemple, le homard qui perd sa pince lors d'un combat verra une autre pince repousser grâce à cette matrice très revitalisante. Il pourra la reproduire dans les mois qui suivent. Nous pouvons aussi remarquer les planaires, ces petits vers aquatiques, dont le membre repousse si ce dernier a été sectionné.

Gaétan avait fait des expériences en laboratoire au collège Grasset: un ver avait eu la tête sectionnée en deux, et quelques jours plus tard, une nouvelle tête normale avait repoussé. Ce petit ver avait alors continué à vivre comme si rien ne s'était passé! Il en est de même pour la couleuvre ou le lézard dont la queue vous reste dans la main si vous la saisissez pour qu'il puisse se sauver. Dans les semaines suivantes, elle repoussera intégralement et parfaitement. Il y a plusieurs exemples dans la nature de cette reconstruction des membres perdus grâce au corps vital.

Le Dr Brouillard suggère souvent des champs magnétiques pulsés comme thérapie pour les cas d'arthrose, avec des fréquences spécifiques qui influencent favorablement le champ vital et qui permettent au cartilage articulaire qui a été endommagé de s'épaissir de nouveau malgré un âge avancé. La science de ces appareils est expliquée ici : https://uv.universvital.com/pst.

Il en est de même des os brisés qui se réparent rapidement sous l'effet du champ magnétique. Il était étonnant de réaliser à quel point, en seulement une dizaine de traitements, des personnes de 80 ans peuvent délaisser leurs médications analgésiques et profiter de leurs articulations avec aisance sans douleur. Hélas, notre médecine actuelle au Québec ne reconnaît ni ne permet cette technique quantique pourtant si inoffensive, alors que Santé Canada l'avait autorisée.

Toute la notion des champs magnétiques biologiques serait d'un grand bénéfice non seulement pour la santé humaine, mais tout autant dans le processus du vieillissement. Tout est énergétique d'abord, et non pharmaceutique. Ce n'est pas par hasard si vous voyez dans certains films des individus dormir dans une coquille électromagnétique pour recouvrer leur santé ou leur énergie.

Nous n'avons pas conscience de nos organes, mais lorsqu'un organe manifeste sa présence par un malaise ou un sentiment et qu'il n'est pas écouté, il se manifeste une maladie. Toute maladie est une interruption d'harmonie cellulaire, qu'elle soit causée par un mauvais style de vie, des sentiments ou nos pensées, car tout est vibration. Une cellule, par sa qualité vibratoire, influencera les cellules voisines et, par ricochet, la biochimie qui en résulte. Les électrons sont constamment soumis à ce champ électromagnétique et pourront agir en tant qu'éléments déclencheurs favorables à la santé ou à la maladie.

Il est important pour l'homme de recharger son corps vital, que ce soit par un bon sommeil ou par des vacances dans la nature, des marches pieds nus dans le sable ou dans la forêt, la création chez soi de zones de tranquillité avec de la musique, des icônes positivistes, des pierres rayonnantes, des peintures bienfaisantes, etc. Différentes approches peuvent aider le corps vital, comme l'acupuncture, les techniques de respiration telles que le pranayama, les huiles essentielles, le tai-chi, le qi gong, le yoga, l'homéopathie et même la danse, la musique, la peinture ; toute créativité est en partie harmonie et guérison.

LE CORPS MENTAL (MANOMAYA KOSHA)

Mana veut dire mental. Ce corps est fait de pensées et d'émotions. C'est ce qui donne un sens au monde dans lequel nous habitons. Sous l'influence de nos familles, de notre éducation et de nos communautés, nous avons développé de façon inconsciente nos croyances, nos valeurs, nos opinions et nos hypothèses du monde. Le corps mental comprend notre ego, notre intellect et notre intelligence émotionnelle. Cette couche est nourrie par la pratique de la méditation et de la concentration, qui aide à apaiser le mental et à développer la clarté mentale. C'est ici que nous passons du monde rationnel à la recherche du sens dans notre vie, ainsi que celle du but de notre vie spirituelle.

On peut constater quelques différences sur le plan des conceptions bouddhiques. Dans le bouddhisme, on sépare le corps mental en deux : le corps mental et le corps astral, le corps des émotions.

Notre corps vital est influencé par nos pensées, nos croyances, nos paroles et nos attitudes mentales et émotionnelles. Cela peut entraîner des dysfonctionnements du corps vital et par la suite affecter les cellules de notre corps physique. Lorsque nos cellules sont perturbées, nous pouvons ressentir des symptômes inconfortables ou être malades. Il est important de prendre conscience de ce désordre et de corriger les problèmes pour rétablir le bon fonctionnement de nos organes.

Cependant, il est courant que les symptômes provoquent de l'inquiétude et de la panique, ce qui aggrave la situation. Les cellules deviennent de plus en plus déséquilibrées et perdent leur vitalité, créant ainsi un cercle vicieux de déséquilibre et de panique. Cela peut entraver le processus de guérison. Il est donc essentiel de ne pas nous laisser perturber par notre manque de conscience et de rester calme face à cette situation.

Ceci comporte la nécessité pour tout être humain de se connaître véritablement et de constater les mécanismes du corps humain dans toutes leurs subtilités. C'est dans la subtilité des choses que nous découvrons les véritables causes de ces dysfonctions. Ce qu'on appelle une « mal-a-dit » est en réalité un « cadeau du ciel ». Toute maladie devient donc un message pour nous remettre dans le bon chemin. Si nous apprenons à écouter ce que nos corps physique, vital et mental ont à nous dire, nous pourrons nous débarrasser de ces déséquilibres (mal-a-dit) et évoluer vers un bonheur grandissant.

Si l'individu vit une perturbation vitale et/ou mentale, cela influencera les cellules de son corps, car elles ont elles aussi une conscience. Même les attitudes et croyances inconscientes ne sont pas vécues inconsciemment par nos cellules. Nos cellules entrelacées se déplacent dans notre matrice et sont constamment sensibles à tout ce que nous vivons sur le plan de notre mental conscient ou inconscient.

Ce qui nous amène à parler de l'épigénétique. Si vous connaissez déjà ce terme, vous pensez sûrement que notre ADN va s'exprimer en lien avec son environnement physique: nutrition, polluants, exercices, etc. Cependant, les aspects les plus importants sont nos sentiments, nos pensées et nos émotions. Que nos sentiments, nos émotions, nos attitudes, nos croyances, nos valeurs, notre vision du monde soient conscients ou inconscients, ils auront le même impact sur notre santé et notre vitalité. Ils perturberont aussi bien nos cellules, que nous le voulions ou non. Il est donc essentiel de travailler sur ces trois corps pour regagner une santé resplendissante.

Notre cerveau, doté de son mental toujours actif, est des plus puissant. Notre mental est un organe quantique à 100 %, jamais mis au point et malheureusement, nous ne savons pas comment utiliser cette entité énergétique de la bonne façon. Nous avons bien une faculté intellectuelle très pointue, mais souvent peu intelligente et sage, qui crée parfois encore plus de problèmes.

Il faut bien comprendre que le cerveau est un organe matériel, un décodeur du mental (*mind*) qui est quantique, tout comme la conscience. Mais l'organe matériel (cerveau, *brain*) en soi n'est rien sans le substrat énergétique, la conscience qui assiste le cerveau et qui lui permet de s'exprimer ou de percevoir notre réalité.

Gaétan: *Je me souviens d'un patient que j'avais vu en urgence. La jeune femme de 20 ans amenait son père, car il voyait depuis quelques semaines des éléphants roses dans la maison ou parfois même la Vierge Marie. Il demandait alors à sa fille si elle voyait la même chose que lui parfois. Quant à lui, il ne voyait aucune gêne à ces visions occasionnelles. Était-ce un problème psychiatrique? Cela aurait bien pu en être la cause. Ou était-ce un problème du cerveau? Après un examen minutieux et un scan, on a détecté une petite tumeur cérébrale, qu'on a pu extirper, et les visions hallucinogènes ont disparu. Parfois, lorsque je faisais des thérapies manuelles et que je touchais à certains points dans l'abdomen, le patient laissait couler des larmes sans pour autant savoir d'où cette tristesse émanait.*

Dans son livre *Le corps n'oublie rien*, le psychiatre Bessel van der Kolk, ce médecin ayant 40 ans de pratique, nous dit clairement que «tout traumatisme fait partie de la vie: le corps en garde les traces et une mémoire qui imprègne nos émotions». Le cerveau reptilien et le cerveau limbique forment ce qu'il appelle notre cerveau émotionnel. Le cerveau reptilien est notre plus vieux cerveau, c'est un cerveau archaïque au-dessus de notre moelle épinière. C'est lui qui est encore agissant à notre naissance. Il se charge de notre sécurité à notre naissance : respirer, pleurer, manger, sentir le froid, la faim et la douleur.

Les neurosciences se développent de plus en plus et nous voyons ici encore la place du processus énergétique ou quantique qui agit dans l'invisible. À la base, c'est encore la quantique, l'énergie de la mémoire qui est activée. Les pensées, les croyances, les mémoires sont dans le mental, mais les visions créées s'opèrent à travers notre organe matériel. Ainsi, la programmation est le mental (*software*, logiciel) et le *hardware* en est l'organe, le cerveau.

Plus nous allons nous ouvrir à ces approches simples et sans danger, plus nous allons soulager ou guérir en profondeur et sans douleur ou manifestations d'effets secondaires malsains. Vous n'avez pas besoin d'une des techniques énumérées précédemment pour ressentir un impact sur votre physique, vous devez apprendre à écouter vos sentiments. Nous en parlerons plus en détail bientôt.

La médecine aurait avantage à utiliser davantage des techniques émotionnelles et sensorielles pour traiter et diagnostiquer. Nous ne faisons pas suffisamment confiance ou nous ne voulons pas recourir à des approches vitales (éthériques). Toute la médecine n'est que basée sur la technologie et la médication. Certaines études ont démontré que les chiens dépisteurs de drogue peuvent détecter précocement des cancers du sein chez la femme, bien avant les techniques d'imagerie médicale (IRM). Alors, pourquoi ne pas utiliser ces chiens plus régulièrement ?

LE CORPS SUPRAMENTAL (VIJNANAMAYA KOSHA)

« Vijnana » veut dire connaissance. Ce corps est fait de la sagesse en lien avec l'Intuition et la créativité. Ce corps hautement évolué n'est souvent pas accessible pour la grande majorité d'entre nous. Nous devons avoir maîtrisé en grande partie les corps précédents pour avoir un accès au corps supramental.

Avoir un mental calme permettrait d'avoir des aperçus de sagesse. Ces pensées de sagesse viennent d'un niveau plus profond et plus subtil de votre être divin, votre Soi Quantique, pour comprendre la vie au-delà de vos perceptions habituelles. L'intuition est un mélange entre une ou des sentiments et une pensée qui n'est plus réflexive. C'est comme une émotion, mais doublée de clarté, et souvent cela semble ne pas avoir de sens pour le côté rationnel de l'ego. Nous serons souvent portés à discréditer cette intuition avec notre côté rationnel (corps mental). L'intuition se connecte à la Conscience universelle.

LE CORPS DE LA BÉATITUDE (ANANDAMAYA KOSHA)

Ananda veut dire béatitude (*bliss*). C'est le plus profond et le plus subtil de tous les corps, à tel point que certaines personnes disent même qu'on ne peut utiliser de mots pour le formuler. C'est une expérience unique qui est ressentie et vécue, mais difficile à décrire. C'est le moment d'union parfait dans le tout et où tout est UN, lorsque nous faisons un avec la Conscience universelle.

Les cinq corps représentent les différents niveaux de notre être et chaque niveau est aussi important l'un que l'autre dans l'expansion de notre conscience et pour amplifier notre bonheur.

Dans son livre *See the World as a Five Layered Cake*, mon mentor et professeur, le Dr Amit Goswami, explique la différence entre le point de vue quantique et celui des Upanishad: « Alors que les Upanishad considéraient la réalité comme cinq enveloppes d'ignorance, la science quantique ne le fait pas. La science quantique considère plutôt les cinq couches de la réalité comme un gâteau à cinq couches à savourer au fur et à mesure que nous pénétrons dans ces couches et découvrons un bonheur de plus en plus grand. »

Ainsi, en commençant par le corps physique et en comprenant et intégrant chacun des corps un par un, nous faisons l'expérience de la sagesse, de la liberté et d'une expansion de notre conscience et plus, nous faisons l'expérience du bonheur.

L'OBSERVATION TRANSFORME LA RÉALITÉ.
LA RÉFLEXION L'ANCRE.

Profitez de ce moment pour intégrer les concepts de ce chapitre à votre expérience.

Consultez dès maintenant votre **Guide d'accompagnement** et répondez aux questions liées à ce chapitre.

➡ Si vous ne l'avez pas encore téléchargé, vous pouvez le faire ici

Scannez le code QR ou rendez-vous sur
https://vitaquantum.com/cadeaurepense

CHAPITRE 5

LES SIX NIVEAUX DU BONHEUR

Vous connaissez peut-être la pyramide des besoins du psychologue Abraham Maslow. Cette pyramide explique la motivation d'une personne à combler son insatisfaction face à ses besoins personnels. Il y a cinq besoins selon Maslow, dont les premiers besoins primaires devront être satisfaits pour que les derniers besoins, qualifiés de motivations supérieures, puissent s'accomplir.

À la base se trouvent les besoins physiologiques ou « besoins de survie » tels que la respiration, la faim, la soif, la sexualité, le sommeil et l'élimination. Le deuxième niveau est le besoin de sécurité tel qu'avoir un toit et un revenu pour assurer une stabilité familiale et affective. Le troisième niveau est le besoin d'appartenance, tel que d'avoir des relations amicales et amoureuses ou de faire partie d'une communauté. Le quatrième niveau est le besoin d'estime face à soi-même, de considération, de reconnaissance face aux autres et de confiance en soi. Le dernier et cinquième niveau est le besoin d'accomplissement de soi, le besoin de se réaliser et de mettre en valeur son potentiel dans la vie.

Mais si on admet ce modèle de la pyramide, peut-elle nous apporter le plaisir ou le bonheur recherché ?

Cette théorie de motivation au bonheur qui est la plus enseignée, surtout dans les domaines du management, est remise en question. Ce ne sont pas toutes les personnes qui voudront passer les cinq niveaux hiérarchiques par ordre d'importance, comme cela devrait se dérouler. Plusieurs voudront plutôt sauter des étapes pour satisfaire leur personnalité égoïstique. Mais surtout, voulons-nous nous accomplir pour nous sentir bien, nous sentir mieux, car nous n'avons pas suffisamment confiance en nous?

Nous sommes ainsi à la remorque des autres: nous voulons accomplir davantage pour satisfaire le regard des autres. Il est évident que nous devons repenser cette pyramide si nous voulons trouver le bonheur.

Par la suite, Abraham Maslow a apporté ce qu'on pourrait appeler la première échelle du bonheur. Elle est définie par trois niveaux: pathologique, normal et positif. Il est très difficile de voir où nous nous retrouvons dans cette échelle, car la majeure partie des gens se disent positifs, mais sont-ils heureux?

Pour être capables de savoir où nous nous situons, nous devons avoir beaucoup de présence face à nos états de conscience, à nos émotions, à nos pensées, à nos croyances, etc. Peu de gens ont cette présence de leur réalité. Par exemple, il y a des gens qui sont toujours négatifs, mais qui croient ne pas l'être. Lorsqu'on demande à leurs amis, ils sont pourtant tous du même avis: cette personne est négative.

Donc, nous avons évidemment besoin de prendre conscience de notre réalité, mais nous devons aussi avoir une échelle plus précise et complète, basée sur le réel bonheur et non sur le plaisir.

Philippe a eu la chance d'avoir fait sa thèse sur le « Réel Bonheur », ou on pourrait aussi dire le « Bonheur Quantique », avec le Dr Amit Goswami qui a développé une échelle sur l'évolution de notre être en lien direct avec le bonheur. Cette échelle est structurée en sept niveaux en commençant par le niveau zéro.

Il ne faut pas oublier que cette échelle est plus comme un spectre: vous avez votre point central, mais vous pouvez être plus haut par moments et plus bas à d'autres moments. Une façon simple de savoir où on se situe sur cette échelle est de se poser la question suivante: combien de temps cela vous prend-il pour revenir à la normale après un bouleversement d'émotions ou suite à une crise?

LE NIVEAU 0 — PSYCHOSE

À ce niveau, les gens n'expérimentent aucun bonheur. Ils ignorent leur maladie mentale tellement ils sont dissociés constamment. Ils n'ont aucune conscience de leur réalité, presque aucune capacité à se concentrer et pensent même souvent que leurs pensées sont des certitudes. Coupés du réel, ils sont pris dans des délires, des pensées confuses et même des hallucinations. Cela fait d'eux des gens qui ont normalement besoin de support psychiatrique. Le plaisir pour eux est seulement hormonal et mécanique et n'apporte rien d'autre de positif. Lorsqu'ils vivent un bouleversement émotionnel, ils peuvent prendre des jours, des mois ou même des années pour retrouver leur centre.

LE NIVEAU 1 — NÉVROSE

À ce niveau, la personne entrevoit une lueur d'espoir, car c'est à celui-ci qu'il est possible de commencer à expérimenter le bonheur, principalement sous forme de plaisir. Une névrose est un trouble psychologique où les gens commencent à être conscients de leur réalité et de leurs problèmes. Ils commencent à prendre action et à demander de l'aide. Il s'agit d'une énorme victoire pour eux, d'un premier pas vers une vie meilleure. Il faut le reconnaître et les soutenir dans ce processus.

Le plaisir domine. Ce dernier peut se transformer en bonheur, mais à très petite échelle. Idéalement, ces gens devraient demander de l'aide à un psychiatre, à un psychologue ou même à un psychothérapeute. Ils commencent à avoir la capacité à relaxer et peuvent commencer à méditer pour de courtes minutes. Ils peuvent donc ressentir une émotion de paix momentanée. Lorsqu'ils font l'expérience d'un bouleversement émotionnel, cela peut prendre de quelques heures à plusieurs jours pour retrouver un état normal.

LE NIVEAU 2 — CONDITION HUMAINE DE BASE OU NORMALE

C'est à ce niveau que la majeure partie de la population se retrouve puisque c'est la norme. Pourquoi autant de gens? C'est en partie d'après ce que le Dr Gabor Maté dit dans son livre *Le mythe de la normalité*: *Le nouveau verbe à la mode «normaliser» se réfère au mécanisme par lequel quelque chose qui était auparavant aberrant devient suffisamment normal pour passer sous notre radar. À un niveau sociétal, donc, «normal» signifie souvent «rien à voir ici»: tous les systèmes fonctionnent comme ils le devraient, aucune enquête supplémentaire n'est nécessaire.*

Et c'est à cause de ceci qu'on pense qu'on maîtrise plusieurs des points du niveau 2, mais ce n'est pas parce que quelque chose est fréquent que c'est normal. Là est le piège de plusieurs idées préconçues qui doivent être dévoilées pour maîtriser ce niveau. C'est à ce niveau qu'on commence à être vraiment conscient de notre réalité et de notre ego et nous avons un niveau modéré de bonheur.

Le niveau 2 se définit en trois points.

1. Égocentrisme: L'égocentrisme fait partie du fonctionnement humain. Peu de gens pensent qu'ils sont égocentriques, car très peu sont conscients de leur réalité. Par exemple, vous êtes soit centré sur vous-même ou vous agissez de façon altruiste. Vous ne pouvez pas être à moitié enceinte, vous l'êtes ou vous ne l'êtes pas. Si vous offrez quelque chose à quelqu'un et que vous le faites pour recevoir quelque chose en échange, alors c'est pour vous, et ceci est égocentrique. Il n'y a rien de mal là-dedans, car nous le faisons tous, mais cela vous coupe d'un certain bonheur, puisque vous êtes séparé de l'autre.

L'objectif d'un tel geste est de recevoir de l'amour, parce que vous manquez de confiance en vous, vous voulez avoir plus d'attention, vous voulez être choisi dans la prochaine équipe de travail, ou même recevoir un cadeau en retour, etc. Donner sans attente et sans attachement est un puissant outil de manifestation d'abondance, c'est un geste d'Unicité (altruisme), vu que l'autre est aussi moi. Être altruiste devient un niveau extraordinaire d'évolution.

Une autre partie de l'égocentrisme est que nous sommes accros aux informations et même infectés par la quantité d'informations qu'on nous propose et qu'on nous fait miroiter. Nous demeurons passifs et nous ne nous posons pas de questions, pas de réflexion sur ce qui nous est donné en nourriture informative pour comprendre la vie ou même les événements simples qui se déroulent quotidiennement. L'information venant d'ailleurs n'est que rarement questionnée. Nous avons été éduqués un peu de cette façon à l'école: apprenez par cœur, mais ne posez pas trop de questions, comme si cela n'avait pas d'importance. Ne devrions-nous pas avoir notre propre opinion un jour? Ou ne devrions-nous pas aller chercher aussi ailleurs pour vérifier l'information donnée? Il est plus facile et divertissant d'accumuler plein d'informations sans nous poser de questions.

De plus, nous préférons des informations concises afin de pouvoir en consommer davantage. Cette avidité à tant d'informations procure encore plus de dopamine et nous devenons dépendants, forcément. Nous sommes divertis, tout au plus. C'est pourtant de notre responsabilité d'aller chercher le sens de l'information que nous rencontrons.

Aujourd'hui, nous avons accès à toute l'information. La seule raison pour laquelle nous restons ignorants est notre manque d'ouverture d'esprit et notre ego.

À titre d'exemple: avoir un diplôme, trouver un travail, faire de l'argent, s'acheter une maison, se marier, avoir des enfants. Et à la prochaine promotion, obtenir plus d'argent, avoir une nouvelle maison et un terrain plus beau que le voisin, avoir la nouvelle auto et un jour prendre sa retraite pour enfin accéder au bonheur... Ah, on a oublié de vous dire que la majeure partie des retraités sont aujourd'hui malades...

- En général, êtes-vous plus du genre égocentrique ou altruiste?
- Quand vous faites un acte altruiste, vous attendez-vous à quelque chose en retour?
- Êtes-vous à la recherche de comprendre le sens de votre vie?

Pour répondre à ces questions, soyez conscient de vos faits et gestes. L'être humain, de façon générale, s'illusionne beaucoup dans ses comportements. Être altruiste contribue au bonheur et vous connecte à l'unicité qui nous interrelie tous.

2. Émotions négatives: Voilà un point important qui explique pourquoi nous souffrons tant de comportements humains conflictuels, d'émotions négatives et de peur qui sont tellement présents sur notre terre. Cette notion nous apprend pourquoi le bonheur n'est pas de la partie pour la majeure partie de la population.

Malheureusement, les émotions négatives sont dominantes dans notre vie depuis la nuit des temps. Nous avons un circuit dans notre cerveau spécifiquement pour les émotions négatives et la peur. Ce vieux circuit a été essentiel pour notre survie, car sans lui, nous n'aurions pas survécu. Mais c'est aussi en grande partie à cause de lui que nous souffrons aujourd'hui. Cette notion est très importante. Le concept de négatif et de positif, de survie et d'évolution explique pourquoi nous retrouvons encore autant de misère dans notre monde. Le négatif nous a permis de survivre et le positif nous fait évoluer.

La construction de notre cerveau s'est effectuée très lentement et depuis très longtemps. L'humain est un être très complexe qui fonctionne selon plusieurs cerveaux. Selon la science actuelle, le cerveau humain aurait été formé par trois étapes graduelles: le cerveau primitif (ou reptilien), le limbique et le néocortex, qui est le plus récent et qui qualifie l'humain. Ces trois phases de construction cérébrale, dont nous avons gardé une mémoire cellulaire et un ADN, remontent à plusieurs millions d'années. Ces cerveaux ont contribué à une adaptation de plus en plus poussée pour l'humain.

Le **cerveau primitif** ou reptilien nous a forcés à survivre face aux cataclysmes ou aux dents acérées des gros mammifères dont nous avons été la proie. C'est le cerveau qui satisfait et qui assure nos besoins primaires fondamentaux. Ce sont des réflexes que nous avons acquis pour survivre. C'est notre instinct de conservation. C'est même un réflexe automatique qui veut s'exprimer toujours, malgré l'absence de la notion de survie de la plupart de nos sociétés actuelles.

Manger, vivre et survivre n'est plus un danger constant. Ce cerveau primitif est responsable de nos comportements, exagérés aujourd'hui, à se reconnaître davantage entre individus de même espèce, sur notre territoire même et à vouloir davantage de terres. Parfois, quand nous regardons certains voisins et pays qui ne cessent de perpétuer les guerres qui n'en finissent plus, nous croyons que nous nous comportons encore de façon très primitive.

Le **cerveau limbique,** quant à lui, nous a permis d'intégrer la notion de mémoire à long terme ainsi que les structures sociales telles la hiérarchisation, le rapport de dominant-dominé, **la notion du bien et du mal, la récompense/punition et tout autant la manipulation et les émotions**. Et toutes ces constructions sont aussi basées sur la peur. Puis, le dernier, soit le **néocortex** pour les mammifères supérieurs (humains, chimpanzés, baleines, dauphins, etc.), nous apporte la **faculté de décision,** d'analyse, la notion du temps et la capacité de prendre du recul et de contrôler des émotions, du moins la possibilité y est présente lorsque l'individu s'affirme et se maîtrise. Donc, l'instinct est dépassé et la peur peut être contrôlée. Ce n'est que récemment (quelques millions d'années) que l'être humain a eu une conscience individualisée, donc un ego, alors qu'il a perdu la notion d'unité et de collectivité avec le cosmos.

Nous avons encore ce circuit des trois cerveaux très bien implanté, mais parfois exagérément, puisque nous sommes rarement dans une situation de vie ou de mort comme avant. Dans la vie de tous les jours, nous agissons encore comme s'il y avait une question de vie ou de mort avec notre patron, car il nous rappelle quelqu'un qui nous a fait du mal ou parce que nous craignons de perdre notre travail; dans le trafic, vu que nous sommes impatients, ou à l'aéroport, étant donné que nous avons peur de manquer notre avion. Nous vivons le moment présent comme si cet événement passé était maintenant. Et nous vivons souvent notre futur à partir du passé.

Nous devons, avec le temps, devenir plus positifs que négatifs. Les émotions négatives dominent notre vie. Malheureusement, les émotions négatives font partie de notre ADN. Eh oui, depuis la nuit des temps, à force d'émotions négatives et de peur, nous avons fini par générer et programmer nos molécules d'ADN négativement. Il n'est pas étonnant que nous soyons au moins cinq fois plus négatifs que positifs.

Le négatif nous a permis de survivre alors que le positif nous fait évoluer.

3. Dépendance au plaisir: Ce dernier point est le plus difficile à voir et à changer, car tout le monde a des dépendances (addictions). Le Dr Gabor Maté dit que 90 % des gens sont dépendants et 10 % se mentent à eux-mêmes. Le plaisir à lui seul n'est pas problématique, mais la dépendance au plaisir est destructrice et empêche le bonheur de s'établir. La dépendance est toujours néfaste. C'est un comportement dont on ne peut se passer. Nous en sommes esclaves. Le plaisir nous apporte du réconfort, mais en même temps, il entraîne des conséquences néfastes sur notre santé, notre comportement et sur autrui.

Il y a un coût et un bénéfice à toute dépendance. Malheureusement, le bénéfice apparaît toujours plus grand que le coût. Pour ne pas revivre quelque chose que vous trouvez désagréable ou traumatisant, vous allez vers un réconfort avec un comportement qui vous apporte du plaisir. Cela peut-être les drogues et l'alcool, mais cela peut aussi être les réseaux sociaux, les jeux vidéo, la nourriture, l'exercice, la lecture, le magasinage, le travail, la pornographie, l'Internet, la négativité, le jugement, la critique, l'isolement, la colère, etc. Toutes ces activités nous apportent des sentiments et des émotions de réconfort sur le moment. Le Dr Gabor Maté est d'accord avec cette définition et il va encore plus loin. Il dit que les dépendances sont reliées au monde de l'esclavage et qu'elles représentent une réponse à la souffrance humaine qui se passe en trois étapes:

1. Il y a un désir pour une substance ou pour un comportement;
2. Utilisation de la substance ou adoption d'un comportement pour éprouver un soulagement ou un plaisir temporaire;
3. L'incapacité d'abandonner la substance ou le comportement, car cela ne vous laisse jamais satisfait.

La plupart des dépendances sont créées par des événements antérieurs qui nous ont blessés et qui provoquent un vide intérieur que nous voulons combler à tout prix. Il faut donc porter une attention particulière à tous ces comportements addictifs qui sont souvent plus nombreux et plus présents que nous pourrions le croire. Seuls les êtres très évolués, de niveau 5 et plus, n'en souffrent pas.

Quand les gens normaux (de niveau 2) sont confrontés à des défis, ils retournent facilement dans la névrose (niveau 1). On dit qu'ils sont au niveau 2- (2 moins). Ils sont principalement centrés sur eux, accros à l'information, négatifs et reviennent vers leur plaisir facilement. Avec de l'effort et du temps, ils pourront passer au niveau 2+ (2 plus) seulement s'ils commencent à avoir du sens dans leur vie, à penser aux autres et à vivre des moments où tout se déroule aisément (*flow*). Lors d'un bouleversement émotionnel, les personnes de niveau 2 prennent encore quelques minutes, heures ou jours à s'en remettre lorsque c'est en lien avec une relation plus intime, comme avec un conjoint.

Philippe : *Quand j'étais à ce niveau, je cherchais constamment quelqu'un qui avait déjà fait le chemin et le travail que je voulais faire. Au travers des années, j'ai rencontré psychologues, coachs, mentors, maîtres spirituels, etc. C'était la même chose quand j'étais membre de l'équipe du Québec en ski acrobatique, j'avais différents coachs, car je voulais progresser. Pour mon entreprise, j'avais un coach mental, en marketing, en ressources humaines, en opération, etc. J'avais un coach dans tous les domaines dans lesquels je voulais progresser. Il est important d'avoir un tel soutien. Il vous permettra de passer beaucoup plus rapidement au niveau 3.*

LE NIVEAU 3 — SANTÉ MENTALE POSITIVE

À ce niveau, nous commençons à avoir plus d'émotions positives que négatives. Nous développons l'intelligence émotionnelle, donc nous agissons avec plus de compassion. Nous sommes rendus au stade où nous sommes plus heureux que malheureux. Notre routine quotidienne tourne autour de notre évolution personnelle et spirituelle. Le but de notre âme commence à s'éclaircir. Nous sommes de plus en plus en contact avec notre intuition. Ce qui nous permet maintenant de commencer à explorer les neuf archétypes de Platon, tels que le pouvoir, l'abondance, la justice, la beauté, la vérité, l'amour, la bonté, l'intégralité et le Soi que nous voyons en science quantique.

Les archétypes sont des représentations de la Conscience divine. Normalement, notre âme en choisit un que nous devons explorer durant cette vie, ce que l'hindouisme appelle notre dharma. À ce niveau, nous n'avons pas nécessairement besoin d'avoir un coach, un mentor, un gourou, puisque nous maîtrisons l'intuition.

Nous devenons notre propre mentor, mais certains angles morts sont encore très présents. Idéalement, nous avons davantage besoin d'avoir quelqu'un avec qui nous pouvons discuter et échanger. C'est le moment d'écouter notre intuition pour savoir ce qu'on doit faire pour continuer à évoluer. Dans certains cas, notre intuition est encore faussée par nos conditionnements.

Dans les premiers temps, il s'agit, lors de cette ouverture d'esprit face à la spiritualité, de ne pas tomber dans le piège de l'ego. Il est facile de se considérer plus avancé, plus sage et plus dans la lumière grâce à quelques éclairs d'intuition. Le discernement et l'humilité auront toujours leur place.

Il est intéressant de voir dans la littérature indienne de grands gourous aller rencontrer leur maître et prendre leurs conseils sur le chemin à poursuivre pour leur évolution. Pour eux, nous sommes toujours des disciples d'un autre maître plus grand que soi. Eux-mêmes se déclarent toujours disciples plus évolués sur le chemin du retour jusqu'à la divinité qui est elle-même évolutive. Nous pouvons voir à quel point le processus évolutif est grand. Nous demeurons tout de même une unité, mais individualisée dans le grand tableau évolutionnaire.

Au niveau 4, vous allez explorer un des archétypes que l'âme a choisi avant de s'incarner. À travers diverses possibilités, elle devra l'approfondir afin de répondre à sa mission de vie. Comme vous ne savez pas quel est votre archétype, considérez l'amour comme une option qui ne pourra jamais vous décevoir.

LE NIVEAU 4 — UN « ORIGINAL »

À ce niveau, vous devenez un original unique. Vous avez intégré et vous incarnez un des archétypes. Vous faites maintenant l'expérience du bonheur la majeure partie de votre temps. Vous vivez aussi dans le *flow* plus régulièrement durant vos journées et les choses s'alignent comme par magie.

Les gens de ce niveau seraient d'excellents mentors, mais cela ne veut pas dire qu'ils souhaitent l'être ou qu'ils sont accessibles. Quand nous sommes en leur présence, nous ressentons quelque chose d'unique et un changement s'opère en nous.

LE NIVEAU 5 — ILLUMINATION QUANTIQUE

Le niveau 5 est le niveau à atteindre pour que l'humanité entière passe au niveau 6. À ce niveau, nous incarnons maintenant l'archétype d'intégralité. Nous vivons l'illumination, mais nous avons encore notre corps physique, ce qui fait que nous sommes encore ici sur terre. Comme l'étaient Jésus, Bouddha, Krishna, etc. avant de quitter ce monde physique.

Ceci est le plus haut niveau de bonheur dont nous pouvons faire l'expérience étant donné que nous avons notre corps physique. Si nous n'avons plus de corps physique, nous ne pouvons plus faire l'expérience du monde physique. Dans le bouddhisme, on l'appelle le bodhisattva. Nous vivons presque de façon permanente dans la joie et dans le *flow*. Grâce au simple contact avec ces gens-là, cela nous transforme.

LE NIVEAU 6 — ILLUMINATION SPIRITUELLE

C'est l'illumination traditionnelle comme celle que Jésus, Bouddha, Krishna, etc. ont vécue quand ils ont quitté le monde physique. C'est la réalisation de la Conscience, de Dieu, de la source, etc. Nous incarnons maintenant l'archétype du Soi. Nous quittons ce monde que nous connaissons et nous allons à un endroit inconnu. C'est le plus haut niveau de bonheur, mais nous ne pouvons plus en faire l'expérience.

Maintenant que nous avons examiné attentivement les différents niveaux de bonheur, il est important de noter que chaque niveau représente une étape dans notre cheminement vers le bonheur. **Soulignons que chaque individu est unique et que notre parcours vers le bonheur peut différer.** Nous avons tous la capacité de nous élever vers des niveaux supérieurs.

Il est intéressant de constater qu'en se voyant au niveau 2 du bonheur, un chemin s'offre à nous pour faire l'expérience de plus de bonheur. À ce niveau, nous commençons à être conscients de notre réalité et de nos problèmes. C'est à ce stade que nous prenons des mesures pour améliorer notre situation et demander de l'aide, si nécessaire. Nous expérimentons principalement le plaisir, mais il peut se transformer en bonheur à petite échelle.

À ce niveau, nous sommes également confrontés à des émotions négatives, mais nous avons la capacité de nous remettre plus rapidement d'un bouleversement émotionnel. C'est le niveau où la plupart des gens se trouvent et où ils peuvent commencer à se diriger vers une vie meilleure.

La suite du livre offre une occasion passionnante d'explorer différents aspects du niveau 2 pour développer notre santé mentale positive. En comprenant et en intégrant les enseignements présentés, nous pourrons élargir notre conscience, nos émotions et notre évolution personnelle. Cela nous permettra de cultiver davantage d'émotions positives, de compassion et d'intelligence émotionnelle, nous rapprochant ainsi du niveau 3 du bonheur.

Cela semble ambitieux, mais rappelez-vous, de grandes transformations nécessitent normalement du temps, à moins que vous viviez un saut quantique important. Pour explorer pleinement l'échelle du bonheur, nous devons incorporer le concept de la réincarnation, ouvrant ainsi la voie à des avancées sur plusieurs vies. Chaque action compte dans notre voyage vers un bonheur durable.

CHAPITRE 6

RÉINCARNATION : MYTHE OU RÉALITÉ ?

Le fait de s'incarner est le fait de naître avec un corps : nous nous incarnons dans ce monde physique. Donc le mot « réincarnation » introduit le fait que ce n'est pas la première fois que nous nous incarnons. Est-ce quelque chose qui existe ? Est-ce réel ? C'est ce que nous allons explorer dans ce chapitre.

L'idée que nous avons vécu avant cette vie et que nous vivrons encore après la mort est une perspective positive. Cela signifie que nous avons une continuité, que notre conscience persiste au-delà du corps physique. Si on admet que la conscience survit après la mort et que nous avons différents corps (vital, mental et supramental), nous pouvons mieux comprendre la réalité matérielle.

La réincarnation est même un sujet d'investigation scientifique, car l'existence d'un corps subtil avec ses composants vitaux et mentaux serait la preuve de sa survie et de sa réincarnation.

Il existe trois types de preuves en faveur de la théorie de la réincarnation :

1. Les visions sur le lit de mort ;
2. Les expériences de mort imminente ;
3. Les données sur la réincarnation.

1) Les visions sur le lit de mort font référence aux expériences vécues par certaines personnes lorsqu'elles sont proches de la mort. Les expériences de visions communiquées de manière psychique à des proches et des amis par des personnes sur le point de mourir sont enregistrées depuis 1889, lorsque Henry Sidgwick et ses collaborateurs ont commencé une compilation de cinq ans du *Recensement des hallucinations* sous les auspices de la Société de recherche psychique.

Il y a aussi les travaux du Dr Raymond Moody et du Dr Jean-Jacques Charbonier qui ont démontré les expériences de mort imminente et les visions associées. Sidgwick a découvert qu'un nombre important d'hallucinations par des proches des mourants étaient signalées dans les douze heures précédant le décès même s'ils mouraient à une distance considérable. Dans l'étude des psychologues Osis et Haraldsson, le sujet n'éprouve pas les hallucinations d'une personne mourante qui souffre ; au lieu de cela, la communication ressemble davantage à un genre de sixième sens (perception extrasensorielle) avec une personne en bonne santé.

Gaétan : *Je me souviens de mon beau-père sur son lit d'hôpital, la journée de son décès. Je voyais son regard scruter le plafond avec inquiétude. Je lui ai demandé ce qui le tracassait. Il m'a répondu : « Ce sont eux. » J'ai répliqué : « Qui sont-ils ? » « Ce sont ces hommes en blanc qui viennent de nouveau me regarder. Je ne sais pas ce qu'ils me veulent. » Intrigué, j'ai poursuivi mon questionnement : « Est-ce qu'ils ont l'air menaçants ? » « Non, ils semblent bien tranquilles et ils me regardent avec bonté. » Je lui ai dit : « Ce sont peut-être des êtres de lumière qui viennent te rencontrer. Tu sembles important. Tu les as attirés ou même peut-être sont-ils des anges ? » Il m'a fixé avec un sourire qui semblait dire : crois-tu vraiment aux anges ?*

Mon beau-père était du style à croire en une vie dans l'au-delà, mais pas nécessairement à des êtres ou à des anges qui pourraient venir le voir. J'ai poursuivi en lui disant : « Je crois que ces êtres que tu vois viennent pour t'aider et t'accompagner. Ce sont des êtres de lumière qui t'ouvrent la porte vers un nouveau chemin. Tu peux leur faire confiance. »

À la dernière heure, alors qu'il respirait difficilement et que son état de conscience vacillait, mon beau-père m'a répété : « Ils viennent encore d'arriver. » Dans les minutes qui ont suivi, il nous a quittés pour de bon. Du moins, une part de lui est partie... Avec eux ? Qui sait ?

2) Les expériences de mort imminente (EMI) surviennent lorsque des individus approchent de la mort, mais qu'ils survivent. Des chercheurs éminents, tels que le Dr Raymond Moody, le Dr Kenneth Ring, le Dr Michael B. Sabom et le Dr Bruce Greyson, pour ne nommer que ceux-là, ont étudié les EMI. Ils ont noté des expériences rapportées similaires incluant des sentiments de paix, des sorties hors du corps, des rencontres avec la lumière ou des êtres divins ainsi qu'un voyage par un tunnel. Ils rapportaient aussi souvent une transformation de la vision de la mort des survivants et une confirmation de certaines croyances religieuses.

Les EMI élargissent la compréhension de la conscience et de l'identité, apportant des idées sur la mémoire réincarnée et sur l'âme au-delà du corps physique. Après ce type d'expérience, la majorité n'a plus peur de la mort, comme par exemple Dannion Brinkley, qui a été foudroyé par la foudre à deux reprises. Il est revenu parmi nous et lorsque Gaétan l'a rencontré en 1995, il a été surpris par son dynamisme, sa joie débordante et l'absence totale de la crainte de la mort. Il était complètement transformé, de l'homme d'affaires et militaire qu'il était, il était devenu rempli d'altruisme et aidait des milliers de gens à faire le pas dans l'au-delà.

Le Dr Brouillard a eu également l'opportunité de rencontrer le Dr Eben Alexander, neurochirurgien à Harvard, et le Dr Robert Moody, psychiatre et spécialiste des EMI, lors des symposiums EMI tenus en septembre 2018 et en août 2019. Le dernier avait pour but de présenter des expériences de fin de vie. Il y avait plusieurs invités de marque, parmi lesquels des scientifiques, des médecins, des infirmières, des thérapeutes ainsi que des personnes ayant elles-mêmes vécu des expériences de mort imminente.

Pour le Dr Alexander, il n'y a plus de doute quant aux phénomènes de l'après-vie. Alors qu'il était atteint en 2008, d'une méningo-encéphalite bactérienne parmi les plus graves, il a plongé dans un coma profond. Son cerveau ne répondait plus à aucun stimulus, si bien que ses confrères ont voulu débrancher les appareils qui le maintenaient en vie. Par le plus grand des mystères, il est sorti de son coma au bout de sept jours. Au cours des mois qui ont suivi, il a récupéré pleinement la santé. Toutefois, un changement n'a pas tardé à se faire remarquer: son approche face à la vie avait changé... pour le mieux.

Avant ce voyage, le docteur Alexander ne parvenait pas à concilier sa science avec la moindre croyance en un paradis, en Dieu ou en l'âme. Aujourd'hui, ce médecin croit que la santé globale ne peut être atteinte qu'en réalisant que Dieu et l'âme sont bien réels et que la mort n'est pas la fin de l'existence, mais seulement une transition. Complètement rétabli, alors que la médecine le croyait perdu, il s'est donné comme défi d'apporter un message au monde: «Nous sommes immortels, notre conscience n'est ni renfermée ni limitée par notre cerveau. Notre conscience est extracorporelle, extracérébrale et non locale! La mort n'est pas la fin et l'amour est la plus grande force de l'univers.» De la part de ce scientifique, cette affirmation est tout à fait étonnante et nous amène à nous questionner sur ce qui nous attend tous.

3) Les données sur la réincarnation. Au cœur de la réincarnation, il y a une idée intéressante: un lien mystérieux entre la mort et la naissance de l'âme, une fenêtre de non-localité quantique (communication sans signal). Certaines personnes se souviennent de vies passées et ces souvenirs sont parfois très précis, ce qui a été vérifié par la science.

Le docteur Ian Stevenson a fait un travail impressionnant en rassemblant environ 3 000 souvenirs de vies passées vérifiées. Il a même emmené des enfants sur les lieux de leurs vies passées pour vérifier leurs histoires. Par exemple, dans son livre *Reincarnation and Biology*, le Dr Stevenson a recueilli 225 comptes rendus de cas d'enfants se souvenant de vies antérieures et présentant des particularités physiques correspondant à ces vies passées.

Dans certains cas, ces détails ont pu être confirmés par les dossiers d'autopsie et les photos du défunt et dans d'autres, ils ont même trouvé de l'argent caché dans une maison exactement où la personne l'avait laissé.

Parfois, l'hypnose ou d'autres techniques permettent de se souvenir de ces vies antérieures. Des personnes spéciales, comme Edgar Cayce, peuvent lire ces souvenirs dans d'autres personnes. D'autres chercheurs comme le Dr Morris Netherton, le Dr Bruce Goldberg et la Dre Laurence Lucas Skalli ont démontré que ce souvenir de vies passées sous hypnose peut être utile sur le plan thérapeutique.

Ces découvertes nous indiquent que les expériences passées peuvent influencer notre vie présente et remettent en question les idées habituelles sur la génétique et l'environnement, nous incitant à repenser la manière dont nous comprenons notre existence.

Savez-vous comment le prochain Dalaï-Lama est choisi? Lors de leur réincarnation, plusieurs moines bouddhistes choisissent des enfants qu'ils croient être la réincarnation du Dalaï-Lama. Par la suite, ces enfants seront amenés à son ancienne demeure. Et le test ultime est de choisir les jouets de son ancienne vie. Encore dans le monde bouddhiste, certains jeunes moines sont capables de réciter des textes complets sans avoir pris connaissance de ces textes dans cette vie-ci. N'est-ce pas fascinant?

Lors de son voyage au Népal, Philippe a eu l'occasion de discuter avec plusieurs moines bouddhistes, dont Matthieu Ricard, sur le sujet du bonheur. De nombreuses réflexions intéressantes ont émergé, avec la question suivante sachant que la réincarnation est une croyance forte pour eux: « Si la réincarnation n'existait pas, votre vie serait-elle différente ? »

1. Beaucoup auraient peur de la mort et seraient tristes, en pensant que c'est la fin définitive;
2. Ils pourraient se laisser emporter par les plaisirs éphémères, car ils considéreraient qu'il n'y a qu'une seule vie;
3. Ils pourraient accumuler des biens matériels sans se soucier des conséquences.

Les moines ont souligné que la réincarnation était une vérité pour eux. Et c'est précisément en raison de cette croyance que chaque action qu'ils entreprennent vise à apporter plus de joie et de bonheur dans leur vie présente, ainsi que dans leur vie future, contribuant ainsi à rendre notre monde meilleur.

Un des moines a exprimé que beaucoup de moines décèdent avec le sourire, puisqu'ils savent que seule leur enveloppe physique meurt et qu'ils auront une autre vie. Il est intéressant de noter que lorsque nous croyons en la réincarnation, comme nous venons de le démontrer, nous vivons de manière beaucoup plus consciente. Nous investissons non seulement pour notre vie actuelle, mais aussi pour nos vies futures.

Cette perspective nous invite à réfléchir à nos actions et à leurs répercussions à long terme. En adoptant une vision plus large, nous pouvons prendre des décisions plus éclairées et œuvrer pour un avenir meilleur, tant pour nous-mêmes que pour les générations à venir. Chaque choix que nous faisons aujourd'hui peut contribuer à notre bonheur présent et futur, ainsi qu'à celui de notre monde. C'est ce qu'on appelle le concept du karma.

CHAPITRE 7

QU'EN EST-IL DU KARMA ?

Analysons davantage cette notion de karma pour nous permettre d'aller un peu plus loin dans ses implications. On définit généralement le karma comme un dogme central de l'hindouisme et du bouddhisme, selon lequel la destinée d'un être vivant est déterminée par la totalité de ses actions passées et de ses vies antérieures. C'est la loi action et réaction que l'on définit communément par « on récolte ce que l'on sème ». Commençons par semer de bons actes, mais aussi de bonnes pensées et de bons souhaits pour en récolter les bons fruits. Voilà qui est simple et qui n'est plus une fatalité. Nous pouvons donc, à partir du moment présent, créer un devenir pour une condition meilleure. Nous devons cesser la passivité, prendre conscience et agir.

L'âme se rend responsable au cours des incarnations successives afin de parfaire des expériences terrestres souvent mal vécues. C'est un genre de réparation, de justice appropriée pour des gestes inappropriés. Le karma est une redevance qui fait partie des lois spirituelles astrales. Les jeunes âmes humaines sont encore trop naïves (ignorance) pour réaliser les conséquences de leurs actes. Elles doivent expérimenter, et expérimenter veut dire prendre du temps pour comprendre. Confucius disait : « Nulle pierre ne peut être polie sans friction, nul humain ne peut parfaire son expérience sans épreuves. »

Une friction, une tension a été jugée nécessaire dans l'évolution pour que l'humain puisse reconnaître un jour qu'il devait faire un changement dans son comportement humain. Il devait rectifier son principe de plaisir en vue d'une vibration plus élevée. C'est ici que le principe de souffrance et d'évolution entre en ligne de compte, sinon il n'y aurait pas eu d'évolution, le corps animal de l'humain préférant satisfaire ses priorités et son plaisir égocentrique.

Avec le temps, nous nous sommes créé une fausse identité face à nous-mêmes et face à autrui. Hélas, nous nous attachons à ces identités maquillées et il devient difficile de les extirper. Toutes ces perceptions ne sont pas véridiques, mais nous en avons fait notre réalité. Se remémorer ne fait pas partie de la réalité. Ce n'est qu'une mémoire qui nous fait souffrir.

Se libérer du connu fait toujours peur et pourtant, cela pourrait nous apporter plus de paix et de bonheur par la suite. Parfois, la vie peut nous sembler injuste. Nous crions à l'injustice et nous devenons colériques. Mais pourquoi nous rendre malades, pourquoi perdre temps et énergie? Si nous pouvions voir le tableau dans sa plénitude, nous découvririons que la vie est ce qu'elle est: juste et honnête. Elle s'occupe de tout et de nous. Il faut savoir faire confiance et laisser-aller. Pourquoi perdre du temps précieux et gaspiller nos énergies à vouloir corriger des situations dont nous n'avons pas la vue d'ensemble du tableau de la vie?

Il faut bien comprendre que le karma n'est pas une chose négative. Lorsque cette loi est comprise, elle pourra délivrer l'humain, lui apporter un grand bonheur et le libérer de ses souffrances. Nous sommes ce que nous sommes à cause de nos actions et donc du karma. Avec des choix conscients et éveillés, l'humain pourra se libérer un jour des chaînes karmiques qui le troublent. Lorsque l'humain nouveau sera dans la Conscience, sa compréhension sera instantanée et le karma aura été neutralisé.

Toute notion de souffrance, d'insatisfaction ou de perte de bonheur se retrouve toujours dans les quatre grandes nobles vérités de Bouddha. Elles sont toujours d'actualité, même après 2 500 ans.

En voici un résumé qui permettra un jour de mettre fin au karma humain.

1. Tout est Dukkha, c'est-à-dire souffrance, insatisfaction.
2. Toute souffrance trouve son origine dans l'avidité, la soif incessante, les désirs persistants.
3. Tous ces désirs ininterrompus doivent un jour être abandonnés pour retrouver la paix.
4. Le chemin menant à la cessation de la souffrance: le chemin du juste milieu.

On définit ce chemin du juste milieu par huit directives, le chemin octuple :

1. La vision juste de nos croyances de la vie.
2. La pensée juste, une pensée non conditionnée par des émotions.
3. La parole juste, sans mensonges, sans calomnies ou haine.
4. L'action juste, liée à la parole et une intention bienveillante.
5. Les moyens d'existence juste, bien gagner sa vie et le travail sur soi.
6. L'effort juste en application avec les enseignements tout en restant vigilant.
7. L'attention ou la conscience juste avec la pratique de la méditation, prise de conscience globale et présence.
8. La concentration ou la pratique de la méditation juste à l'instant présent et le détachement face au mental, aux pensées et à la conscience personnelle.

Si vous pratiquez les huit points précédents, vous atteindrez progressivement le but du chemin, qui est le nirvana ou un état de sérénité complète, ou béatitude, avec l'extinction du désir humain qui mettra fin aux cycles des réincarnations. Ce sont les niveaux cinq et six du bonheur.

Le karma n'est pas simplement un état que l'humain doit supporter avec patience, mais il faut y voir quelque chose de positif. C'est une précondition d'évolution dont il pourra jouir. Les liens karmiques auront pour finalité la libération de l'intelligence humaine sur le plan mental pour arriver à l'éveil de sa Conscience cosmique. Le karma est une loi de l'existence. Lorsqu'il n'y a plus de karma, rien ne nous retient dans ce corps matériel, comme on le voit au niveau 6, celui de l'illumination spirituelle.

PARTIE 2

OUTILS DE RÉFLEXION FACE À NOTRE VIE ET NOTRE RÉALITÉ

CHAPITRE 8

ÊTRE VÉRITABLEMENT QUI NOUS SOMMES

La société d'aujourd'hui fonctionne sur des paradigmes inversés. Nous gagnerions à vivre, dans l'ordre : être, faire et avoir au lieu de **faire, avoir et être**, qui nous égare et qui remet notre identité véritable toujours à plus tard. Cette façon de vivre qu'on nous a apprise ne finit jamais, car quand nous avons, nous voulons encore plus. Nous vivons le plaisir momentanément et nous devons toujours faire plus et avoir plus pour nous satisfaire. Nous tombons infailliblement dans « la poursuite du bonheur ». Quand vous aurez tout, vous pourrez être celui que vous voulez être, celui que vous rêvez d'être enfin, et pourtant, comme nous le voyons, le bonheur est une réalité intérieure.

Le mot le plus important de notre vocabulaire ne devrait pas être « avoir », mais « être » ! Car le surmenage, cette course pour l'avoir, détruit non seulement la santé, mais aussi les relations, la famille et le bonheur. L'expression « se tuer au travail » est bel et bien à prendre au pied de la lettre. Il y a même un terme spécifique au Japon pour « la mort due au surmenage » : Karoshi. On travaille 12 à 15 h par jour, on mange entre deux travaux sur le pouce, on revient du boulot épuisé, dormant dans le métro, et on fait cuire de nouveau un plat industrialisé rapidement, trop épuisés pour se faire à manger. On est vidés. On est toujours connectés à notre bureau avec notre mobile, et même quand on est à la maison, on garde le bureau en tête, en fin de semaine avec l'ordi et, pourquoi pas, 24 heures sur 24.

On devient accros aux plaisirs de voir un courriel entrer, d'y répondre, de compléter nos tâches, car cela nous apporte un plaisir, une satisfaction. Nous pensons inconsciemment que si nous faisons tout ça, demain il y en aura moins et nous demeurerons en contrôle. Mais non, au contraire, cela ne fera qu'augmenter le nombre de tâches et de courriels. Notre patron voit qu'on est capables d'en faire encore plus. Ceci devient une dépendance (addiction) aux plaisirs de toujours faire, faire et faire... Où est rendu «être»? Cette dépendance au travail nous procure un sentiment de reconnaissance, d'importance et pourquoi pas d'héroïsme. Nous devenons accros au travail, car au plus profond de nous, nous ressentons un vide, et grâce à l'accomplissement de ces actions, l'ego se sent plus important aux yeux des autres.

Et pourtant, nous ne sommes pas des «faire humains», mais des «êtres humains»!

Nous nous enfonçons graduellement dans la solitude. Nous n'avons plus le temps pour entretenir des relations de qualité, autant avec les autres qu'avec soi-même. Tout devient confus. En somme, on sacrifie sa vie. Et le Japon est numéro un dans le nombre de morts par surmenage, supérieur à celui des accidents de la route. Les métiers reliés aux activités créatrices, cependant, diminuent le stress. Donc, toute activité créatrice est salutaire, comme le fait de planter quelques tulipes ou de dessiner. Ce n'est pas de quoi nous vivons, mais plutôt la façon dont nous le vivons.

L'important n'est pas de **faire pour avoir**, mais **d'être** véritablement qui nous sommes. Il est plus sage de savoir qui nous sommes (être) d'abord, et à partir de ce moment, nous ferons (faire) les actions qui vont nous permettre d'avoir ce dont nous avons réellement besoin. Il faut savoir dire non à ce qu'on nous fait miroiter comme étant le bonheur d'avoir. Le bonheur, avant tout, c'est d'être! Réalisez qui vous êtes et vous serez riches. Réalisez qui vous êtes et vous n'aurez besoin de rien ou de si peu... Réalisez la personne que vous êtes authentiquement, véritablement, et vous ne manquerez de rien; le bonheur se présentera!

Pendant une interview, le Dalaï-Lama s'est fait poser une question: «Qu'est-ce qui vous surprend le plus dans l'humanité?»

«Les humains... Parce qu'ils perdent la santé pour accumuler de l'argent, ensuite ils perdent de l'argent pour retrouver la santé. Et à penser anxieusement au futur, ils en oublient le présent, de telle sorte qu'ils finissent par ne vivre ni le présent ni le futur. Ils vivent comme s'ils n'allaient jamais mourir... et meurent comme s'ils n'avaient jamais vécu.»

Développons la gratitude pour le travail que nous avons, réduisons nos heures de travail, la quantité de travail, nos faux besoins, et apprécions la vie. Voici une recette simple pour le bonheur, mais pas nécessairement facile à réaliser. Le plus grand voyage sera toujours celui que nous ferons à l'intérieur de nous, ce périple pour comprendre qui nous sommes véritablement, ce voyageur venu de très haut pour expérimenter les facettes de notre réalité matérielle.

Il est encore plus important de réfléchir à notre but sur terre et à ce que nous voulons vraiment faire de notre vie. Trouver la réponse à cette question peut se faire dans la simplicité et en appréciant les moments de calme que la vie nous offre. La réponse n'est pas de faire plus ou d'accomplir plus, mais de faire moins pour accomplir davantage et mieux. Les activités incessantes peuvent nous empêcher de trouver ces moments d'appréciation, il est donc important de les rechercher activement.

Il est crucial de ne pas tomber dans le piège du matérialisme, mais plutôt de nous concentrer sur notre mission intérieure. En étant fidèles à nous-mêmes, nous pouvons agir et vivre pleinement notre vie.

La majorité des gens ne se posent pas ces questions. Ils vivent et accomplissent beaucoup pour avoir beaucoup. Ils s'acharnent à faire et à avoir, croyant recevoir un jour le bonheur en bonus. Pourquoi ne pas commencer par le bonheur pour ensuite accomplir avec passion ?

Il y a des gens qui se posent sans cesse des questions à propos de la vie et du bonheur. Lorsque nous vivons passionnément, nous n'avons pas le temps de nous poser autant de questions sur la vie en général. Si nous sommes passionnés, nous incarnons automatiquement la vie sans questionnement. Chaque moment est coloré, voire fascinant, et les questions s'envolent. Hélas, nous ne vivons pas assez avec passion, car nous sommes principalement dans le plaisir immédiat.

La joie vient du cœur, cet organe que nous sous-évaluons encore beaucoup trop en médecine. Il n'est pas qu'une simple pompe que l'on peut remplacer lorsqu'il fait défaut. C'est une glande électromagnétique très puissante : on peut ressentir son champ électromagnétique à plus de cinq mètres autour de soi, ce qui n'est pas le cas pour le cerveau qui est davantage un décodeur de la conscience. Il ne faut pas oublier que le cerveau n'est qu'un organe matériel et qu'il est épiphénomène de la Conscience. Le cerveau n'est qu'un outil que la conscience utilise.

Dans toute vie humaine, le bonheur devrait être au rendez-vous, et tout être humain devrait trouver un sens à la vie comme nous l'avons vu au niveau 2 du bonheur. Il faut que la vie serve à quelque chose, qu'elle ne consiste pas qu'à manger, boire, s'amuser et dormir. L'être humain est un explorateur enthousiaste, beaucoup plus que l'animal qui mange et qui dort une bonne partie de sa vie pour survivre. L'humain est fait pour le travail, la création, la famille et faire croître son potentiel infini. Dès son plus jeune âge, l'enfant veut grandir le plus vite possible. Il veut marcher, parler, dépasser les obstacles... Les défis de l'être humain sont grands.

L'être humain ne connaît pas son potentiel infini, sa divinité qui ne demande qu'à se manifester. Inconsciemment, il s'est identifié davantage à son ombre qu'on lui a fait miroiter, plutôt qu'à sa Lumière qui l'habite et qui lui fait peur. Tous ces défis font partie d'un sentiment de bonheur, de joie innée de conquérir la Vie. Il se sent de plus en plus puissant et rempli de joie à chaque épreuve passée. Chaque victoire lui procure connaissance et joie, une expansion de conscience.

Ce ne sont pas des joies permanentes, mais elles servent de construction pour un bonheur assuré plus tard. En nous construisant nous-mêmes davantage par l'introspection, par un travail et par une réflexion sur soi, nous pourrons éventuellement construire un monde merveilleux qui nous procurera le bonheur. Nous devons devenir de plus en plus conscients, de plus en plus grands et prêts à faire face à de nouvelles dimensions, car nous sommes sans limites.

La joie augmente toujours la qualité de la vie. Nous différons beaucoup des animaux. Albert Einstein disait : « L'homme qui considère sa vie comme dénuée de sens n'est pas simplement malheureux ; il n'est tout bonnement pas fait pour la vie. »

Gaétan : *Voici un souvenir de mon voyage au Tibet. Au moment de sortir du monastère, je vois deux jeunes enfants seuls, assis par terre non loin. Il fait froid, mais le soleil est de la partie, réussissant à nous réchauffer passablement à cette altitude de 3 000 mètres. Étant sur mon chemin de retour, je m'approche d'eux sans être vu. Ils discutent entre eux, assis en tailleur. Ils ont de vieux habits, non seulement trop petits pour eux, mais très défraîchis et souvent réparés. Ils sont coiffés d'une vieille casquette rapiécée, non pour leur donner un air vintage (comme on en vend chez nous des neuves « défraîchies », à grand prix !), mais pour protéger leur jeune visage aux pommettes brûlées par le soleil cuisant des hauts plateaux himalayens.*

Entre les deux gamins est posé un vase de laiton, probablement pour laisser des offrandes. C'était un moment tranquille et sans personne aux alentours. Leurs propos sont rieurs, bien que je ne comprenne aucunement leur langue. Deux vrais petits espiègles qui respirent la joie de vivre, ce bonheur qui nous échappe dans la pauvreté matérielle. Pour eux, pauvreté matérielle n'égale pas pauvreté de bonheur.

Je ressens leur simplicité enfantine et leur caractère joyeux malgré le petit plat d'offrandes toujours vide en cette heure avancée de la journée. Leur innocence de jeunes enfants et leurs sourires ne peuvent m'empêcher de sourire à mon tour et de me sentir léger auprès d'eux. Nous sommes trois complices à apprécier ce moment paisible empli de contentement alors que les enfants, d'un signe de namasté (salutations, respect, bonjour), me remercient pour les quelques pièces que je viens de déposer dans leur assiette. Et la vie continue alors qu'ils échangent des propos rieurs.

Toute la nature respire la vie, la spontanéité, la créativité, l'enthousiasme, la félicité, la vivacité, alors que ce n'est pas ce que l'on retrouve de façon générale chez l'humain. Après tout, nous ne sommes qu'humains ! C'est comme s'il ne fallait pas trop nous en demander. Pauvres humains misérables et infortunés que nous sommes ! Et pourtant, le règne humain est au sommet de l'évolution. Nous sommes le bijou de la création.

Comment se fait-il qu'il y ait tant de souffrance et d'incompréhension sur notre planète ? Par moment, le simple ver de terre semble mieux gérer sa vie ! Il vit, alors que nous faisons tout un cirque avec les hauts et les bas de notre existence. Qu'a-t-il bien pu se passer pour que l'humain soit rendu à se retrouver dans un labyrinthe dont il tente encore de se sortir après des milliers d'années de misère ? Mais où le bonheur s'est-il envolé pendant si longtemps ?

Ne sommes-nous pas des êtres doués d'une intelligence supérieure avec un système nerveux hyper-avancé ? Ne sommes-nous pas l'aboutissement de millions d'années de développement et de perfection ? Nous avons le système nerveux le plus évolué et le plus sensible et, ce qui est le plus tragique, c'est que nous sommes toujours accablés par tant de souffrances.

Voyons ce que les sciences neurologiques pourront nous apporter dans la compréhension de l'humain.

CHAPITRE 9

SE DÉTACHER POUR SE RECONNECTER À SOI

La neuroscience offre de nombreuses théories qui contribuent à notre compréhension du fonctionnement de l'être humain et de son évolution. Grâce à cette discipline, nous avons pu faire d'énormes progrès dans la compréhension du cerveau et de ses mécanismes. Cela nous a permis de mieux comprendre les processus cognitifs, émotionnels et comportementaux qui sous-tendent nos actions et nos expériences.

La neuroscience nous aide à identifier les causes des troubles neurologiques et psychiatriques, ouvrant ainsi la voie à de nouvelles approches thérapeutiques et à des traitements plus efficaces. Elle nous permet également de mieux comprendre les mécanismes de l'apprentissage et de la mémoire, ce qui peut avoir des implications majeures dans le domaine de l'éducation et du vieillissement. En somme, la neuroscience offre un potentiel immense pour améliorer notre bien-être, notre santé mentale et notre compréhension de la complexité de l'esprit humain. Elle est toutefois parfois restreinte, car elle s'inscrit dans le cadre du monde newtonien. Cependant, de plus en plus de neuroscientifiques, comme le Dr Mario Beauregard, entreprennent des recherches en explorant l'idée d'un monde unifié. Elle possède toutefois une autre facette à ne pas négliger.

La neuroscience, malgré ses avancées positives, peut également être utilisée à des fins manipulatrices, notamment dans le domaine de la vente. Le marketing exerce une pression sociale intense, incitant les gens à acheter impulsivement pour rester à la mode. Des files d'attente se forment longtemps à l'avance pour obtenir des produits largement annoncés, créant une peur de manquer ou de rater quelque chose (FOMO, Fear Of Missing Out). De plus, les réseaux sociaux engendrent une forte anxiété sociale où l'utilisateur doit comparer constamment son profil pour bien paraître.

Le domaine émergent du neuromarketing pousse ces manipulations encore plus loin en utilisant la neuroscience pour comprendre comment le cerveau réagit à la publicité. Les grandes entreprises investissent des milliards dans cette approche pour influencer nos neurotransmetteurs et nos hormones, créant le besoin d'acheter des produits dont nous n'avons souvent pas réellement besoin. Cette stratégie, bien que légale, soulève des questions éthiques [16]. Ça fait réfléchir.

Cette manipulation conduit à des achats impulsifs, contribuant à la surconsommation et à la pollution. Par exemple, Coca-Cola vend l'idée qu'un simple Coca-Cola sur la table peut apporter du bonheur, illustrant comment ces techniques peuvent influencer nos choix de manière inconsciente [17].

Il est essentiel de prendre conscience de ces pratiques pour éviter d'acheter sous pression et de contribuer à un mode de vie plus irréfléchi. Le marketing exploite efficacement la psychologie humaine en ciblant aussi bien les adultes que les enfants.

Les enfants deviennent une cible prenante et gagnante pour le marketing, car ils sont faciles à séduire. Ils n'ont pas le comparatif pour des produits similaires qui méritent études et discernement. Non seulement ils pourront influencer la famille au complet, mais ils seront les consommateurs de demain. Très prometteur financièrement pour des compagnies que d'investir dans les enfants ! Les *fast-food* que l'on retrouve dans des « refuges de consommation », comme McDonald's, font des fortunes en misant sur des jeux, des couleurs et des emballages trompeurs.

Le pseudo bonheur devient non seulement une dépendance à toutes ces techniques de marketing qui s'inspirent des théories des neurosciences, mais on en fait même une obligation sociale à atteindre. On se fait plaisir, mais le bonheur nous échappe toujours. Nous sommes stressés par la vie et voilà que magasiner, acheter des jeux, des vêtements superflus, organiser des soirées, etc. deviennent une méthode commune pour apaiser notre anxiété, notre tristesse, et notre manque de bonheur, comme expliqué au niveau 2 du bonheur.

Regardez toutes les publicités, on vous vend du « bonheur » assuré, on vous prend par la main, on vous presse d'acheter pour vous détendre et vous sentir mieux, ou pour découvrir « le super » que vous êtes, le plus à la mode, le plus productif, le plus performant, avec en prime le contentement que vous pourrez atteindre.

Combien de choses avez-vous achetées dont vous n'aviez pas besoin et que finalement vous n'utiliserez jamais ?

Le développement personnel est aussi rempli de méprises et d'illusions. Le bonheur ne s'obtient pas à coup de persuasion, avec de nouveaux objectifs à atteindre ou avec de nouveaux mantras meilleurs que les autres. Cette notion de développement personnel est à la mode, « un esprit sain dans un corps sain. » On pourrait même rectifier avec un sourire : un esprit sain dans un « saint » corps ; on est rendu à glorifier le corps et le mental de l'humain.

On nous vend des solutions magiques et sans effort pour nous transformer en tant qu'individus alors que nous nous abstenons de changer la société dans laquelle nous vivons. Il nous faut dépasser notre individualisme, notre narcissique bonheur pour transformer tout autant notre société. Comme nous l'avons vu avec la science quantique, nous faisons un tout et le bonheur fait partie de ce tout. Lorsque nous nous transformons, c'est aussi le système qui devrait changer pour bonifier la société dans laquelle il fait bon vivre. Il faut persister à trouver des solutions appropriées au contrôle d'un capitalisme effréné et d'une consommation abusive.

Si vous dépensez régulièrement votre argent dans des choses inutiles qui ne procurent qu'un plaisir temporaire, vous devrez travailler davantage et augmenter vos heures de travail. Cela vous causera davantage de fatigue, de tension dans votre budget et même dans votre famille. Vous allez donc passer plus de temps au travail et moins de temps avec votre famille, vos enfants et vos amis, et vous délaissez la communauté. Vous ne prendrez plus de temps pour vous ressourcer, car vous n'aurez plus les moyens financiers de le faire. Vous risquez de vous « échouer » sur le divan, tout à fait crevé, devant une télévision qui vous communiquera de malheureuses nouvelles affligeantes pires les unes que les autres, ce qui vous apportera, à la longue, plus de lassitude et un terrain propice à la maladie ou à la dépression.

Ce cercle vicieux de la consommation et de la communication est très courant. Vous vous sentez peut-être obligé de faire un travail que vous n'aimez pas, simplement parce qu'il rapporte plus d'argent. Finalement, vous vous surendettez comme la plupart des gens, et vous souffrez d'insécurité financière au bout du compte, comme la plupart des gens.

Selon Statistique Canada, en 1980, la dette d'un ménage était de 66 % ; et en 2010, elle dépassait les 150 %. Nous disons même que nous approchons les 200 % [18]. Cela veut dire qu'une personne ayant un salaire de 50 000 $ aurait environ 100 000 $ de dettes. Ne sommes-nous pas en train de vivre un cauchemar inutile ? Ne sommes-nous pas en train de perdre de belles occasions de bonheur ? Comment peut-on parler de liberté et de bonheur au sein de nos sociétés avec une telle dette ?

Mais ne vous jugez pas, nous baignons tous dans cette détresse, dans cette pratique que l'on doit bannir. Ce livre est à propos de vous et de votre vie, pour vous aider à retrouver plus de lumière et le simple bonheur de vivre authentiquement.

Voici une histoire zen que nous aimons bien : « Les disciples d'un humain sage et de grande simplicité lui demandent : mais Maître, pourquoi allez-vous visiter les centres d'achats dans la grande ville ? Pourquoi êtes-vous si attiré par tous ces objets de consommation ? Et il répond : cela me fait toujours plaisir et me remplit de bonheur chaque fois que j'entre dans ces supermarchés. Je me sens si léger de réaliser à quel point tous ces objets plus beaux les uns que les autres me laissent complètement indifférent, et même que leur absence me rend tellement heureux ! »

Il est remarquable de constater que plus les individus élargissent leur conscience, moins ils ressentent le besoin d'accumuler des biens matériels ou d'acquérir constamment de nouvelles possessions. Prenez l'exemple de Philippe à l'âge de 21 ans, où il possédait principalement des vêtements de marque et une voiture neuve d'une valeur de 50 000 $ qu'il payait lui-même. Il dépensait continuellement à la recherche de quelque chose pour combler un vide intérieur, même s'il était entouré d'amis, de plaisirs et d'expériences. Aujourd'hui, 20 ans plus tard, Philippe possède très peu sur le plan matériel. Il a découvert que le bonheur réside davantage dans l'exploration de son propre développement plutôt que dans la quête du plaisir immédiat.

Êtes-vous prêt à vous montrer vulnérable envers vous-même ? Êtes-vous disposé à examiner différents aspects de votre vie et à explorer les sources de votre malheur et votre joie ?

La vie pourrait être faite de petits bonheurs simples qui feront éventuellement partie d'un plus grand bonheur stable. Se contenter de peu et de moins sera toujours un élément à solliciter. La société de modernisation nous a soumis et familiarisé avec le règne de la quantité plutôt que de la qualité de bien vivre.

Sagesse, équilibre et prudence sont de mise, tout comme le disait Bouddha dans « l'octuple chemin » : « la voie du juste milieu ». Il est primordial de réaliser qui nous sommes d'abord et quels sont nos véritables besoins. Nous sommes remplis d'informations vides de sens qui ne laissent plus de place pour du nouveau. Des informations qui ne sont pas nous, qui nous sont dictées et que nous faisons nôtres. Mais quelle est notre réalité dans ce monde ? Éprouvons-nous les vraies valeurs qui nous définissent ?

Le Dr Brouillard a maintes fois raconté l'histoire de Bodhidharma, qui a vécu au 6e siècle, dans son livre *La santé repensée*. Il est bon de souligner de nouveau cette anecdote, car nous savons beaucoup, mais nous oublions facilement et retombons dans nos habitudes.

Bodhidharma, l'éminent patriarche bouddhiste, est célèbre pour avoir introduit le bouddhisme en Chine. Il s'est installé dans la région du Chan, où vivait un savant renommé au savoir illimité qui fascinait tous les habitants. La réputation de ce sage s'est propagée jusqu'aux oreilles du gouverneur, un érudit de grande renommée. Intrigué et désireux de confronter ce visiteur mystérieux, le gouverneur a invité Bodhidharma au palais. Après les salutations d'usage, Bodhidharma a convié son hôte à partager une cérémonie du thé, une coutume chère à son pays.

Pendant la cérémonie du thé, Bodhidharma a servi le précieux breuvage avec une grande lenteur. Il a continué à verser jusqu'à ce que la tasse déborde. Confus et irrité, le gouverneur lui a demandé pourquoi il gaspillait autant de bon thé. Bodhidharma a répondu: «Ce nectar qui se répand est comme un enseignement inestimable gaspillé. Comment peux-tu recevoir une sagesse précieuse si ta tête est déjà pleine de ton propre savoir?»

Ahuri, le gouverneur, aussi instruit soit-il, a arrêté de parler et, pensif pendant un long moment, s'est mis à écouter plutôt que simplement entendre. Écouter plutôt que valider. Écouter plutôt que critiquer. Il était soudainement devenu ouvert et prêt à recevoir un enseignement utile et différent.

Chercher la plénitude à l'extérieur peut parfois nous submerger, nous laissant débordés par un surplus d'informations et de biens matériels qui envahissent nos espaces et nos pensées. Les sociétés de consommation nous poussent dès un jeune âge à rechercher le bonheur dans la richesse et les possessions matérielles, créant ainsi un imaginaire collectif.

Les neurosciences révèlent que notre cerveau est câblé pour trouver un sens dans la vie et pour s'aligner sur des valeurs qui ont guidé l'humanité pendant des milliers d'années. Le docteur Sébastien Bohler, en explorant le cortex cingulaire antérieur, un centre cérébral millénaire, souligne son rôle dans notre survie. En comprenant cette fonction, nous pouvons dépasser la pulsion d'accumuler sans but et trouver un équilibre entre l'extérieur et l'intérieur de nous-mêmes.

Lâcher prise sur les possessions extérieures nous permet d'explorer notre être intérieur, de redécouvrir la signification profonde de la vie et d'alimenter un bien-être authentique. La recherche du sens de la vie et la conscience de notre intériorité sont des clés pour une vie épanouissante.

Notre cerveau, dans sa nature profonde, nous pousse à chercher du SENS dans notre existence ainsi que dans nos expériences. Une croissance aveugle de possessions ou de consommation excessive et inutile risque de déséquilibrer les neurones de notre cerveau à notre insu. Voilà ce que les neurosciences nous démontrent. Et pourtant, nous nous en doutions, nous avons préféré attendre d'être au bord du désastre, au bord de l'asphyxie pour agir. Mais il n'est pas trop tard pour nous réveiller à nos vrais besoins, à tout ce qui donne véritablement du sens à notre réalité humaine. Vous devez trouver un sens à la vie et, plus exactement, vous devez lui donner du sens. Et c'est en allant à l'intérieur de vous que vous le trouverez.

Nous entrons dans une ère de renouvellement et de réconciliation avec nos habitudes, pour ne pas dire une époque de révolution. Que sommes-nous venus faire ici sur cette plate-forme évolutive que nous appelons la planète Terre ? Pouvons-nous remettre en question ce que la société de consommation tente de nous inculquer, nous interroger sur notre hyperactivité incessante ? Que cache cette activité excessive et abusive ?

Nous devons reconsidérer nos actions pour notre bien, pour le bien de notre environnement, mais aussi pour tous les habitants petits et grands de tous ses royaumes, sans lesquels nous ne pourrions exister : le règne minéral, le règne végétal et le règne animal qui, eux aussi, se meurent. La haute technologie et la grande consommation nous étourdissent et nous laissent un grand vide... Alors, des choix de santé et de vie s'imposent.

Notre premier mot d'ordre serait de retrouver ce qui a du SENS, ce qui a une véritable valeur dans notre vie. Du SENS dans nos actions, dans nos acquisitions, dans nos relations, dans nos corporations et même dans nos fondations. Du SENS pour qui nous sommes, du sens pour nos besoins, du sens pour la planète entière ! Ne serait-ce que de réaliser que la vie a du SENS malgré les apparences chaotiques que nous vivons présentement.

Notre deuxième mot d'ordre serait : la SIMPLICITÉ. La simplicité dans tout et entre nous. **Laissons la SIMPLICITÉ faire son œuvre, couler dans notre vie, dans nos relations et dans nos activités.** Pourquoi compliquer les choses qui ne demandent qu'à être simples ? Principalement parce que nous vivions dans le passé.

CHAPITRE 10

LE PASSÉ EST-IL VRAIMENT GARANT DE NOTRE FUTUR?

On dit souvent que le passé est garant de l'avenir, les deux auteurs de ce livre sont d'accord à 99 % avec cette affirmation. Nous allons vous expliquer, à la fin de cette section, le 1% pour lequel nous ne sommes pas d'accord.

D'abord, parlons de notre passé. Il se compose de deux éléments :

1. Ce qui appartient à cette vie ;
2. Ce qui provient de nos vies antérieures.

Concentrons-nous sur cette vie, car cela représente déjà beaucoup de travail.

Lors de notre naissance, nous commençons à percevoir notre environnement extérieur avec nos cinq sens (la vue, l'ouïe, l'odorat, le toucher et le goût). À chaque perception, nous créons des souvenirs et ces perceptions sont filtrées par nos souvenirs précédents.

Voici un entrelacement quantique : nous avons besoin de mémoire pour percevoir, et nous avons besoin de percevoir pour créer des souvenirs. Si vous demandez lequel vient en premier, en physique quantique, on répond que les deux sont en possibilité et que les deux collapsent (apparaissent) simultanément en un tout.

Revenons à notre expérience du monde extérieur.

À chaque instant, nous façonnons notre personnalité et notre caractère. Nous vivons cinq types d'instant :

1. Un instant positif avec une forte émotion ;
2. Un instant positif avec une faible émotion ;
3. Un instant neutre ;
4. Un instant négatif avec une faible émotion ;
5. Un instant négatif avec une forte émotion.

Les instants négatifs avec une forte émotion représentent nos traumatismes. Il existe deux types de traumatismes : physiques et psychologiques. Les deux ont un impact négatif presque similaire, donc nous ne ferons pas de distinction ici. Ces traumatismes nous rendent ensuite plus égocentriques, nous poussent à nous refermer sur nous ou même à développer certaines dépendances aux plaisirs pour nous protéger et ne pas revivre ces mêmes expériences. Les traumatismes nous gardent principalement au niveau 2 du bonheur. Ainsi, les instants avec une forte émotion, qu'ils soient positifs ou négatifs, déterminent principalement notre comportement futur.

Philippe : *Par exemple, à deux occasions, une de mes anciennes petites amies a eu une relation intime avec un bon ami. Cela constitue un traumatisme. À partir de là, j'ai pris la décision inconsciente de ne plus faire confiance aux femmes. J'aurais tout aussi bien pu décider de ne pas faire confiance à mes amis, mais ce n'a pas été le cas. Par la suite, il m'était très difficile d'entrer dans une relation amoureuse. J'étais très proche de nombreuses femmes sur le plan amical sans faire le moindre geste pour devenir leur petit ami. Plus tard, j'ai appris que plusieurs d'entre elles auraient aimé que je fasse le premier pas.*

C'est justement ma femme qui a fait le premier pas en me dévoilant ses sentiments. Ce traumatisme a fait partie de ma vie pendant de nombreuses années sans que j'en sois conscient et cela a eu un impact inconscient sur mon bonheur à cette époque. Il en va de même pour tous les instants avec des émotions fortes.

Imaginez que nous avons des millions d'instants, dont des centaines avec des émotions fortes. Chaque instant devient un souvenir et construit nos valeurs et nos croyances, qui servent de filtres à la réalité. Cela devient notre « vision du monde ». Une grande partie de ces valeurs et croyances sont basées sur ce que nous avons appris à l'école, sur nos parents, sur nos amis, sur des entreprises, sur des gouvernements, sur notre religion, etc. Elles ne sont souvent pas conscientes et sont souvent erronées, car vous ne les avez pas choisies. Ces filtres sont comme des lunettes aux verres colorés ; nous oublions que nous portons ces dernières et elles teintent toujours notre réalité.

Nos traumatismes, nos souvenirs, nos valeurs, nos filtres et nos croyances façonnent qui nous sommes et, en même temps, nous conditionnent. Cela peut être positif dans certains cas, mais, le plus souvent, cela nous conditionne de manière négative. Nous avons alors de moins en moins de possibilité d'exprimer notre divinité, donc nous devenons de plus en plus newtonien, figés comme de la matière. Sinon, la plupart de la population se situerait au niveau 3, mais malheureusement, seule une infime partie de la population s'y trouve.

Une bonne façon de découvrir le vrai visage du bonheur ne serait-elle pas de découvrir une face cachée de l'enfer que nous vivons parmi nous et entre nous?

Nous sommes possédés par les démons de nos possessions. Plus nous possédons, plus nous sommes possédés et enchaînés parmi toutes ces choses matérielles que nous croyons essentielles. Ceci est encore un entrelacement quantique, mais cette fois-ci, c'est entre nous et nos objets. Apprendre le détachement n'est pas chose facile, car il s'agit non pas seulement des choses matérielles, mais aussi de soi-même, des autres que nous aimons et de ceux que nous détestons.

Combien de fois avons-nous rencontré des gens qui souffraient de ce qu'ils avaient vécu, souvent des choses horribles, mais c'était encore dans leur mémoire? Ils étaient «attachés» à ces maux qu'ils avaient vécus et dont ils ne pouvaient se départir. C'est ce que nous qualifions d'attachement négatif. Des gens restent cramponnés à leur souffrance inutilement. Nous réalisons que ce n'est pas chose facile alors que certaines souffrances nous poursuivent jusqu'à notre mort. Il faut donc faire un effort pour retrouver la paix et la joie dans notre vie.

Dans son premier livre, *La santé repensée*, Gaétan raconte une histoire dans laquelle nous croyons intéressant de replonger. Il s'agit d'une histoire racontée par le père Anthony de Mello, prêtre jésuite décédé en 1987 à New York, et qui illustre très bien cette idée.

Dix ans après la fin de la Seconde Guerre mondiale, Amone et Ézer, deux juifs qui avaient survécu aux camps de concentration ensemble, se retrouvent enfin, après plusieurs tentatives de se rejoindre. Ces deux détenus étaient devenus de bons amis au cours de leur captivité, ayant traversé les pires moments et vécu les pires tortures. Ils avaient transité ensemble dans différents camps et avaient esquivé les camps d'extermination de justesse.

Après dix ans, ils se retrouvent enfin. Quel bonheur cela a été pour eux de se voir et de se faire une étreinte chaleureuse! Amone, souriant et tout excité, a raconté son bonheur depuis sa sortie des camps nazis. Il appréciait tellement cette liberté et cette chance d'avoir eu la vie sauve! Il s'était trouvé un boulot honorable et avait fondé une famille qui le comblait de bonheur. Amone était emballé de revoir ce bon ami d'autrefois et, malgré son enthousiasme et cette passion de la vie, il s'est arrêté subitement de parler à Ézer.

Regardant Ézer au visage attristé, il lui a pris les mains et lui a demandé ce qui n'allait pas, comment il se sentait et ce qu'il faisait maintenant dans la vie. Ézer l'a regardé, les yeux toujours tristes et, au bord des larmes, il s'est mis a raconter toutes les tortures et les atrocités éprouvées pendant toutes ces années de privation dans les camps de concentration. Il n'en finissait plus d'énumérer tout ce qu'il avait dû endurer et qui était encore aussi présent et réel à sa mémoire, même après plus d'une décennie. Amone l'a arrêté et, avec tristesse, lui a dit: «Je réalise, Ezer, que tu es encore dans les camps là-bas, aux mains des nazis.

Certains, à la suite d'un accident de travail, de voiture ou même d'un viol vivent des situations de vie désespérantes et sans issue, malgré tous les bons soins qu'ils ont pu recevoir. Ce n'est pas chose facile d'oublier ces souvenirs, mais ce sera la seule condition pour retrouver un nouveau sens à la vie. Même si la cicatrice sera toujours apparente et ressentie à un certain niveau. Il faut apprendre à écouter ses sentiments et ses émotions. Elles sont nos amies, elles sont là pour nous guider. Ayez de la gratitude pour elles. Si vous les écoutez, vous pourrez commencer votre processus de guérison et faire l'expérience d'encore plus de bonheur.

Se détacher des pensées et des émotions est chose difficile, mais essentielle pour retrouver la paix, le bonheur et la liberté. Pour avancer dans la vie, il faut savoir se détacher de ces boulets que nous traînons toujours, si nous voulons enfin retrouver le bonheur que nous méritons tous.

Ultimement, même en fin de vie, plusieurs auront encore de la difficulté à se détacher du monde de la vie physique, et c'est tout à fait normal si nous croyons que seul le corps physique existe, d'où l'importance de comprendre notre multidimensionnalité (nos cinq corps) et la réincarnation.

Nos habitudes sont des exemples frappants de boulets qui accablent notre vie. Nous sommes habitués de prendre notre café chaud tous les matins à la même heure. Qu'arrive-t-il ce matin-là, alors que le café est absent ou froid? Un simple manque de café pour une journée et nous voilà en désarroi. Si vous apprenez que votre glycémie est à la limite supérieure, vous aurez à couper dans le sucre, mais vous réaliserez que vous êtes accro au sucre. Avec un simple dérangement de votre diète, à abandonner certains aliments, vous devenez impatient, voire bouillonnant.

Si vous avez le terrain propice à développer la maladie d'Alzheimer, êtes-vous prêt à passer à un régime cétogène? Puis, que pensez-vous de faire un jeûne de 16 heures quotidiennement en vue d'une détoxification (exemple: ne plus déjeuner) pendant quatre semaines? Beaucoup s'objectent sous prétexte qu'ils en seront incapables ou que ce serait trop pénible, mais ici se cache peut-être une dépendance à un plaisir alimentaire. Ils en reconnaissent pourtant le bien-fondé pour optimiser leur santé pour tout problème d'Alzheimer, de diabète, de maladie cardiaque ou d'accident cérébrovasculaire, mais ils sont trop attachés à leurs habitudes ou à un certain réconfort.

Cependant, il y a un avantage à faire les mêmes choses, à répéter. Cela devient de plus en plus facile avec le temps. Plus nous le faisons, plus cela devient inconscient. Par exemple, il est recommandé de boire deux litres d'eau par jour. Ce n'est pas si simple de développer une nouvelle habitude, même si ça paraît facile. Vous mettez donc des choses en place pour développer cette nouvelle habitude si importante pour vous. Après un certain temps, à force d'essais et d'erreurs et peut-être de soutien, vous y arrivez. Super, vous avez maintenant développé une nouvelle habitude saine pour votre santé.

Toutefois, avec le temps, cela peut devenir un problème si vous voulez changer. Cette habitude devient alors partie intégrante de votre personnalité et cela devient très difficile à modifier. Votre cerveau a créé des connexions synaptiques pour l'ensemble de votre vie. Que ce soit une réaction, une émotion, un *feeling* ou une pensée à la suite d'un événement, vous êtes maintenant conditionné à réagir de la même façon sans y penser. Vous êtes donc pris dans ce cercle vicieux négatif qui vous prive du bonheur. Cela devient une habitude inconsciente. Vous essayez de changer, mais vous revenez automatiquement à votre habitude (conditionnée) par défaut. C'est plus fort que vous, c'est inconscient. Vous retournez dans vos habitudes, dans ce connu, car le connu est toujours rassurant. Nos attachements sont des choses bien connues.

Tout attachement (un attachement est une forme de dépendance) matériel, émotionnel ou psychologique, que ce soit envers notre amoureux, nos enfants et même envers notre corps physique, lors du grand départ, bloque notre liberté, notre lumière et notre grandeur. Traîner ces boulets invisibles brime notre légèreté et bloque notre créativité ainsi que notre passion pour la vie. Cet appétit, cette insatiabilité pour tous nos avoirs ralentit notre évolution vers le bonheur. Rester actif, bouger, s'instruire, lire, réfléchir, s'analyser, être témoin de nos agissements nous alignent vers le bonheur.

Ne pas se prendre trop au sérieux, car également trop de sérieux bloque notre joie de vivre. Même gravement malade ou sur un lit de mort, la quiétude et la paix devraient être encore présentes.

Nous voulons changer, mais trop souvent nous n'y mettons pas l'effort nécessaire. Nos dépendances sont souvent trop fortes et inconscientes. La transformation sera toujours un travail de longue haleine et sans garantie de succès. Hélas, nous mettons davantage d'efforts tous les jours pour nous procurer du plaisir et rapidement, nous décidons de nous reposer sous prétexte qu'on le mérite tellement. Nous tombons dans la facilité. Il faut garder la volonté et le courage de nous maintenir dans la direction que nous avons choisie en vue de cette transformation vers le bonheur. Une bonne façon est d'être dans le moment présent.

Êtes-vous ici ? Présent ? Et ce matin ? Où étiez-vous hier ? Tout le monde parle de vivre ici, maintenant, mais voilà bien une chose difficile à réaliser. Notre corps est toujours présent, mais notre mental l'est rarement. Nous vivons davantage dans le passé et dans le futur. Cette bilocalisation mentale perturbe immanquablement le corps. Les frustrations, les inquiétudes, les angoisses déstabilisent constamment toutes nos biochimies et nous épuisent et nous dévitalisent constamment.

Le passé ne nous appartient plus, seul le moment présent nous appartient. Ce présent est tout ce que nous avons pour créer moment par moment ce présent éternel qui deviendra le futur. Finalement, le moment présent n'existe pas. Dès qu'on y pense, il est déjà passé. Pouvons-nous sauter une fois pour toutes dans le train de la vie qui passe sans jamais s'arrêter et regarder, émerveillé, le paysage de notre existence ? Y a-t-il quelque chose de plus magique et d'excitant que cette vie qui nous appartient ? Il ne faut surtout pas regarder en arrière, car le train n'est que le présent qui roule vers le futur. Penser au passé, c'est délaisser le présent.

Ceci est important : le passé a un impact sur nos actions, nos sentiments, nos pensées et nos émotions. Par exemple, vous décidez prendre à nouveau des vacances dans le Sud à l'hiver. En regardant les destinations, vous vous sentez déjà excité. Une fois votre billet d'avion acheté et votre hôtel réservé, vous l'êtes encore plus. Vous vous y voyez déjà en vous projetant dans le futur. Un mois plus tard, rendu à votre destination soleil, vous êtes au chaud sur la plage, un pina colada à la main, vous répétant combien vous êtes au paradis. Mais voilà, vous commencez à stresser, car vous savez que dans deux jours, vous serez les deux pieds dans la neige, à moins dix degrés. Vous aurez une pile de courriels et de trucs à rattraper, vu que vous aurez quitté ce paradis.

Cette vie vous appartient, elle est courte, le moment passe et votre temps est précieux.

CHAPITRE 11

NOTRE TEMPS EST PRÉCIEUX

Voici un mot d'ordre pour créer votre univers, un univers qui vous élève et qui vous réjouit: « Mon temps est précieux et je veux que chaque moment soit unique, créatif, productif et transformatif. Je ne me force plus à être avec des gens simplement parce que je me sens seul. Je suis aligné dans le temps avec des objectifs qui me respectent et qui me font du bien. J'apprends à me respecter pleinement en passant du temps avec des gens qui m'inspirent, m'élèvent et m'apprécient. Je fuis la critique et les complaintes de toutes sortes sur la société, le travail ou la vie en général.

Je réalise que je suis encore plus seul lorsque je suis avec des gens qui me drainent de mon énergie ou qui n'ont rien à offrir. Peut-être que je pourrais enfin réaliser que ma seule compagnie est des plus intéressante et enrichissante. »

Notre temps est précieux et nous comptons bien l'utiliser à des fins positives. Si nous commençons un livre et qu'après 25 pages nous réalisons qu'il est ennuyant, ou encore si nous venons d'allumer le petit écran de télévision dénué de sens, ou pire, rempli de catastrophes planétaires, pourquoi ne pas l'éteindre aussitôt pour avoir encore du temps pour autre chose d'agréable qui nous nourrit positivement ?

Avec le temps, vous allez développer votre intuition, votre propre réflexion. Ce ne sera pas quelqu'un d'autre qui va vous saturer avec des idées et des opinions dirigées dans le but d'étouffer votre propre réflexion. Apprenez à ne plus être encombré de pensées réflexives venant d'autrui. Les médias ne sont pas nécessairement là pour votre santé mentale et votre joie.

Cueillez le moment présent, il est là pour vous et pour vous seul. Ce temps est unique et sera un moment qui ne se reproduira plus. Épicure, philosophe grec et fondateur de l'épicurisme en 306 av. J.-C., qui est l'une des plus importantes écoles philosophiques de l'Antiquité pour la recherche du bonheur, affirmait « Carpe Diem » : « Cueille le moment présent sans te soucier du lendemain. » Son objectif était d'atteindre le bonheur par la satisfaction des seuls désirs naturels et nécessaires, mais aussi d'abolir la crainte de la mort.

Épicure rapporte que pour éviter la souffrance, il faut éviter les sources de plaisir qui ne sont ni naturelles ni nécessaires. Il est intéressant de réaliser que pour ce sage, tous les plaisirs ne sont pas sains et que certains conduisent à la souffrance. Épicure refuse également de participer à la vie politique qui s'identifie à des désirs de gloire et de richesse. Il prône le droit, la justice et la philanthropie (humanisme), qui étaient sous-estimés à cette époque.

Gaétan se souvient d'un vieux fermier. Lorsqu'il lui avait demandé la température qu'il ferait pour le jour à venir, le vieil homme lui avait répondu avec son sourire paisible : « La température que je préfère. » Perplexe, Gaétan s'informa comment il pouvait savoir ce que serait exactement la température de demain. Avec sérénité, le fermier déclara : « Comme je ne peux prédire la température qu'il fera, j'ai appris à aimer la température que Dame Nature m'envoie, la température qu'il fait. »

Examinons ce que Friedrich Nietzsche, grand philosophe allemand, critique culturel, compositeur, poète et écrivain international, nous dit de la vie : « La vie ne tend pas au bonheur. Elle est plutôt une énergie. Il s'agit d'une force vitale, une présence qui pousse tout être vivant, de la bactérie à la civilisation, à étendre son essence et prendre sa place. La première condition au bonheur est la capacité d'oubli. L'attachement au passé, qu'il soit positif sous forme de nostalgie ou négatif sous forme de ressassement traumatologique, ne peut mener qu'à la paralysie. Il faut également oublier le futur, c'est-à-dire ne pas être trop dans l'anticipation, ne pas être conscients à l'extrême des conséquences possibles de nos actes. **La philosophie du bonheur embrasse le malheur pour ce qu'il est : un élément présent de la vie.** »

Toutes ces oppositions bien/mal, féminin/masculin, bon/mauvais, positif/négatif sont trop rigides pour penser à tout ce qui nous entoure, c'est pourquoi Nietzsche les intègre l'une dans l'autre.

Apprendre à vivre avec les choses négatives, c'est aussi éviter de vivre des remords. Voulez-vous avoir la vie facile? Alors restez toujours près du troupeau et oubliez-vous en lui.

Ne pas perdre de temps en futilités. Aimer la vie, être heureux, c'est l'aimer avec le malheur qu'elle contient et la traverser pleinement. Pour être heureux, il faut donc dire «oui» à la vie, «oui» à son destin. Il ne s'agit pas ici d'un «oui» passif ou résigné, mais d'un «oui» franc, joyeux, actif, qui marche vers son destin la tête haute.

ET NIETZSCHE DE DIRE: «CE QUI NE ME TUE PAS ME REND PLUS FORT.»

Hélas, nous avons tendance à porter nos émotions et nos préoccupations du passé vers l'avenir. Cela nous empêche d'être pleinement présents dans le moment présent.

En réalité, nos mémoires du passé prennent le dessus et nous anticipons dans le présent un futur probable. Cette habitude peut nous éloigner de l'instant présent et nous empêcher de vivre notre vie. Il est important de prendre conscience de cette tendance et de faire un effort conscient pour rester ancrés dans le présent. En faisant cela, nous pouvons mieux apprécier les expériences présentes et construire un avenir plus épanouissant.

Rester présent dans votre corps, dans vos sens et dans tout ce qui s'offre à vous et vous remplit. Le simple fait de couper vos légumes, d'être avec un ami, avec vous-même vous remplit. En étant ainsi présent, vous venez de dépasser les habitudes, les automatismes, le robotisme qui vous empêchent d'être émerveillé et satisfait.

La bonne nouvelle, vous n'êtes jamais conditionné à 100%. Vous avez toujours la possibilité de dire non à votre habitude, à votre programme, à votre conditionnement; c'est ce 1% où le passé n'est pas garant de l'avenir.

Pour ce faire, nous devons être prêts à faire face à ce qui est inconnu. C'est souvent effrayant. Nous préférons ce qui est connu, car nous avons déjà un conditionnement, un attachement pour ce qui est connu. De cette façon, nous évitons de faire face à l'inconnu et préférons garder notre mécanisme de survie. Lorsque nous sommes prêts à faire face au nouveau, à l'inconnu, à ouvrir notre esprit, nous générons un nouveau futur vers notre évolution, vers notre bonheur. C'est là que la magie de la synchronicité arrive.

Alors, est-ce que le passé garantit notre avenir?

Oui, car vous vous êtes conditionné par votre passé. Ainsi, sans le savoir, vous êtes l'observateur qui crée votre avenir en vous basant sur ces filtres qui vous échappent. Vous manifestez donc involontairement un avenir que vous ne souhaitez pas réellement avoir.

Le passé ne garantit pas l'avenir si vous avez le courage de dire NON à vos conditionnements, et c'est là que vous deviendrez réellement le créateur d'un nouvel avenir inspirant. Si vous choisissez, vous devenez donc un créateur quantique, rempli de possibilités à l'allure magique.

VOUS VENEZ D'ÉLARGIR VOTRE CONSCIENCE.

Pour que ce changement devienne une réalité, répondez aux questions de réflexion relatives à ce chapitre dans votre **Guide d'accompagnement.**

➡ Si vous ne l'avez pas encore reçu, téléchargez votre guide et les bonus ici :

Scannez le code QR ou rendez-vous sur **https://vitaquantum.com/cadeaurepense**

CHAPITRE 12

LE COURAGE DE CHOISIR UNE VIE PLUS ÉPANOUIE

Une chose qui nous influence profondément est l'idée selon laquelle la vie se résume au matériel, à l'accumulation de biens pour survivre, ce qui nous pousse à faire, faire et encore faire. Dans cette optique du faire, il n'est pas essentiel de prendre la responsabilité de nos actions négatives (niveau 2 du bonheur) et encore moins de notre passé. Le passé est considéré comme révolu et il est jugé plus important de continuer à avancer. Cependant, cette attitude devient une forme d'autosabotage inconscient.

Lorsque nous avons fait du mal à un ami, il est recommandé de s'excuser, mais rarement est-il réellement expliqué l'importance de prendre pleinement responsabilité de nos actes. Cette approche crée une séparation et un égocentrisme (niveau 2 du bonheur) qui ont des répercussions sur nos vies. En revanche, si nous prenons notre courage à deux mains et que nous nous excusons et prenons pleinement responsabilité, nous retrouvons notre pouvoir et nous nous libérons du statut de victime. Nous réparons la connexion brisée avec l'autre, mais surtout, nous agissons avec bonté et amour. Ce qui nous permet de nous sentir complets à nouveau et de grandir.

Faire des erreurs est tout à fait humain, mais ce qui nous élève à un niveau plus élevé est d'être pleinement conscients de nos erreurs, d'en assumer la responsabilité et de faire des efforts pour ne pas les répéter. Cette approche nous invite à embrasser la responsabilité où nous reconnaissons que nos actions ont des conséquences. Nous sommes toujours imputables, car nous sommes tous entrelacés quantiquement. Nous avons le pouvoir de créer des changements positifs dans nos vies en assumant la responsabilité de nos choix passés et présents.

Philippe: *Permettez-moi de vous faire part de cette histoire personnelle. Je vous la raconte avec vulnérabilité, car je suis sûr que beaucoup d'entre vous pourront s'y identifier. À l'âge de 17 ans, j'ai commencé à travailler pour mon père en tant que secrétaire médical à temps partiel. J'ai eu l'opportunité de côtoyer les patients pendant plusieurs mois et de nouer des relations privilégiées avec certains d'entre eux. Les résultats obtenus par presque chaque patient m'ont stupéfié. Je me suis dit: «Waouh, il y a vraiment des personnes dévouées à la santé de leurs patients!» C'est à ce moment-là que j'ai commencé à m'intéresser à la médecine fonctionnelle.*

Avec le temps, mon père a reconnu ma passion et m'a envoyé suivre une formation d'un week-end *à Toronto. C'est là que j'ai été véritablement inspiré à suivre ses pas. Je suis retourné à l'école pour entreprendre des études en médecine, malgré ma réticence envers l'éducation traditionnelle. À 14 ans, je voulais quitter l'école, mais sans succès. À 19 ans, je me suis investi dans le sport de haut niveau et j'ai donc pu quitter l'école. Malheureusement, par la suite, mes multiples tentatives d'admission en médecine se sont soldées par une réponse déconcertante: «Tu as les notes requises et un parcours unique, mais tu dois suivre le processus comme tout le monde.» Le système ne prend pas en compte la personne qui est devant eux. La norme s'en remet à la conformité, ce qui est simple et facile d'application.*

J'ai donc décidé de poursuivre une maîtrise en gestion des affaires (MBA) afin d'améliorer mes chances. Et, alors que je suis tout excité de postuler à nouveau, on me dit: «Tu as les notes requises et un parcours unique, mais une maîtrise te donne simplement des points supplémentaires sur ton BAC, désolé.» La même réponse, encore et encore.

*À ce moment-là, je regarde mon épouse, Natasha Azrak, et je lui pose la question cruciale: «Devrions-nous aller aux Caraïbes pour étudier la médecine ou devrions-nous continuer à aider les gens ici, étant donné que tu es déjà certifiée par l'IFM (*Institut for Functional Medecine*)»? Notre choix est simple: on poursuit et on décide de rester, car nous avons déjà un impact significatif avec notre clinique.*

Pendant toutes ces années, j'ai nourri ma passion en suivant de nombreux cours sur le développement personnel et spirituel. À la fin de l'année 2014, le Dr Brouillard, coauteur, a pris la décision audacieuse de fermer notre clinique familiale. Natasha et moi, on s'est dit: «Allons-nous ouvrir une nouvelle clinique ou nous tourner vers le Web?» Avec deux autres professionnels prêts à nous suivre, nous avons décidé d'investir dans un nouveau local, des travaux de construction majeurs et des mentors pour nous aider à passer au prochain niveau afin d'aider le plus de monde possible grâce à l'approche de la médecine fonctionnelle.

Durant les sept années qui ont suivi, nous avons consacré de 50 à 70 heures de travail par semaine et investi des centaines de milliers de dollars pour améliorer nos compétences afin de mieux aider nos clients et devenir le meilleur employeur possible. L'idée d'une entreprise consciente s'était ancrée en moi de manière intuitive.

En 2019, j'ai décidé qu'il était temps de céder ma place de gestionnaire et de me consacrer à ma passion ultime: le monde spirituel. J'ai pris la décision de me lancer dans un doctorat en science quantique, en explorant le lien entre la physique quantique et la spiritualité. Nous avons embauché une personne exceptionnelle pour gérer l'entreprise.

Puis, la pandémie de COVID-19 est arrivée. Nous avons décidé de saisir l'occasion de ne plus accepter de nouveaux clients afin de prendre le temps de restructurer l'ensemble de l'entreprise et de revenir en force. Durant cette période, notre directrice nous a quittés et j'ai mis mon doctorat sur pause. Natasha était en train de former une clinicienne pour lui permettre de pouvoir enfin commencer notre projet de famille. À cause de la forte demande et du nombre d'heures cliniques qu'elle faisait, on ne pouvait pas s'imaginer qu'elle prenne un an de congé de maternité si personne ne la remplaçait. Alors que cela faisait 12 ans que nous étions ensemble et voulions des enfants.

Un jour, la clinicienne que Natasha avait formée a décidé de retourner aux études pour poursuivre une maîtrise. Soudainement, notre projet de fonder une famille s'est encore effondré. Natasha s'est réveillée le lendemain de cette nouvelle et m'a annoncé: «Nous allons arrêter les programmes cliniques.» J'étais sous le choc et j'ai répondu: «Quoi? On doit y penser, je ne pense pas que ce soit la bonne décision.» 95% de nos revenus venaient de nos programmes cliniques. Je me définissais par cette entreprise, j'y étais accro. Finalement, j'ai accepté la décision et j'ai repris mon doctorat.

Malgré une réticence passagère, j'étais enfin en harmonie avec ma mission de vie. Le but que je m'étais fixé s'alignait avec mes qualités et mon parcours de vie. Je consacrais énormément de temps et d'énergie pour le bien-être de nos clients et de nos employés.

Beaucoup de personnes me disaient que j'étais passionné par cette mission. Cependant, ce n'était pas toujours facile. J'étais le genre de personne qui travaillait dur dans l'ombre, faisant de nombreuses tâches pour aider et je ne me faisais pas vraiment remarquer. Je restais quand même attaché à ma mission dans l'espoir qu'un jour ça irait mieux.

Il ne faut pas être attaché, mais engagé seulement. L'espoir est souvent un attachement qu'un jour ce sera meilleur, mais plus on s'approche, plus l'objectif change, donc on n'y arrive jamais. Comme les bouddhistes disent: «La loi de l'impermanence est que tout change tout le temps.»

Mon parcours a été semé d'embûches, de sacrifices et de choix difficiles. Je me donnais corps et âme à mon entreprise, en délaissant tout le reste. Malheureusement, je me creusais un trou sans m'en rendre compte. Personne ne pouvait me remplacer. J'étais une véritable machine à idées et j'avais construit tant de choses!

En réalité, c'était mon inconscient qui me poussait à rester dans cet environnement familier et sécurisé, mais cela m'éteignait petit à petit. Mes coachs et mentors n'ont jamais abordé ce sujet avec moi. J'étais un maître dans l'art de résister à tout et de dissimuler les problèmes que je ne voulais pas affronter, même si, consciemment, je prétendais vouloir m'améliorer dans ces domaines.

Pendant des années, je me suis autosaboté pour ne pas m'aligner avec ma mission d'âme, mon dharma. Je fais ici la distinction entre ma mission de vie, choisie consciemment dans ce monde matériel, et ma mission d'âme (dharma) comme expliqué dans les six niveaux de bonheur. La première peut être très bonne et positive, mais il y aura toujours quelque chose d'incomplet.

Pendant longtemps, ma mission de vie m'a aveuglé. On peut devenir coach spirituel, professeur de yoga, enseignant pour enfants, etc., toutes des choses positives, mais tant que ce n'est pas aligné avec notre mission d'âme, nous ne serons pas équilibrés. Il y aura de la résistance, de l'égocentrisme camouflé, des émotions négatives et une dépendance aux plaisirs, ce qui nécessite beaucoup de travail sur soi.

Aujourd'hui, je suis enfin aligné avec ma mission d'âme, qui est celle de l'archétype de vérité et d'amour. Ma vie a pris un tournant à 180 degrés lorsque j'ai fermé mon entreprise, mais cela n'a pas été immédiat. J'ai traversé une dépression qui a duré plusieurs mois. Je n'avais plus aucune motivation et je ne faisais que consommer des séries et des films. J'ai fait ce qu'il fallait pour fermer mon entreprise, mais c'était tout. Ma dépression était liée au fait que je me définissais par mon entreprise. Alors, qui étais-je sans elle ? J'ai perdu mon identité. Une perte d'identité entraîne souvent une dépression, car nous nous définissons par des éléments extérieurs et ressentons un vide à l'intérieur. On peut donc dire que j'avais développé plusieurs dépendances liées à mon entreprise.

Aujourd'hui, en écrivant ces lignes en 2023, ma vie est incroyable. Je suis dans le flow, je crée ma vie dans l'instant présent. Je consacre ma vie au développement de mon âme, et par ricochet, je partage ma connaissance et mes expériences à travers mes programmes en ligne. Je travaille quand je veux, je voyage où et quand je veux. J'ai déménagé au Mexique pour construire mon environnement de rêve et ma femme est enceinte de notre premier enfant.

Au moment d'écrire ces lignes, un de mes amis dans le domaine du développement personnel m'écrit sur WhatsApp : « Je ne sais pas quand nous pourrons faire un appel vidéo, je suis super occupé, tu sais, la vie d'entrepreneur. » Ouch ! Cela me rappelle ma vie passée.

Aujourd'hui, je ne suis plus au service de mon entreprise, c'est elle qui est à mon service.

NE VOUS CONTENTEZ PAS DE LIRE, INCARNEZ-LE.

Il est temps de faire une pause et d'approfondir votre transformation.

Ouvrez votre **Guide d'accompagnement** et explorez les pistes de réflexion liées à ce chapitre.

➡ Vous ne l'avez pas encore téléchargé ?
Vous pouvez le télécharger ici :

Scannez le code QR ou rendez-vous sur
https://vitaquantum.com/cadeaurepense

CHAPITRE 13

TROUVEZ SON BONHEUR EN ÉTANT SOI-MÊME

Vous êtes-vous regardé récemment dans le miroir, sans jugement ? Acceptez-vous ce corps comme il est maintenant ? Il n'y a pas de hasard : c'est vous qui l'avez créé par la représentation de vos choix passés, par vos pensées, vos sentiments et vos habitudes de vie. Il est le reflet évolutif de qui vous êtes depuis la nuit des temps. Il n'est pas parfait selon nous, terriens, mais parfait pour notre programmation et notre évolution.

Nous sommes attachés à une forme corporelle qu'on nous fait miroiter. Nous la voudrions jolie, gracieuse, séduisante, et, pourquoi pas, parfaite. Jeune enfant, nous ne voyions pas d'infortune à la forme de notre corps au départ, mais en vieillissant, cela pose problème pour la plupart d'entre nous. Qui sommes-nous avec ce corps qui a pris de l'âge ? Que ressentons-nous avec ce dernier qui a changé, mais pas nécessairement pour le mieux ?

Osez l'expérience de vous aimer en regardant dans votre miroir. Regardez, examinez, sans jugement, sans dépréciation, juste regarder sans attente. Aimez cette personne qui vous regarde et que vous regardez. Êtes-vous capable de la regarder ? De l'apprécier ? Êtes-vous capable d'aimer cette personne pour ce qu'elle est ?

Et réalisez finalement que ce visage que vous voyez, ce n'est pas vous. Ce n'est pas votre véritable visage, car vous êtes bien

plus que cette matérialité ! Vous êtes unique et vous ne savez pas réellement encore qui vous êtes.

Les vêtements aussi sont souvent source de manipulation. Nos beaux vêtements ou le peu de vêtements, pour certaines personnes, ont un pouvoir de séduction et de manipulation évident et souvent à notre insu. Bien que nous sachions tous que l'habit ne fait pas le moine, nous tombons dans le piège, même si la plupart d'entre nous disent que cela ne les impressionne pas. Ce n'est pas parce que nous croyons que nous sommes au-delà des apparences que ces apparences n'ont pas d'effets sur nous.

En cour pénale devant un juge, tous s'accordent qu'il faut faire bonne impression. C'est, à notre avis, intelligent de jouer avec la forme. Autant dans la propreté de soi que sur soi, on interagit constamment avec l'environnement et autrui. On peut s'habiller, on peut se peigner, se maquiller en fonction des autres ou pour un événement en particulier comme un bal de finissants.

Mais trop souvent, nous tombons dans le conformisme. Nos choix vestimentaires ne sont pas principalement motivés par notre confort, mais plutôt par la façon dont nous voulons être perçus par les autres. Il faut comprendre que le choix des vêtements n'a aucun lien avec le niveau de connaissances, de sagesse, d'évolution ou de richesse d'une personne.

Philippe : *Par exemple, le père d'un de mes amis d'enfance achetait toujours des voitures en payant comptant alors qu'il était en vêtements de jogging, et il était pourtant un haut dirigeant d'une grande entreprise internationale québécoise. De même, pour moi, je suis plus à l'aise en portant des vêtements légers comme des camisoles et des shorts, puisque j'ai souvent chaud. Quand je donne une conférence, je ne porte pas de veston-cravate, car cela ne me convient pas, mais plutôt une chemise à manches courtes ou un t-shirt avec un veston. Porter un jugement sur une personne en fonction de ses vêtements engendre un risque de passer à côté de la richesse que les individus non conformistes peuvent apporter.*

Suis-je celui qui veut être à la mode ou qui craint de déplaire à autrui ou encore celui qui veut vivre intensément ?

Il faut se reconnecter à soi, à ses valeurs, à ses besoins fondamentaux et non se connecter à un environnement rempli d'illusions et de mirages. Nos vraies valeurs sont à l'intérieur et non à l'extérieur de nous, et surtout pas dans les impressions d'autrui. La peur de déplaire à notre entourage ou de ne pas suivre l'opinion générale est omniprésente. Ainsi, lorsque vous choisissez vos vêtements le matin, est-ce que vous le faites pour votre confort ou pour simplement l'image que vous souhaitez projeter ? Lorsque vous rencontrez une personne, est-ce que vous la jugez sur la base de ses vêtements ?

Notre corps et nos vêtements ne sont pas tout. Le psychologue Solomon Asch est à l'origine de la première expérience liée à la conformité sociale. C'est un processus par lequel les individus adaptent leur comportement, leurs attitudes et leurs croyances aux normes et aux attentes sociales de leur environnement afin d'éviter le rejet ou la critique de leur groupe social. De nombreuses études ont démontré ce concept, où une personne peut, par exemple, se lever au timbre d'un bip quelconque simplement parce que toutes les autres personnes dans la salle d'attente se sont levées, tout en ignorant totalement pourquoi tout ce monde s'est levé. L'individu peut également donner une réponse incorrecte simplement parce que les autres membres du groupe donnent systématiquement une réponse incorrecte.

Les facteurs influençant la conformité sociale comprennent la pression des pairs, les normes sociales, les valeurs culturelles et les attentes des autorités et des institutions, tels que les médias, les gouvernements et le système éducatif. Par exemple, les médias et le gouvernement peuvent encourager les individus à acheter une pomme chaque matin en affirmant que c'est important pour le pays, sans fournir de justification concrète. Au fil du temps, cette information peut être intégrée sans que l'on s'en aperçoive, entraînant une adhésion inconsciente à la conformité sociale. Cela devient alors intégral de notre inconscient collectif.

Cela dit, le département de l'agriculture des États-Unis a créé la première pyramide alimentaire en 1916 [19]. Les produits céréaliers en bas de la hiérarchie ont été présentés comme étant bénéfiques pour la santé. En réalité, il s'agissait d'un outil de marketing intelligent pour inciter les gens à consommer davantage de produits céréaliers. Les producteurs laitiers ont également utilisé des techniques similaires pour influencer les comportements alimentaires. Ces informations sont souvent basées sur des études limitées ou des études commanditées par l'industrie alimentaire elle-même. Avec suffisamment de pouvoir et d'argent, il est facile de manipuler les habitudes alimentaires d'une population.

Si cela se passe dans le domaine alimentaire, dans quels autres domaines pensez-vous que cela arrive ?

Pour éviter ce processus, il est essentiel de remettre en question les normes et les attentes sociales. De faire preuve de présence d'esprit et de confiance en soi pour suivre ses convictions personnelles plutôt que de « simplement » suivre le groupe.

Si nous regardons une photo de nous, nous sommes surpris par nos postures, par nos vêtements, par nos airs que nous qualifions d'insignifiants, voire médiocres. Sur quinze photos, une seule pourra être qualifiée de conforme. Nous mettons toujours plus d'accent sur les défauts.

Et pourtant, le jour du grand départ, nous craignons de disparaître, de laisser cette enveloppe défraîchie par le temps et les maladies. Nous savons tous que nous souffrons d'une maladie mortelle qui s'appelle la mort. Un jour, l'humain conscient vaincra la mort non par des artifices de hautes technologies, mais par son mental de haut niveau universel (son supramental) qui lui permettra de reconstruire son corps à volonté.

Nous sommes attachés à une forme qui ne devrait pas changer. Le changement fait partie de la vie biologique et il en sera toujours ainsi. La forme ne sera jamais éternelle. Il est normal de résister au changement, mais cela nous fait souffrir. On veut garder le connu, la stabilité, mais «*go with the flow*», sinon on s'épuise à ramer à contre-courant. Profitons des moments tranquilles que la vie nous envoie. Sonnons le mot d'ordre, et sans découragement, que tout est OK dans le meilleur des mondes.

Sommes-nous les seuls à vouloir être à la mode, à avoir peur de déplaire à autrui ou à vouloir vivre intensément?

Il faut se reconnecter à soi, à ses valeurs, à ses besoins fondamentaux et non se connecter à un environnement rempli d'illusions et de mirages. Nos vraies valeurs sont à l'intérieur et non à l'extérieur de nous. La peur de déplaire à notre entourage ou de ne pas suivre l'opinion générale sera grande et il sera facile de se laisser manipuler par tous les aspects de la société.

Le débat est à l'ordre du jour: Avoir la sécurité jusqu'à perdre notre liberté et même notre intimité.

Sommes-nous prêts à perdre notre intimité?

La société devrait-elle prendre en charge notre liberté pour assurer notre sécurité?

Sommes-nous vraiment les acteurs conscients de notre vie?

Pourtant, la liberté a toujours rimé avec bonheur.

La liberté durement acquise depuis des centenaires serait éclipsée. Les élites mondiales égocentriques n'ont pas suffisamment de conscience ni de vision éclairée pour délaisser leurs projets personnels au profit du bien commun. Aurons-nous la dignité, la discrimination et l'intelligence intuitive pour éviter tous ces débordements, ces abus de pouvoir, alors que la manipulation de l'humain est encore omniprésente?

Ne faut-il pas cesser cette somnolence du parfait consommateur devant tous ces conditionnements qui nous enchaînent inconsciemment ?

Il est essentiel d'apprendre à se libérer des contraintes imposées par la société. Que ce soit notre apparence physique, notre style vestimentaire ou autre. Il est primordial de cultiver la gratitude de soi, car nous avons choisi cet être que nous sommes. Chaque aspect de notre être a sa raison d'être et cette raison ne réside pas dans la dépense d'argent pour le modifier. Nous devons apprendre à comprendre les messages que notre karma nous envoie.

Que nous soyons beaux, laids, pauvres ou riches, cela importe peu, car nous ne sommes pas définis par notre corps physique, mais plutôt par nos corps vital et mental. Et c'est cela qui nous rend individuels et spéciaux. Nous devons élargir notre conscience. Et pour y parvenir, il est nécessaire d'accepter les choses telles qu'elles sont.

Cela ne signifie pas de rester figé dans notre état actuel, mais plutôt d'accepter qui nous sommes et de travailler à faire évoluer notre âme afin de vivre une expérience plus épanouissante. Il est important de s'interroger sur les normes sociales qui prétendent que nous devons être d'une certaine manière pour réussir dans la vie. Pour ce faire, il est essentiel de remettre en question la réalité dans laquelle nous vivons. Et le tout commence lorsque nous sommes jeunes, lors de notre développement.

VOUS VENEZ D'ÉLARGIR VOTRE CONSCIENCE.

Pour que ce changement devienne une réalité, répondez aux questions de réflexion relatives à ce chapitre dans votre **Guide d'accompagnement.**

➡ Si vous ne l'avez pas encore reçu, téléchargez votre guide et les bonus ici :

Scannez le code QR ou rendez-vous sur **https://vitaquantum.com/cadeaurepense**

CHAPITRE 14

L'IMPORTANCE DU DÉVELOPPEMENT DE NOS ENFANTS

À la naissance, le cerveau n'est pas encore bien développé. Il faudra apprendre à bouger, à marcher, à parler, à voir, etc. Comme le Dr Bruce Lipton le mentionne si souvent, durant les deux premières années de notre vie, notre cerveau fonctionne principalement en ondes Delta, représentées chez l'adulte comme les ondes du sommeil profond [20]. Vers l'âge de deux ans, les ondes Thêta dominent.

Ces ondes sont reliées chez l'adulte à la créativité, à l'intuition, à la méditation, etc. C'est un état entre le sommeil et l'éveil. Par la suite, vers quatre ans, ce sont les ondes Alpha qui voient le jour. Les ondes Alpha sont le lien entre le conscient et l'inconscient. Nous sommes en Alpha quand nous sommes détendus, par exemple au début d'une méditation.

Durant les six premières années de notre vie, nous sommes constamment sous hypnose, car nous avons très peu d'ondes Bêta. Cela fait que nous n'avons pas vraiment de filtre pour ce que nos sens rencontrent. Le cerveau est donc principalement sous l'emprise des ondes Thêta et Delta.

Dans les premières années de sa vie, l'enfant est comme une éponge. Il est soumis à ingérer des informations sans présence de la faculté mentale. Tout est enregistré de novo sans discrimination de sa part. Toutes ces premières impressions sont « impressionnantes » dans son petit cerveau encore vierge et sensible.

Imaginez lorsque nous prenons pour la première fois une pellicule photo. Elle est bien définie et très claire. Mais lorsque vous prenez une deuxième photo sur la même pellicule, qu'arrive-t-il avec une seconde impression sur cette même photo ? La première photo deviendra floue et méconnaissable alors que la nouvelle impression sera elle aussi embrouillée et difficile d'interprétation.

Tout ce qu'on dit et tout ce que nos enfants voient et entendent pendant ces six premières années de vie est crucial. Il faut comprendre que même le cerveau adulte ne fait pas la différence entre ce qu'il voit, ce qu'il entend et la réalité. Donc, si l'enfant ou nous-mêmes regardons quelque chose de négatif, nous vivons ce négatif. Il faut user de discernement face aux nouvelles, aux réseaux sociaux, aux journaux, aux films, aux séries ainsi qu'aux annonces qu'on nous présente, et spécialement en présence de son enfant.

Ce concept est similaire chez nos amis les animaux. Par exemple, un chien pourrait être éduqué facilement durant sa première année de vie. Après environ trois ou quatre ans, nous saurons précisément quel type de chien il sera pour le restant de ses jours. Il aura toujours la possibilité de changer son caractère, mais cela demandera une expertise dans ce domaine. La plupart de sa « programmation mentale » aura été faite au début de son existence, alors que les neurones de son cerveau immature tissaient leurs premiers liens.

De plus, l'école que vous choisirez pour votre enfant est tout autant primordiale. Informez-vous et allez vérifier par vous-même l'enseignement que l'enfant pourra recevoir. Un proverbe dit : « Montrez-moi un enfant de sept ans et je vous dirai l'adulte qu'il deviendra. » Et nous pourrions même ajouter : « Donne-moi un enfant jusqu'à ce qu'il ait sept ans et je te montrerai la personne qu'il deviendra. »

Ceci nous démontre à quel point l'impact des impressions reçues dans les six premières années de notre vie est significatif pour le bon fonctionnement de notre vie d'adulte. Après l'âge de sept ans, l'enfant commence à remettre en question davantage les informations reçues, ce qui signifie qu'il va maintenant apprendre de manière consciente.

Edgar Dale a développé un concept qu'il nomme la pyramide de l'apprentissage. Dans nos écoles, nous utilisons principalement un apprentissage passif qui englobe un exposé (cours), la lecture avec audiovisuel à l'appui et parfois une démonstration, sans plus. Tout cet apprentissage partiel et uniquement passif ne représente que 30 % d'un apprentissage authentique, selon la pyramide de Dale.

Avec un apprentissage passif, les gens comprennent peu le matériel enseigné. Nous apprenons donc par cœur sans nous poser de questions. Nous voulons passer à un apprentissage actif où nous

LA PYRAMIDE DE L'APPRENTISSAGE

Voici différentes approches pédagogiques classés selon leur potentiel d'apprentissage, de la moins efficace à la plus efficace.

Taux de rétention d'un apprenant 24 heures après son cours selon la méthode pédagogique utilisée.

L'apprentissage en profondeur

La participation active des apprenants

La motivation des apprenants

APPRENTISSAGE PASSIF

L'accent est mis sur la transmission des savoirs et le recourt à des approches pédagogiques frontales et magistrales, qui laissent généralement peu de place à l'apprenant pour agir, expérimenter, intéragir, coopérer ou créer.

L'apprenant demeure passif et réceptif.

Pour que les méthodes transmissives soient efficaces, elles doivent être accompagnées d'activités qui permettent aux apprenants d'être acteurse de leurs apprentissages.

5 % — COURS MAGISTRAL
Exposé, conférence

10 % — LECTURE
Ouvrage, article, compte rendu

20 % — AUDIOVISUEL
Capsule vidéo, film, image, podcast, interview

30 % — DÉMONSTRATION
Observation, présentation, exercice d'application

APPRENTISSAGE ACTIF

L'accent est mis sur la construction des apprentissages et le recourt à des approches pédagogiques actives et interactives.

L'apprenant est actif et réflexif.

50 % — DISCUSSION DE GROUPE
Questionnement, échange, débat, remue-méninges

75 % — APPRENTISSAGE PAR LA PRATIQUE
Résolution de problème, étude de cas,mise en situation, simulation, expérimentation, projet individuel, autoévaluation

90 % — ENSEIGNEMENT PAR LES PAIRS
Travail d'équipe, exercice en groupe, projet, tutorat entre étudiants, évaluation par les pairs

HEC Montréal, direction de l'apprentissage et de l'innovation pédagogique, inspiré du National Training Laboratory (Maine) devons être impliqués et réfléchir. À ce niveau, il est beaucoup plus facile de se rappeler de l'information, et cette information devient alors de nouvelles connaissances.

Philippe : *Lors de mon voyage au Népal en 2022, j'ai eu la chance de faire des entrevues avec plusieurs moines bouddhistes. Une de mes questions était : quelles sont les différences entre notre système d'éducation de l'Ouest et le leur ? Leur réponse m'a surpris : ils vont lire un texte, méditer sur le message, puis débattre sur l'ensemble de l'œuvre. Ils vont ensuite répéter les trois points précédents et vont aussi enseigner le texte aux autres moines. Waouh, ils adoptent la discussion de groupe, l'apprentissage par la pratique et l'enseignement à leurs pairs ! Einstein a déjà dit : « La connaissance sans l'expérience n'est que de l'information ».*

C'est une des raisons pour lesquelles j'ai décidé d'enseigner aux étudiants de la maîtrise et du doctorat, car je savais que cela m'apporterait beaucoup. C'est donner pour recevoir. Je passe tellement de temps à essayer de simplifier et de comprendre pour que mes cours soient bons ! Cela me fait apprendre tellement plus que lorsque j'étais seulement étudiant au doctorat !

Ma femme, Natasha Azrak, me dit souvent : « Tu passes trop de temps sur ton contenu. » Mais j'adore cet aspect de ma profession. Ce sont les moments où j'apprends le plus. Je finis toujours mes cours avec une discussion. J'incite les étudiants à répondre aux questions des autres et moi, j'apporte des clarifications. Cela les pousse à chercher et à comprendre davantage.

Prenons l'exemple suivant : dans cinq jours, vous avez un examen. Vous apprenez le tout par cœur, vous ne cherchez donc pas à comprendre. Cela fait en sorte qu'après l'examen, vous ne vous rappelez plus rien. Après l'âge de six ans, nous apprenons principalement par répétition. Si tous les messages que nous entendons sont « il faut avoir de l'argent pour être quelqu'un », « l'argent ne pousse pas dans les arbres », « il faut travailler fort pour réussir » etc., alors nous croyons maintenant ceci comme une vérité.

C'est la même chose chez plusieurs garçons : on leur dit qu'il faut être forts et sans émotion pour réussir et donc pour être aimés. Et pour plusieurs jeunes filles, il faut être belles et s'occuper de son mari pour être aimées. L'humain devient narcissique, centré sur lui-même. La femme devient dévouée aux autres et elle s'oublie. Donc, l'homme a le chakra du plexus solaire plus développé que celui du cœur alors que la femme a le chakra du cœur plus développé que le chakra plexulaire. Cependant, il faut que les deux chakras s'équilibrent.

Une façon pour harmoniser les deux chakras est d'être en couple. Par exemple, un homme ayant un fort chakra du cœur comme moi, Philippe, sort avec Natasha Azrak, qui a un fort chakra plexulaire. Avec le temps, nous apprenons à équilibrer le tout. Et lorsque nous sommes mieux équilibrés, nous avançons vers le chemin du bonheur. Vous-même, vous trouverez quelqu'un qui vous complète.

Tous ces points plus haut devraient faire partie de notre éducation. Si nous apprenions ce type d'information, la vie serait plus simple et nous aurions des expansions de conscience en grandissant. Ça serait formidable, n'est-ce pas ? Il faut alors redéfinir notre éducation.

POUR PASSER DE LA CONNAISSANCE À L'ÊTRE, PRENEZ LE TEMPS DE RÉFLÉCHIR DÈS MAINTENANT AUX RÉVÉLATIONS DE CE CHAPITRE.

Retrouvez les questions correspondantes dans votre **Guide d'accompagnement.**

➡ Si vous ne l'avez pas encore téléchargé, accédez-y ici :

Scannez le code QR ou rendez-vous sur **https://vitaquantum.com/cadeaurepense**

CHAPITRE 15

L'ÉDUCATION REPENSÉE

Nous sommes en amour avec notre connaissance qui ne sert que le côté matériel des choses. Nous misons sur le confort débordant, sur la technologie savante, mais il y a très peu d'intelligence dans tout ça, car le bonheur n'y est plus.

Nous voyons fréquemment des êtres infiniment savants qui ne savent pas vivre, ne savent pas communiquer ou avoir de saines relations familiales. Ce sont des experts du domaine du matériel, mais ils n'ont aucune idée de qui ils sont véritablement et cela cause un grave problème. Ils sont malheureux et plus ils sont malheureux, plus ils s'enfoncent dans le matérialisme ou toute autre action parfois même destructrice pour eux. Nous devons revoir notre système d'éducation à tout prix. Nous disons bien « à tout prix », mais ce n'est pas une question de prix. Il s'agit plutôt de sauver l'humain de demain et la planète tout entière.

L'éducation est ce qu'il y a de plus important pour apporter le bonheur, autant pour la personne que pour la société dans laquelle elle vit. L'apprentissage personnalisé et différencié est entré dans nos écoles il y a quelques années, mais les ressources sont manquantes pour que ce système soit mis en place adéquatement par nos enseignants qualifiés. D'un autre côté, les enfants sont de moins en moins « réceptifs » à l'enseignement en général avec tout le bouleversement relationnel de nos sociétés depuis 2020 [22].

Il y a une différence entre enseigner et éduquer. L'éducation relève de ce qui est parental, donc de quelque chose de plus intime. Alors qu'enseigner, c'est ce qu'on apprend d'un point de vue scolaire.

Instruire et éduquer, c'est former l'esprit de l'enfant d'un point de vue global. Normalement, dans une société évoluée, c'est le rôle du parent. Mais ce dernier est souvent trop épuisé ou manque de temps pour accomplir cet apprentissage si essentiel. C'est le travail des parents de rendre l'enfant «humain». L'école devrait enseigner aux enfants, pas les éduquer.

Malheureusement, l'école n'arrive plus à enseigner aux enfants. Elle échoue dans son rôle d'enseignement et dans celui d'éducation puisqu'elle n'a pas les ressources pour remplir ce rôle.

J'ai remarqué que plusieurs jeunes ont perdu la joie. Le bonheur n'y est plus! Ils passent trop de temps à effectuer des devoirs souvent trop longs pour des enfants en bas âge [23]. Ces enfants auraient besoin davantage de jeux, de relations et de présence. Il n'est pas étonnant que les rires moqueurs, la spontanéité et l'intérêt soient de moins en moins présents.

Surtout depuis ces trois dernières années de pandémie mondiale. Nous pourrions même tristement ajouter que le bonheur s'est fait remplacer par la colère, la frustration, l'irritabilité et l'impatience. Des professeurs ont été offusqués par cette situation anormale et jamais connue à ce jour. Des enfants bondissent au moindre litige et deviennent incontrôlables au point que ces professeurs, ne pouvant contrôler la situation, demandent l'aide du 911. Les professeurs sont surchargés de travail parce que des enfants perdent le contrôle régulièrement.

La santé mentale de nos jeunes se détériore. Un enfant sur quatre a besoin d'aide, sans compter tous ceux qui ne consultent pas. Il y a eu une explosion de consultations en pédopsychiatrie, une hausse des prescriptions de médicaments pour calmer l'anxiété, l'hyperactivité et l'insomnie. À l'Université de Montréal, les demandes de soutien psychologique ont presque doublé en trois ans, grimpant de 1250 demandes en 2019 à 2340 demandes en 2022. Environ 75% d'entre elles avaient comme motif principal de consultation l'anxiété ou des symptômes dépressifs, contre 55% avant la pandémie.

Quant à la question du suicide chez nos jeunes, on a tendance à l'occulter tellement elle a fait des bonds [24, 25].

Une bonne amie de Gaétan lui racontait récemment (novembre 2023) que son fils de 14 ans est revenu bouleversé de l'école. Une jeune fille de 13 ans dans sa classe a sauté subitement par la fenêtre du troisième étage. Toute la classe a été secouée par ce geste insensé, nul ne comprenait le départ prématuré de leur compagne.

Selon l'OMS, une personne sur huit dans le monde présente un trouble mental, soit près d'un milliard de personnes [46]. C'est une vraie épidémie de manque de bonheur. Elle est très présente dans nos sociétés et rien n'est fait pour l'enrayer. Les corporations sont à la source de celle-ci. La pression des entreprises sur les employés en est un exemple, mais aussi les produits qui y sont fabriqués.

La santé mentale est souvent synonyme de bonheur. Il est donc important de parler de santé mentale, ce dont nous souffrons tous un peu à certains moments de notre vie. Le simple fait de prendre ou d'avoir pris des cachets pour l'anxiété ou l'insomnie prouve que par moments, nous souffrons de troubles mentaux.

Les troubles mentaux engendrent une altération majeure de la pensée, de la régulation des émotions ou du comportement et affectent nécessairement notre humeur à la baisse. Nous étions déjà en mode de surconsommation médicamenteuse et voilà que depuis 2020, la consommation de médicaments psychotropes pour traiter les troubles mentaux, dont principalement l'anxiété et la dépression, a considérablement augmenté [47, 48]. Si bien que certains patients tardent à recevoir leurs médicaments, faute de disponibilité.

Les sentiments de détresse, d'insécurité et de peur ont fait bondir de 28 % l'incidence des problèmes d'anxiété et de dépression de 2019 à 2020 [46]. En seulement une année ! **Les symptômes étaient suffisamment importants pour que la dépression conduise au suicide pour un grand nombre d'adolescents. Ce drame ne s'était jamais produit auparavant. Cette souffrance aurait-elle pu être évitée ?**

Les années de confinement de 2021 et 2022 ont été de dures épreuves pour une grande majorité de jeunes. Cependant, pour certains, cela a été un moment bénéfique pour réaliser qu'ils pouvaient être différents de ce qu'ils avaient toujours été [49]. Cela a été le cas pour bon nombre d'adultes, faisant le point dans leur vie, tant pour l'aspect relationnel que pour leur choix de carrière. Pour d'autres, cela a été l'occasion de choisir un nouveau pays dont les contraintes gouvernementales, le climat et le travail correspondaient davantage à leur mieux-être.

Il est difficile d'être en bonne santé mentale après une si longue période et souvent avec des soins manquants [50]. Avec ce que nous voyons aujourd'hui, même en tant que médecins, nous ne pouvons être satisfaits d'un tel résultat en matière de santé de notre population. La médication psychotrope ne fait que camoufler les symptômes la majorité du temps. C'est une béquille utile pour une courte période, mais à long terme, on s'y perd, devenant accro alors que le problème de base n'est pas résolu [51].

La prévention est à l'avant-garde avec l'éducation et l'information pour éviter les maladies mentales. C'est tout notre mode de vie qui doit être repensé. Les processus relationnels, l'activité physique, l'alimentation équilibrée, la qualité du sommeil, la gestion du stress, un usage raisonnable de tous ces modèles numériques. Plus de ressources seront nécessaires en psychologie et en services sociaux pour refaire le parcours et l'hygiène de vie de l'individu. Le manque de bonheur et la maladie mentale sont à la hausse et contribuent à générer une grande part de nos maladies chroniques, tant physiques que psychologiques.

L'humain malade n'est pas une machine que l'on diagnostique avec des appareils ou des laboratoires biochimiques et où l'on pose un diagnostic en fonction de ces trouvailles technologiques. C'est bien plus qu'un automate!

Gaétan avait dans ses deux premiers livres (*La santé repensée* et *La douleur repensée*) démontré à quel point la médecine devait aujourd'hui impérativement prendre en charge la totalité de l'humain. Ultimement, elle doit tendre de plus en plus vers cette approche que l'on retrouve en médecine fonctionnelle et que l'on peut définir comme la médecine des 4 P, soit une médecine personnalisée, participative, préventive et prédictive par la science.

La Société royale du Canada, dans une publication de 220 pages, déclarait en 2022: « Nous sommes à l'aube d'une catastrophe générationnelle et la situation exige une intervention rapide pour atténuer les dommages potentiels. [26] » Cette jeunesse troublée n'est-elle pas le reflet d'une société en déroute qui a perdu ses valeurs véritables? Ces jeunes ne sont-ils pas l'image d'un monde pollué, profané et coupé de ses relations habituelles?

Jamais au nom de la paix nous n'avons eu autant de guerres, des guerres interminables qu'on ne veut pas régler par la communication. Il ne faut pas se cacher: nous souffrons d'un désordre planétaire même si, chez nous, tout semble « pas si pire ».

Et tout ce mal-être n'est pas imputable qu'aux parents. Il est difficile autant pour eux que pour les enseignants de contrecarrer ces effets pervers chez nos jeunes: irritabilité, stress, relations familiales ébréchées sont la conséquence d'un système à réformer, d'une qualité de vie à repenser.

Notre réseau scolaire et tout autant notre réseau de santé manquent d'effectifs. Et pourtant, s'il y a bien un point important, c'est l'éducation et la santé, plus que l'économie qui nous appauvrit en qualité de vie. La vie ne devrait-elle pas être plus accueillante et plus facile? Il faut se poser la fatidique question: POURQUOI? Et remonter à contre-courant pour en démasquer la cause afin de retrouver une société heureuse et en bonne santé.

Durant la maîtrise en gestion des affaires (MBA) de Philippe, une technique qui est enseignée quand un problème arrive dans une entreprise est de se poser cinq fois POURQUOI pour trouver une solution. Alors, pourquoi ne pas se poser cette question cinq fois quand nous avons un problème de santé physique, vital et/ou mental ?

En trouvant une solution par nous-mêmes, nous pourrions non seulement résoudre le problème plus rapidement, mais cela aurait également un impact positif sur notre bien-être. Les coûts liés au système de santé seraient réduits et cela pourrait contribuer à une diminution des divorces et des suicides, tout en augmentant notre bonheur immédiatement.

Il y a quelques années, Gaétan a participé, avec Natasha Azrak (conjointe de Philippe), à un projet dénommé « les Persévérants ». Le but étant de démontrer si une bonne hygiène de vie pouvait influencer la qualité scolaire des jeunes du secondaire de 13 ans et 14 ans. Dans ce projet, d'une durée de trois mois, participaient un entraîneur sportif, une psychologue, une nutritionniste (Natasha), un médecin (Gaétan) et un professeur attentif à nos demandes et suivis de classe.

Dans cette école, 30 % des élèves de ce niveau abandonnent les classes, par désintéressement ou n'ayant pas les notes de passage. Gaétan et Natasha étaient étonnés de voir que certains élèves n'avaient jamais mangé de légumes. Les aliments sucrés étaient au palmarès, ainsi que le *fast-food*.

Les adolescents consomment en moyenne 75 à 100 kg de sucre ajouté par année [27]. Les jeunes ont été impressionnés lorsque Gaétan a poussé et déversé devant eux un chariot contenant 15 sacs de sucre de 5 kg. Cette montagne sucrée les a givrés !

Les heures de sommeil font grandement défaut chez nos adolescents, trop souvent occupés par des jeux vidéo. Selon le CHU (Université de Laval), il faut en moyenne 9 heures de sommeil chez les adolescents [28].

Les heures de sommeil chez les jeunes ont nettement régressé, même chez les tout-petits en classe de maternelle et aussi dans les centres de la petite enfance (CPE). Les pauses de détente et le sommeil sont importants pour l'apprentissage et le développement cérébral du cortex frontal, siège des émotions. Les heures de sommeil sont écourtées, car les très jeunes doivent se lever trop tôt, souvent à 6 h 30 pour plusieurs, ce qui va contre la nature biologique [28].

Chez l'être humain, il est prouvé que le scintillement des écrans amène une baisse de la mélatonine, indispensable pour un sommeil plus long et de meilleure qualité comme chez les ados [29, 30]. Et les adolescents qui sont en développement en ont encore plus besoin.

Après les trois mois du projet « les Persévérants », qui inclut du sport, la correction des heures de sommeil, de clavardage, de jeux vidéo, la modification de l'alimentation et la gestion du stress, tous ces élèves ont obtenu la note de passage. Un qui végétait dans les 50 % avait fini par décrocher un 100 %. Inimaginable ce qu'une bonne hygiène de vie et un support pour la participation aux bonnes habitudes ont pu faire pour ces décrocheurs devenus des persévérants !

Ce projet a été acheté par la télévision de Radio-Canada. Malheureusement, à cause de coupures budgétaires gouvernementales, le projet n'a pu avoir une suite. Pourquoi avoir balayé un si bon projet pour notre jeunesse en difficulté ? Ce projet a été vendu par la suite aux chaînes de la télévision française.

Encadrer nos jeunes est primordial, autant par les parents que par les professeurs. Mais encore faut-il avoir les disponibilités et l'énergie pour appliquer toutes ces directives et ces attentions.

Les jeunes ne jouent pas suffisamment dehors pour pratiquer des sports de tous genres. Ce qui affecte aussi le niveau relationnel. On a troqué nos jouets pour ces bidules informatiques vides de créativité et de contacts humains où les besoins fondamentaux des enfants ne sont plus comblés. Le relationnel est pourtant plus important que l'information et la connaissance livresque. Il n'est pas nécessaire d'avoir des érudits à six ans ! Et nos enfants ne seront en fin de compte pas tous des universitaires.

L'intelligence et la sagesse représentent plus que la connaissance. Les connaissances sont en pleine expansion et un jour, les ordinateurs pourront combler cette connaissance en une seule journée. Pour l'instant, on peut les consulter et avoir des réponses instantanées.

Gaétan : *Je me souviens d'un rêve lucide que j'ai eu alors que j'avais environ 50 ans. C'est un rêve que l'on qualifie de conscient, où l'on sait que l'on rêve, mais dans une réalité autre et où nous conservons nos fonctions sensorielles et de discernement. J'explorais les mondes en dehors de notre système planétaire. J'ai vu d'énormes machines qui travaillaient à former des écosystèmes naturels, puis j'ai vu des écoles où on collait une puce électronique qui comportait toute la connaissance d'alors, et ce, dans tous les domaines, à des jeunes de 14 ans. Mon rêve lucide ne pourrait-il pas se réaliser pour nous donner ainsi plus de temps, plus d'amour et de sagesse à partager avec nos jeunes ?*

Il est essentiel que l'enfant développe ses compétences sociales, ses relations et son éducation avant de se concentrer uniquement sur les connaissances théoriques. Pour cela, il a besoin d'un environnement sécurisant avec de l'amour, des modèles, des jeux et des relations. Cela demande une approche délicate de la part des enseignants et des parents, qui sont souvent épuisés. Une collaboration saine entre les parents et les enseignants contribuerait à la sécurité de l'enfant.

Il est temps d'écouter attentivement les comportements inadéquats de nos jeunes et de réfléchir à ce qui ne fonctionne pas dans notre société. Les gouvernements doivent investir davantage dans l'éducation, abandonner l'uniformisation des compétences scolaires et encourager la créativité, la diversité, l'originalité et l'autonomie croissante.

Un diamant est bien plus beau lorsque nous pouvons admirer toutes ses facettes brillantes.

Par exemple, en science quantique, le Dr Amit Goswami et Philippe parlent du lien entre l'éducation et la réincarnation. Lorsque nous nous réincarnons, nous arrivons tous avec des compétences déjà assumées dans des incarnations passées. Celles-ci sont en possibilités à l'intérieur de chacun de nous et pourront se manifester dans notre monde matériel.

Pour que ces possibilités latentes se manifestent, nous devons entrer en contact avec un des domaines qui est déjà en possibilité à l'intérieur de nous. En guise d'exemple, prenons Mozart, qui devait avoir le domaine musical en possibilité, et c'est pour ça qu'il est devenu un virtuose si jeune, composant sa première symphonie à six ans. C'était probablement la même chose avec Ramanujan dans le domaine des mathématiques.

Nous sommes dans un système scolaire où nous apprenons tous les mêmes choses et où nous ne pouvons pas exprimer certaines de nos caractéristiques propres, ces aptitudes venant de nos vies antérieures. Si nous avons des passions pour d'autres domaines, cela peut poser un problème, car nous pouvons être considérés comme différents. Dans ce cas, il est possible que nous ayons recours à des médicaments pour nous calmer. Et c'est pour ça que Philippe conseille le modèle *unschooling*.

L'*unschooling*, également connu sous le nom d'apprentissage autodirigé ou non scolarisé est un modèle d'éducation alternatif qui diffère du système scolaire traditionnel. L'*unschooling* met l'accent sur l'apprentissage basé sur les intérêts et les passions de l'enfant plutôt que sur un programme d'études prédéfini.

Selon cette perspective, nos intérêts et nos passions sont latentes comme des ondes de possibilité, tel qu'expliqué en physique quantique. Ces ondes représentent les talents et les compétences que nous avons déjà développés dans nos vies antérieures. Lorsque nous faisons l'expérience de ces passions, elles se matérialisent et se manifestent dans notre réalité présente, notre vie actuelle.

Par exemple, on peut dire qu'un enfant possède des talents dans un domaine spécifique, mais en réalité, il les a déjà explorés et développés dans ses vies antérieures, comme l'exemple avec Mozart.

Philippe : À 14 *ans, je voulais quitter l'école. Je m'ennuyais et je trouvais qu'on n'y apprenait rien d'utile pour la vie. Plus tard, le directeur m'a convoqué avec mes parents pour me montrer que j'étais le troisième plus intelligent dans les examens d'admission et qu'il était important de continuer l'école. Quelle bizarrerie !*

À 16 ans, on nous demande de choisir ce qu'on veut faire dans la vie pour gagner de l'argent, mais nous ne savons même pas ce qu'est la vie. On nous pousse à choisir un métier qui contribue à faire avancer l'économie. Le but de l'école est de nous mouler pour ce dont le système a besoin et non pour ce dont chaque individu et son âme ont besoin. Si le système était là pour chaque individu, il nous amènerait à penser et à argumenter sur les sujets qui nous préoccupent pour évoluer davantage et apporter plus de bonheur dans la société.

La vie et nos besoins fondamentaux ne devraient-ils pas être enseignés dès notre plus jeune âge ? Eh bien si cela n'est pas fait, il faut alors prendre action pour apprendre cette information manquante !

Comme Philippe l'a mentionné ci-haut lors de son voyage au Népal, les points les plus importants qui sont ressortis entre les systèmes d'éducation de l'Ouest et des bouddhistes sont :

1. Ils apprennent comment vivre avec les autres ;
2. Ils lisent ;
3. Ils méditent sur le sujet ;
4. Ils lisent encore ;
5. Ils débattent sur le sujet ;
6. Ils recommencent le processus sur le même texte avant de passer au texte suivant.

Méditer et débattre sur un sujet apporte une ouverture d'esprit. Cela nous pousse à essayer de comprendre l'autre côté. En plus de développer la créativité, cela donne lieu à des questionnements sur la nature de la vie. Cela engendre plein de bénéfices pour notre vie et notre bonheur.

Dans les systèmes d'éducation de l'Ouest, qui sont supposés être plus évolués, il n'est pas possible de remettre en question le matériel et le professeur, car ce qui nous est enseigné est apporté comme étant LA vérité. C'est un système principalement passif. Cela nous pousse à nous demander : qu'est-ce qui est vrai par rapport à ce qui ne l'est pas ?

En 1902, le milliardaire John Rockefeller a créé le système d'éducation en y investissant 129 millions, ce qui représente environ trois milliards en 2020. Il a dit : « Je ne veux pas d'une nation de penseurs. Je veux une nation de travailleurs. » De cette façon, nous allons travailler et faire ce que l'on nous demande sans nous poser de questions.

Il est légitime de se demander si un tel système d'éducation pourrait être perçu comme manipulatoire.

Lors d'une conférence, Sir Ken Robinson explique que le système scolaire est semblable à un modèle d'usine, linéaire en somme. Tout est axé sur la conformité. Chaque enfant fait la même chose au même âge, puis passe le même test [31].

Même Joel Mokyr, économiste à l'université Northwestern, affirme que les travailleurs « devaient apprendre à suivre des ordres, à respecter l'espace et les droits de propriété d'autrui, à être ponctuels, dociles et sobres [32] ».

Le chercheur en performance créative George Land disait aussi : « Ils devaient construire des usines pour les êtres humains appelées écoles afin de pouvoir fabriquer des personnes capables de bien travailler dans les usines ». En plus, dans les années 1960, il a mené une étude sur 1 600 enfants de cinq ans. À cette époque, 98 % de ces enfants ont été classés dans la catégorie « très créatif ». Cependant, au fil des années, la créativité de ces enfants a diminué. À dix ans, seulement 30 % étaient encore considérés comme « très créatifs ». À quinze ans, ce chiffre est tombé à 12 %, puis à seulement 2 % à 25 ans. Il attribuait cela 100 % à l'école [33, 34].

Des tendances similaires ont été découvertes par d'autres chercheurs. Par exemple, une étude portant sur 272 599 étudiants a révélé que bien que les scores de QI aient augmenté depuis 1990, les scores de pensée créative ont diminué [35].

Rien n'est axé sur être plus humain (quantique), tout est axé sur être plus une machine (newtonien), comme dans une chaîne d'approvisionnement. Nous savons que nous sommes tous différents, pourquoi tout le monde apprend-il et fait-il toujours la même chose ?

Mais ne vous découragez pas ! Ces études nous enseignent une leçon précieuse : la créativité n'est pas perdue à jamais. Elle peut être ravivée et réapprendre à briller dans nos vies. Le Dr Land a souligné que le comportement non créatif est appris, tout comme la créativité est un des outils principaux de la science quantique.

Philippe met l'accent dans ses cours sur les étapes pour retrouver la créativité dans toutes les sphères de sa vie, surtout le bonheur. Cela signifie que nous avons le pouvoir de réapprendre à être créatifs, de retrouver cette étincelle qui nous anime depuis notre plus tendre enfance. Nous pouvons cultiver notre créativité en nous entourant d'inspiration, en explorant de nouvelles idées, en prenant des risques et en embrassant notre curiosité innée.

Mais voilà qu'aujourd'hui, le culte d'éducation scolaire, ainsi que l'informatique sont omniprésents dans notre quotidien. La nouvelle industrialisation est la robotisation. L'intelligence artificielle (IA) prend une place de plus en plus importante dans nos relations et nous prive encore plus de notre créativité. L'IA saura-t-elle diminuer la souffrance de l'humain ? Apportera-t-elle de plus belles relations entre nations ou sera-t-elle un outil secret de surveillance pour brimer la liberté et créer davantage de séparation entre pays ? Est-ce que l'avènement de la technologie depuis quelques décennies saura combler cette ignorance que nous avons à propos de nous-mêmes ? Cette intelligence artificielle pourrait-elle apporter le bonheur que nous recherchons ?

Il est temps de se poser des questions et d'aller à l'école de la Vie.

PRENEZ UN INSTANT POUR INTÉGRER.

Chaque chapitre ouvre la voie à un changement de perspective, mais pour l'intégrer pleinement, la réflexion est essentielle.

Consultez dès maintenant votre **Guide d'accompagnement** et répondez aux questions liées à ce chapitre.

➡ Si vous ne l'avez pas encore téléchargé, vous pouvez le faire ici :

Scannez le code QR ou rendez-vous sur **https://vitaquantum.com/cadeaurepense** pour accéder à vos bonus.

CHAPITRE 16

L'INTELLIGENCE ARTIFICIELLE (IA) PEUT-ELLE PROCURER LA SANTÉ ET LE BONHEUR ?

L'intelligence artificielle fera de plus en plus pression pour son implantation dans tous les domaines de la vie quotidienne, que ce soit au travail, à la maison, dans les gouvernements et à l'école. Des tâches simples et routinières pourront être effectuées par des robots, accordant ainsi à l'humain plus de disponibilité pour la création de nouvelles occupations, l'exploration de nouveaux champs d'énergie ou même une possibilité d'entraide humanitaire plus grande. Simplifier la vie, nous donner plus de temps, mais pas nécessairement plus de liberté et de bonheur, car il y a toujours le risque de tomber dans le plaisir.

Lorsque Gaétan était médecin, il a toujours prôné une médecine axée sur l'individu et non sur la maladie. Cela demande une présence thérapeute-patient, une présence rassurante avec une écoute attentive et empathique. Tout ceci fait partie de l'espace permettant d'accueillir la personne qui souffre. Mais qu'en sera-t-il lorsque nous dépendrons de l'intelligence artificielle (IA) ? Sera-t-elle ouverte à notre discours et à nos craintes ? Sera-t-elle douée d'empathie ? Pourra-t-elle calmer notre anxiété face à la maladie ?

L'intelligence artificielle est un processus d'imitation de l'intelligence humaine qui repose sur la création et l'application d'algorithmes exécutés dans un environnement informatique quantique.

Nos ordinateurs intelligents seront d'une grande aide pour l'acquisition de la connaissance. Mais qu'en sera-t-il pour notre médecine ? Évidemment, sur le plan des chirurgies, sa présence sera grandement appréciée, grâce à la précision et la dextérité des robots qui l'emportent sur la main humaine. D'autant plus que le chirurgien expert pourra, d'un seul endroit, manipuler la main robotisée d'un ordinateur, et ce, peu importe la distance.

L'aide de l'IA est sans contredit remplie d'avantages et elle est inévitable. Le robot est très connaissant, mais pas nécessairement intelligent. Le robot n'est pas un médecin, mais il pourra l'épauler grandement dans les connaissances médicales de sa spécialité.

Au cours d'un récent voyage, Gaétan a fait une observation intrigante dans une pharmacie. À l'intérieur, il a découvert un espace de deux mètres par deux mètres où un ordinateur attendait, avec une caméra qui vous regardait et qui vous analysait. Vous vous identifiez en un instant. L'ordinateur détient déjà votre historique médical, de vos antécédents chirurgicaux à votre historique médicamenteux, le cas échéant. Vous sélectionnez les symptômes perturbateurs que vous avez ressentis ces dernières semaines. Une voix vous guide pour placer des électrodes sur votre bras et votre tête. En moins d'une minute, un diagnostic est établi et une liste de recommandations médicamenteuses est proposée. Vous pouvez même obtenir votre ordonnance directement sur place.

Un médicament soulagera votre symptôme de dépression, de nervosité ou d'infection urinaire. Mais est-ce aussi simple ? L'humain n'est-il pas plus qu'une simple machine que l'on branche pour connaître la source de son problème, comme pour une voiture aux composantes électroniques ? Si la réponse est oui, alors l'humain ne serait qu'un simple corps physique, qu'un amas de chair. Tout ce que nous venons de voir dans le chapitre de l'anatomie spirituelle de l'humain devrait-il alors être oublié et effacé ?

Dans le domaine de la santé, ces algorithmes « intelligents » qui nous diront comment traiter la maladie risquent de déraper, surtout dans les processus de communications personnelles et psychologiques, si importants en matière de maladie. Tout être humain a besoin de ressentir que **quelqu'un** de connaissant (et non ce « quelque chose ») prend soin de lui à la suite d'un traumatisme ou d'une maladie. Cette relation d'humain à humain est sans contredit la façon dont le corps et l'esprit peuvent s'en remettre à un thérapeute bien intentionné. Ceci permet au malade de lâcher prise, car il se sent protégé et entre bonnes mains.

La présence, la voix, l'expression faciale, le contact corporel seront des atouts indispensables en vue d'une guérison éventuelle. Une telle rencontre est un jalon majeur pour assurer le début de la guérison elle-même.

La sécurité physique et émotionnelle sera la base de cette transaction thérapeutique ; ce sera bien plus qu'une simple médication jetée sur un bureau. L'humain sera toujours rassuré et aidé par une autre présence humaine. Cela a toujours été vrai, que ce soit pour l'enfant ou l'adulte, puisque cela est quantique.

La majeure partie de nos malaises et de nos maladies sont souvent le résultat de traumatismes émotionnels. Comment cet ordinateur intelligent et artificiel pourra-t-il aider ce patient malheureux ou souffrant ?

Saurons-nous nous servir de l'IA avec sagesse ou sera-t-elle au service des egos de certaines puissances pour conquérir ou pour manipuler davantage ? L'intelligence artificielle aux mains de certaines élites pourrait-elle apporter plus de paix, de partage et plus de joie entre les humains ?

L'IA pourrait actuellement nous faire évoluer dans la plénitude, mais encore faudrait-il être capable de l'utiliser à bon escient.

Vous avez déjà le plus beau et le plus puissant des ordinateurs qui ne demande qu'à fonctionner à son plein potentiel, un cerveau d'une incomparable beauté et d'une complexité harmonieuse. Sans oublier que le cerveau fonctionne en cohérence avec le plus bel organe que nous appelons le cœur et dont nous ne connaissons pas toutes les ramifications nerveuses, composantes hormonales et quantiques, qui nous relient tous ensemble, en plus de nous fusionner avec tout l'univers. Une intelligence artificielle peut bien être intelligente, mais elle n'a pas de cœur et elle en n'aura jamais. Elle pourra exécuter des calculs ou trouver des solutions, mais sans cœur, elle ne peut participer à la vie même. À quoi sert une intelligence sans âme ?

L'humain a toujours su créer et la technologie ne peut être évincée. Il a converti le troc comme moyen d'échange pour de la monnaie, plus simple et pratique. Il a maîtrisé l'atome et sa fusion pour produire l'énergie nucléaire. Mais qu'en est-il aujourd'hui ? L'argent et l'énergie nucléaire sont devenus des moyens de contrôle et même de destruction entre humains et nations. Et pourtant, leurs créations auraient pu servir l'humanité et apporter plus de facilité et de bonheur entre nous tous.

On n'en sort pas : connaître d'abord et avant tout l'humain et son évolution sont les jalons essentiels pour accéder au bonheur. Et pour s'assurer d'utiliser la neuroscience ou même l'intelligence artificielle pour le bien-être de nos sociétés, il faut avoir des leaders de cœur.

CHAPITRE 17

LES LEADERS QUANTIQUES AU SERVICE DE L'HUMAIN

Un authentique leader se distingue naturellement; il endosse le rôle de capitaine, de manager ou occupe toute autre fonction. Il incarne l'excellence et suscite l'inspiration, poussant ses pairs à s'élever. Sa conduite exemplaire est reconnue et confirmée par le vote, car il agit avec une intégrité inébranlable, servant ainsi de modèle au reste du groupe ou de l'entreprise. Cette vision de la démocratie est profondément authentique, où chaque voix est entendue, et où le leadership est octroyé non pas par la force, mais en récompense du mérite et de l'impact positif.

Cette idée nous rappelle que les leaders éclairés, façonnés par leur intégrité, sont les véritables moteurs du progrès et de l'unité au sein de toute communauté. Le modèle démocratique, qui remonte dans l'histoire, a parfois vacillé, notamment sous l'influence du libéralisme et du capitalisme.

Selon le Larousse, la démocratie est définie comme un « système politique, une forme de gouvernement dans lequel la souveraineté émane du peuple ». En d'autres termes, c'est lorsque le peuple contrôle le gouvernement dans le but de servir le bien du peuple. Dans un État démocratique, le pouvoir appartient aux citoyens. C'est une idée qui mérite d'être chérie et préservée pour le bien de la société.

Aujourd'hui, dans la plupart des pays, les groupes de multinationales font du lobbying en exerçant des pressions sur les gouvernements pour faire accepter leurs idées et leurs produits dans le but de gagner de l'argent. Est-ce pour le bien-être des citoyens ou des entreprises ? Est-ce véritablement une démocratie ? D'une manière analogue, peut-être devrions-nous nous pencher vers une démocratie quantique.

La démocratie quantique est une démocratie qui reconnaît que tout est UN. Nous appliquons les principes de la physique quantique à la véritable démocratie. Par exemple, si je pollue la terre, je me pollue aussi. Ainsi, chaque action est prise en considération en prenant en compte la liberté, l'économie du partage, la nature, l'impact sur chaque individu ainsi que le bonheur de chaque citoyen. Il n'est alors, par exemple, plus question de devenir le plus riche au détriment des autres qui deviennent pauvres.

L'argent est illimité, car il est en mouvement circulaire et partagé. Si j'utilise 100 $ pour acheter quelque chose, ces 100 $ iront à plusieurs personnes, qui feront circuler l'économie à leur tour. Cependant, si quelques élites milliardaires gardent leurs milliards, cela bloque le flux de l'argent. L'objectif est de donner la même opportunité à chaque individu, plutôt que de donner à tous le même montant et les mêmes avantages. Le mot clé ici est « opportunité ». Nous offrons donc des possibilités et c'est à vous de choisir et de faire le travail.

Les politiciens et les leaders doivent utiliser leur pouvoir non pas pour s'enrichir, mais pour autonomiser les citoyens, leur donner du pouvoir et les inspirer à agir avec éthique et valeur, à développer une vie avec un sens. Lee Iacocca nous donne une liste des neuf « C » qui définissent ce qu'est un vrai leader, un leader conscient, un leader quantique, et cela s'applique aussi aux politiciens : curiosité, courage, conviction, créativité, bon sens (*common sense*), compétence, discernement (*character*), charisme et communication. Nous parlerons du vrai courage plus tard.

Ces leaders ne sont pas seulement concernés par eux-mêmes, mais aussi par les autres. Êtes-vous un leader quantique dans votre vie, avec vos enfants, vos amis, au travail, etc. ? Habitez-vous dans un pays ayant un leader quantique à sa tête ? Travaillez-vous dans une entreprise ayant des leaders quantiques à leur tête ?

CHAPITRE 18

LES ENTREPRISES QUANTIQUES AU SERVICE DE LA PLANÈTE

Il faudrait repenser notre système économique. Les corporations à la bourse élisent un président spécialement choisi pour sa grande capacité à augmenter les profits et ainsi satisfaire les avoirs des actionnaires. Il n'est nullement question d'ajout positif ou de faire profiter la qualité humaine. Même si, au départ, le système boursier avait supposément été créé pour aider des compagnies « sans le sou » à mettre sur le marché des produits pour le bien d'une population, ce n'est plus du tout la raison.

Les actionnaires investissent leur argent dans ces grandes corporations uniquement pour des raisons de rentabilité financière. Par exemple, la pollution n'est que rarement discutée, car si la corporation ne rapporte pas suffisamment d'argent à ses actionnaires, le président et le comité exécutif sont aussitôt remaniés ou même mis à la porte.

Aujourd'hui, les gouvernements blâment la population pour la pollution. Ils veulent nous restreindre dans ce que nous pouvons faire. Sommes-nous les seuls à blâmer ? Ce sont les corporations qui produisent ce que nous consommons et ce que nous devons consommer. Pourquoi ne pas réprimander et mettre de l'ordre dans ces corporations qui ne font pas de virage vert, qui polluent nos lacs, nos rivières et nos terres ? Ces industries ont-elles un véritable sens pour une planète en bonne santé ?

Nous avons une responsabilité à prendre en tant que citoyens de cette belle planète. Mais cela n'est souvent pas possible, car certains dirigeants vivent dans leur monde égoïste où seulement le matériel et l'apport du gain est important. Et si nous devenons malades par excès de pollution planétaire, les médicaments seront là pour nous guérir. Et voilà que la roue continue de tourner.

Il faut comprendre que nous sommes tous Conscience et issus du même tout. Ce que je fais à l'autre, je le fais à moi-même.

Il serait important, par exemple, d'acheter chez des entreprises qui sont certifiées « B Corp ». B Corp est une entreprise à but non lucratif qui certifie des entreprises qui ont pour but de transformer l'économie mondiale au profit de toutes les personnes, de toutes les communautés et de la planète en opérant. Généralement, les leaders de ces compagnies ont une vision qui se rapproche du leader quantique.

En 2015, quand Philippe a lancé sa clinique de santé avec sa femme, Natasha Azrak, il a tout fait pour que la clinique puisse être parmi les premières entreprises au Québec à être certifiées. Si tout le monde achetait B Corp, le monde et la planète se porteraient mieux.

Vous pouvez aussi chercher les entreprises certifiées ici : www.bcorporation.net/ ou vérifier que les produits que vous achetez ont le logo B Corp.

Vous pouvez vous joindre et travailler avec ces entreprises conscientes et quantiques, telles que : Patagonia, Zoho, Doterra. Allez travailler pour ces compagnies, achetez de ces compagnies : ceci est votre réel vote pour un réel changement planétaire. Il a été démontré dans le film biographique *Bêtement riche* (*Dumb Money*) que lorsque des millions de personnes s'allient contre une énorme compagnie d'investissement, le peuple peut gagner contre la corruption de ces méga-entreprises qui règnent et profitent du système.

Lors d'une conférence en 2019 à Annecy, le Dr Brouillard a partagé une idée inspirante avec un groupe de professionnels engagés réunis par l'APM (Advance Progress Management : Le progrès de l'entreprise par le progrès du dirigeant). Au cœur de cette réunion axée sur la collaboration, il a évoqué le concept du « déjeuner bonne nouvelle ». Cette notion encourage l'entreprise à favoriser le bien-être de ses employés en réservant un espace le matin, où l'employeur prend en charge le petit-déjeuner. Durant ce moment, les employés se réunissent pour échanger des nouvelles positives : découvertes enthousiasmantes, opportunités, projets passionnants, astuces pour la santé et le bien-être, collaborations fructueuses et bien plus encore. La règle d'or est la positivité : les critiques sont exclues, seules les idées constructives et créatives sont les bienvenues. C'est un espace où l'ouverture et le partage sont au cœur de la culture d'entreprise, créant un environnement propice à l'inspiration et à la croissance de l'individu et de l'entreprise tout à la fois.

À partir d'aujourd'hui, vous avez trois options si vous ne vous trouvez pas dans un environnement de travail positif et évolutif, mais cela demande du courage. Il ne faut pas oublier : nous vivons dans un monde UNI. Si l'entreprise pense seulement de façon égocentrique, cela est bénéfique pour quelques individus seulement, donc cela n'apporte pas du bonheur sur cette terre.

- Tout d'abord, vous pouvez choisir de quitter votre emploi actuel et de rejoindre une entreprise qui valorise la planète et chaque individu.
- Deuxième option : vous pouvez décider de rester dans votre entreprise et de devenir un leader quantique, contribuant ainsi à sa transformation. Il est crucial de ne plus accepter les entreprises qui mettent une pression excessive sur leurs employés et qui polluent. Il est temps de cesser de soutenir ces entreprises en continuant à travailler pour elles ou à acheter leurs produits.
- Troisième option : vous pouvez prendre la décision de quitter votre emploi et de vous lancer dans votre propre entreprise, en suivant votre rêve et votre passion pour contribuer aux changements nécessaires sur notre magnifique planète.

Pour faciliter cette transition, prenez le temps de discuter avec vos amis, votre famille et vos collègues de travail. Vous sentez-vous reconnu dans votre travail ? Rentrez-vous chez vous épuisé ou plein d'énergie le soir ? Avez-vous le sentiment que votre travail apporte quelque chose d'important à l'humanité ?

CHAPITRE 19

RENAÎTRE PAR LA COMMUNAUTÉ VILLAGEOISE : L'ÉPANOUISSEMENT DE DEMAIN

Le bonheur et la santé sont déterminés en grande partie par nos relations sociales. Saviez-vous qu'un manque de communauté et de liens sociaux solides peut avoir des conséquences désastreuses sur votre santé ?

De nombreuses études ont par ailleurs montré que les personnes les plus engagées socialement ou dans leur travail sont globalement en meilleure santé que celles qui prennent une retraite hâtive. Elles sont moins susceptibles de souffrir de dépression ou d'avoir une baisse de leurs capacités intellectuelles [36]. Selon le psychiatre Robert Waldinger, directeur d'une étude de 75 ans de Harvard sur le développement des adultes, ce qui nous rend vraiment heureux et en bonne santé tout au long de la vie, ce ne sont pas la gloire et l'argent, mais nos relations et notre satisfaction dans celles-ci. Les personnes les plus satisfaites dans leurs relations à l'âge de 50 ans étaient les plus en bonne santé à l'âge de 80 ans [37].

Lorsque nous sommes entourés de personnes qui nous voient, nous soutiennent et nous élèvent, nous avons le sentiment que tout est possible et que notre créativité est sans limites. La perception d'être utile dans une société devient un marqueur de longévité et de santé.

N'hésitez pas à contacter un ami sincère avec qui vous aimez passer du temps, que ce soit pour discuter ou même pour faire une sortie. **Ne sous-estimez pas la capacité d'un groupe de personnes ou même d'une seule personne à vous soutenir.** Ces relations auront toujours un impact positif sur vous et votre entourage, facilitant ainsi la stabilité du bonheur et de la santé.

Nous avons vu à quel point ces relations, qui nous ont manqué au cours des années 2020, 2021 et 2022 en raison de la pandémie, ont perturbé bon nombre d'entre nous. Le nombre de maladies a explosé, le nombre de suicides également. L'isolement a été un gros facteur de maladies et de mort, encore plus grand que vous ne pouvez le penser. On parle non seulement de maladies physiques, mais encore davantage de maladies psychologiques et mentales [38].

L'isolement est aussi dangereux pour la santé que l'obésité, l'alcoolisme et le tabagisme. De plus, il y a eu un accroissement important des risques de démence, de régression cognitive, de dépression et de suicide [39-41].

Nous avons migré maintenant dans des villes et dans des quartiers pour nous rapprocher des écoles, du travail et des divertissements. En comparaison avec les villages où les gens se parlent encore, dans les villes nous ne parlons plus à nos voisins. Nous sommes devenus très individualistes. Les outils, les ressources, les habitations, etc. sont achetés pour chaque famille.

Avec le travail de Dan Buettner, il devient évident que nous devrions revisiter le passé. Dans son livre *The Blue Zone*, Dan Buettner nous fait découvrir ces endroits où l'on trouve un nombre exceptionnel de centenaires dans une région donnée. Un aspect crucial émerge : celui de la communauté. À Okinawa, par exemple, les portes restent ouvertes, symbolisant l'invitation à entrer et à discuter. Les habitants vivent dans des villages, privilégiant la simplicité et la vie communautaire. Rien n'est poussé à l'excès, tout est équilibré.

Depuis maintenant plusieurs années, le mouvement des écovillages et des villages conscients prend de plus en plus d'ampleur. Par exemple, Philippe et sa femme, Natasha, sont en train d'essayer de créer un écovillage au Mexique, basé sur l'autosuffisance, la géométrie sacrée et la physique quantique.

Il y a de nombreux avantages à vivre dans un écovillage :

1. Une vie plus durable: Les écovillages sont conçus pour être des communautés durables et respectueuses de l'environnement. Les habitants travaillent ensemble pour réduire leur impact environnemental en utilisant des énergies renouvelables, en recyclant et en compostant les déchets, en cultivant leur propre nourriture, en utilisant des moyens de transport durables et en favorisant la biodiversité.

2. Un fort sentiment de communauté : Les écovillages sont souvent fondés sur des valeurs communes telles que la durabilité, la coopération et le partage. Les habitants sont souvent très engagés dans la vie communautaire, ce qui favorise un sentiment de solidarité et de soutien mutuel.

3. Des relations sociales plus fortes : Vivre dans un écovillage offre des possibilités de nouer des relations sociales plus riches et plus authentiques. Les habitants partagent souvent des repas, des activités et des projets communautaires, ce qui favorise des liens sociaux solides.

4. Un style de vie plus simple et plus équilibré : Les écovillages proposent un style de vie plus simple et plus équilibré, basé sur les besoins plutôt que sur les désirs. Les habitants apprennent à vivre avec moins et à être plus heureux avec ce qu'ils ont.

5. La sécurité : Les écovillages peuvent offrir une certaine sécurité tous les jours et en cas de crise ou de catastrophe, car les habitants travaillent ensemble pour répondre aux besoins de la communauté.

6. Des opportunités de développement personnel : Les écovillages procurent des opportunités de développement personnel en encourageant les habitants à apprendre de nouvelles compétences, à travailler sur des projets communautaires et à prendre des responsabilités dans la vie de la communauté.

Si vous êtes intéressé à expérimenter un écovillage, il y a en a plusieurs dans le monde, tout comme au Québec et en France. Vous pouvez visiter le site de Communauté Intentionnelle (*Intentional Community*) : https://www.ic.org/ ou même chercher sur Google et Google Map. Ma femme et moi (Philippe) avons visité plusieurs communautés en Europe et en Amérique Latine.

Vous pouvez aussi vous inscrire sur notre liste pour avoir l'info sur notre projet d'écovillage quantique **https://uv.universvital.com/ecovillage**.

CHAPITRE 20

LE POUVOIR DES ÉMOTIONS

Il est facile de nous blâmer pour des actions que nous avons faites et pour lesquelles nous voyons très bien que nous n'avons pas été à la hauteur. À partir de ce moment, la culpabilité s'infiltre en nous et nous sabotons nos beaux projets. Beaucoup ont tendance à mettre la barre trop haut et par le fait même à se culpabiliser, pour ne pas dire se flageller. Ce sera une occasion « normale » pour l'ego de tomber dans le piège de la culpabilité ou de souffrir d'une faible estime de soi.

« La plupart d'entre nous ne réalisent pas leur plein potentiel, car ils ont été un jour ou l'autre réprimandés par un parent ou un compagnon de classe. Par une mauvaise décision prise un jour, par une humiliation en public, par une mauvaise performance, parce que nous avons osé un jour dire non, nous avons vite brandi le fouet et nous nous sommes culpabilisés. » *La douleur repensée*, 2017, Les Éditions de L'Homme.

Nous ne croyons plus en nos talents, nous restons distants. Nous avons perdu notre confiance en soi. Le bonheur nous échappe, nous sommes de plus en plus souffrants et nous risquons d'étouffer... Si vous vous reconnaissez dans ce portrait, vous devez transformer cet état le plus rapidement possible. Vous devez prendre conscience que cette malheureuse et destructrice croyance vous fait souffrir, vous et votre entourage.

Toutes ces émotions refoulées sont à l'origine de la plupart de nos maladies et de nos souffrances. L'influence de ces émotions négatives provoque des changements au niveau de notre système nerveux autonome ainsi qu'au niveau de notre système immunitaire et de notre système endocrinien. Nous devenons vulnérables aux maladies et la douleur s'intensifie. Les pensées négatives deviennent un élément toxique pour le corps [42].

Une étude des plus intéressante a démontré que les animaux en captivité vivent davantage d'émotions négatives en comparaison avec les animaux en liberté. De plus, une étude faite en 2021 souligne que beaucoup d'animaux en captivité développent un état dépressif [43]. L'humain vit davantage d'émotions négatives, alors serait-il comme l'animal en captivité, donc sans liberté réelle ?

Les pensées négatives peuvent se diriger vers un organe spécifique et, ultimement, vers notre corps tout entier. Les pensées nourrissent notre cerveau et notre corps. Dis-moi ce que tu penses et je te dirai qui tu es ! Si elles sont affligeantes, le cerveau finira par en souffrir. Les émotions réprimées auront besoin de s'exprimer un jour ou l'autre sous forme de symptômes physiques : le mal-a-dit.

Ces manifestations somatiques auront cependant un but : nous faire prendre conscience qu'un désordre est présent et qu'un changement doit s'opérer. Cependant, la majorité d'entre nous n'est pas consciente de ce qui se passe dans son corps. Lorsque trop de désordre règne dans la petite boîte crânienne, le cerveau pourrait tenter de l'effacer de son conscient et de le reléguer aux autres organes du corps. Ces tensions conscientes sont devenues insupportables pour le cerveau. Cette stratégie cérébrale n'est peut-être qu'un mécanisme de défense pour assurer sa survie.

C'est aussi tout notre système endocrinien (hormonal), sous la gouverne du système nerveux, qui devient la proie de ces sentiments négatifs. C'est ici que tout le processus psycho-neuro-endocrino-immunologique entre en ligne de compte. La connexion corps-esprit est franchement établie et l'humain devient dorénavant une entité globale, intégrée.

Les recherches du Pr Roger Guillemin ont permis de mettre en évidence les relations entre le système nerveux central et les glandes ayant des fonctions hormonales. Ces neurohormones, ces neurotransmetteurs, qui agissent sur notre bien-être et sur le contrôle de la douleur, deviennent carencés et apportent leur lot de problèmes à tout notre corps, tant sur le plan physique que psychique, et même immunologique

Fait intéressant : le Dr Guillemin a fait son doctorat à l'Université de Montréal sous la direction de l'endocrinologue Hans Selye, professeur à la Faculté de médecine, reconnu dans le monde scientifique comme le « père » de la recherche sur le stress. Les découvertes du docteur Guillemin sur la production d'hormones peptidiques (neurohormones) dans le cerveau lui ont valu déjà, en 1977, le prix Nobel de médecine.

À l'inverse, nous croyons profondément qu'être optimiste a un effet important sur notre biochimie et permet au corps de se maintenir en harmonie et même parfois de recouvrer la santé. Comme le démontre l'étude sur la colère, on a le droit à un renforcement du système immunitaire pendant six heures lorsque nous prenons soin de nos émotions [42].

Nous sommes créateurs, mais nous créons constamment notre malheur à notre insu. Il faut faire face aux événements tels qu'ils se présentent sans nous soucier des qualificatifs qui nous embrouillent, sans impliquer des émotions de peur, d'anticipation, d'impatience ou d'anxiété. Plus nous faisons l'expérience de l'émotion négative et de l'anxiété, plus nous amplifions le problème. Il est alors normal que l'anxiété déboule en dépression. Avec le temps, cette dépression pourra provoquer des douleurs ou des maladies qui s'incrustent dans votre corps. Il en sera de même pour la peur que l'on répand en période de contagion et qui entraîne une augmentation des infections virales et de l'incidence de mortalité.

Donc, si nous sommes créateurs, nos pensées créent notre réalité, mais est-ce que c'est vraiment le cas ?

Oui, mais malheureusement, cela se fait de façon inconsciente. Ce n'est pas parce que vous pensez à quelque chose que cela se manifestera maintenant. Il y a plusieurs études sur le sujet. Saviez-vous que notre cerveau ne fait pas la différence entre ce qu'il voit et ce qu'il pense ?

Lors de l'étude de Ranganathan et autres, il a été démontré qu'il était possible d'augmenter la force d'un doigt de 35 % en imaginant seulement que nous faisions l'exercice. Le groupe faisant l'exercice physique l'a augmenté de 53 %, mais le groupe contrôle n'a eu aucun changement. Imaginez, 35 % d'augmentation en visualisant, tout simplement [44] !

Une autre étude a été faite avec le biceps [45]. Le même genre de résultats a été observé. Tous les athlètes utilisent ce pouvoir qui est à l'intérieur de nous. Oui, le pouvoir de visualiser peut changer notre vie, mais attention, qu'est-ce que vous visualisez sans le savoir ? Quelles sont vos réelles pensées ? Est-ce que vous visualisez que vous allez réussir quelque chose ou, au contraire, que vous n'êtes pas bon et que vous ne serez pas capable ?

Le pouvoir créateur s'applique aussi à notre psychologie, comme la science quantique (celle qui relève de l'énergie) qui explique le lien entre la quantique et le matériel. Nous sommes des particules conscientes, des êtres créateurs, autant pour nous que pour cette planète que nous créons à notre image (positive ou négative). Il est impératif de garder la santé, malgré les événements que nous subissons, et de garder le côté positif des choses tant sur le plan de notre environnement que de notre vie personnelle.

Toutes les pensées et paroles à connotations positives s'inscrivent dans notre subconscient et sèment des graines de santé et de bien-être, pour soi et tout autour de soi. Le Dr Emoto a réalisé des expériences démontrant que lorsqu'on écrit des mots tels que «amour» et «paix» près d'une goutte d'eau qui gèle, celle-ci se transforme en cristaux présentant une belle forme géométrique. En revanche, si des mots négatifs sont utilisés, la goutte d'eau se transforme en une tache sans forme géométrique.

Le corps gagne en santé avec des mots simples et remplis de sagesse et de sentiments comme: paix, plénitude, vérité, harmonie, amour, équilibre, joie, temps présent. Ces mots dits ou écrits apportent une qualité à votre santé, et ce, sans que vous en soyez conscient. Des paroles comme «je t'aime», «tu es bien», «bravo», «merci» apportent chez autrui un certain degré de qualité positive et de santé comme pour les molécules d'eau.

Il est étonnant de voir dans le film *Water, the Great Mystery*, le Dr Emoto et toutes ses photos de cristaux qui s'organisent en de belles figures géométriques selon les paroles dites, les écrits et même la musique. Nous fûmes davantage surpris de voir dans ce documentaire des frottis de sang vivant changer de forme et devenir apparemment plus sains, après seulement 20 minutes de prière.

Nous vous souhaitons de retrouver la simplicité, du temps de création et de réflexion pour vous. Retrouvez ce qui donne une valeur ajoutée pour vous et vos proches, car c'est une question de vie et de mort pour les années à venir.

Gaétan: *Récemment, j'ai écouté Jon Batiste, excellent* jazzman *de La Nouvelle-Orléans et génie sur bien des aspects. Récipiendaire à 30 ans d'un doctorat honorifique en musique classique, il s'est adressé aux jeunes artistes diplômés en musique de l'Université Salve Regina au Rhode Island.*

Il a parlé des trois priorités importantes dans la vie selon lui. Voici, en mes mots, son message des plus humain:

Premièrement, apprenez qui vous êtes réellement: qui êtes-vous et d'où venez-vous?

Deuxièmement, définissez ce que vous voulez être dans la vie.

Troisièmement, participez tout au long de votre cheminement à créer chez autrui le meilleur pour lui. Cette remise des diplômes aujourd'hui est importante, je sais que cela vous a demandé beaucoup de travail, beaucoup de labeur ou même a pu générer beaucoup de frustrations par moments.

Quand vous aurez appliqué ces trois distinctions pour vous et autrui, tout ce qui se passera autour de vous, toute cette confusion que la vie semble vous apporter ne pourra affecter vos valeurs internes. Et grâce à votre courage et à votre détermination, vous pourrez créer une nouvelle Terre malgré ce chaos apparent, car la vie sera encore et toujours un grand maître.

« Il faut vivre simplement pour que d'autres puissent simplement vivre »

Gandhi

Comme nous l'expliquions, au niveau 2 du bonheur, nous sommes accros à l'information, et donc nous sommes vides de sens et de valeur. Cela n'est pas si facile, puisque nous avons tellement de croyances qui vont à contresens.

Voici un exercice tout simple pour lequel nous vous invitons à vous asseoir avec papier et crayon à la main. Soyez patient et répondez le plus naturellement possible :

- Quelles sont les activités ou les cheminements qui me font réellement me sentir vivant et épanoui ?
- Quel genre d'impact est-ce que je souhaite avoir sur le monde ou sur la vie des autres ?
- Quels sont les défis que j'aimerais relever, les problèmes que je voudrais résoudre ? Comment puis-je y arriver ?
- Quel est l'héritage que je veux laisser derrière moi ? Comment souhaiterais-je être remémoré ?

Rappelez-vous, trouver une signification et des buts dans la vie est un processus continu. Les réponses peuvent évoluer et changer avec le temps. Et n'oublions pas que nous vivons dans un monde UNI et non dans un monde matérialiste et séparé.

PARTIE 3

OUTILS PRATIQUES POUR NOTRE BONHEUR

CHAPITRE 21

LES BIENFAITS DU SOURIRE QUANTIQUE

Êtes-vous capable de refuser le sourire que l'enfant vous envoie ? Si oui, c'est que vous êtes à moitié mort et donc au niveau 0 ou 1 du bonheur. Le fait de recevoir un sourire et un bonjour que quelqu'un vous envoie peuvent soudainement effacer votre morosité.

À notre sens, un sourire échangé le matin vaut plus que deux bonnes tasses de café. Il crée un effet positif sur toute notre biochimie et celle d'autrui. Il déclenche la mise en action du système parasympathique, régénérant par le fait même nos cellules par le relâchement d'hormones, dont les endorphines.

Des études démontrent à quel point le sourire (même celui qu'on qualifie de « social » ou de « forcé ») diminue le stress, le cortisol et le rythme cardiaque [52, 53].

Le grand maître taoïste et bouddhiste Mantak Chia a développé la technique du sourire intérieur, une forme pratique de tai-chi. Voici un moyen simplifié et remodelé de pratiquer le sourire intérieur pour fortifier ainsi votre système endocrinien.

- Fermez les yeux.
- Pensez à un moment où vous étiez très bien, un souvenir de vacances.
- Revoyez les couleurs, la chaleur et le côté paisible de cet endroit.
- Ressentez ce moment de bonheur et de calme au centre de votre tête, principalement au niveau de la glande pinéale.

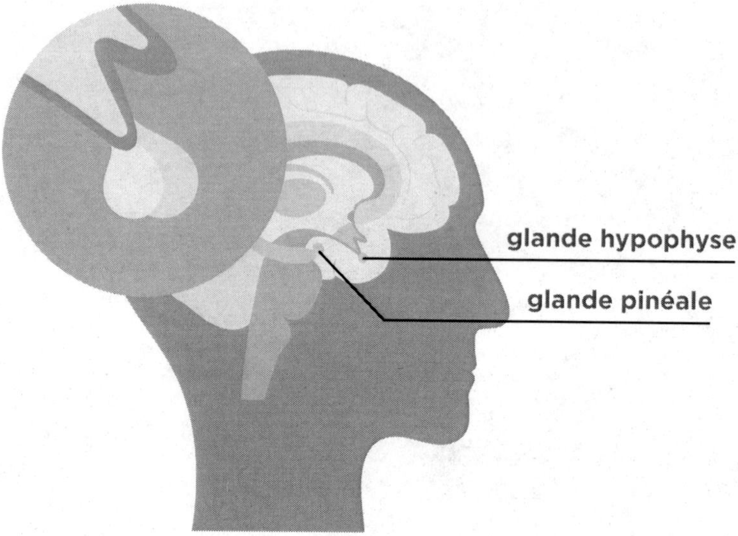
glande hypophyse
glande pinéale

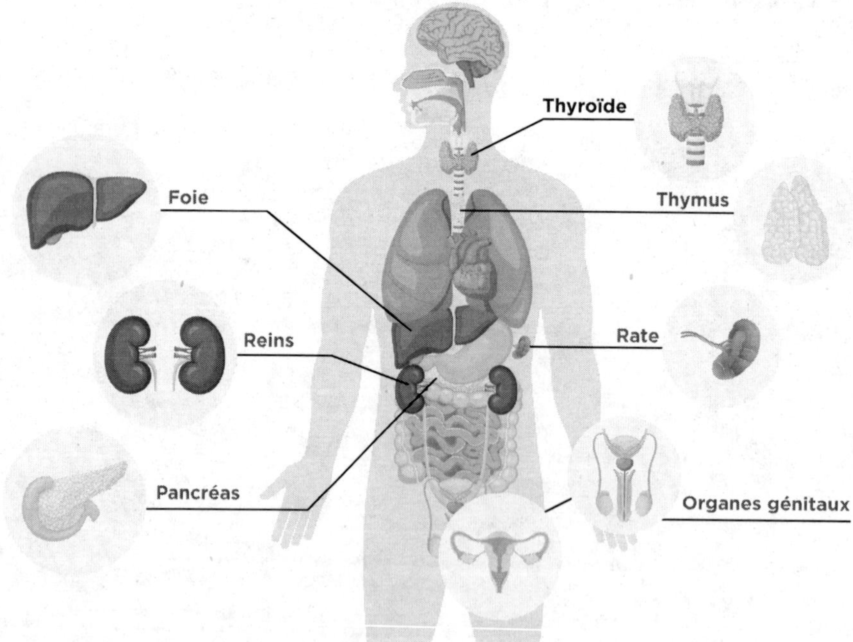
Thyroïde
Foie
Thymus
Reins
Rate
Pancréas
Organes génitaux

- Puis vers l'avant, au niveau de l'hypophyse.
- Vous pouvez éprouver un engourdissement ou une pression à ce point.
- Ressentez intensément ce point de ravissement, entre les deux sourcils, ressentez ce sourire au niveau de l'hypophyse et de la pinéale.
- Ces deux glandes baignent dans la joie et la tranquillité, tellement qu'un sourire commence à émerger, partant de votre front, descendant doucement et s'imprimant sur vos lèvres. Vos lèvres affichent un délicat sourire paisible.
- Ressentez ce sourire sur vos lèvres.
- Puis, faites descendre ce sourire au niveau de votre gorge, à votre thyroïde. Prenez le temps de le voir, tel un papillon léger et soyeux tout à la fois.
- Poursuivez votre chemin vers le thymus, faites un sourire à votre protecteur immunitaire.
- Arrêtez-vous à votre cœur. Saluez-le chaleureusement, il est votre ami de toujours.
- Continuez vers le plexus solaire et déposez ce sourire à votre foie, votre pancréas et votre rate. Faites-leur un sourire radieux rempli de soleil.
- Allez vers les deux surrénales, ces deux petites pyramides au-dessus des reins ; elles vous donnent solidité et chaleur.
- Descendez jusqu'au bas-ventre vers les organes génitaux, créateurs de vie. Ils sont également reliés à l'hypophyse.
- Ensuite, remontez de nouveau à l'hypophyse, qui irradie à son tour ce sourire dans tout le système nerveux parasympathique, votre système de détente, lequel favorise un état de relaxation et de régénération. Ce bienfaisant sourire parcourt maintenant tout votre corps. Restez quelques minutes ainsi et laissez votre sourire accomplir ses bienfaits.
- Rempli de gratitude, remerciez votre corps pour ce merveilleux travail de coopération qu'il vient d'accomplir.

Votre joie lumineuse augmentera tout au cours de la journée. Elle irradiera tout autour de vous et apportera beaucoup de joie à tous ceux que vous rencontrerez au cours de la journée. Un cadeau que vous donnerez gratuitement.

CHAPITRE 22

LE SERVICE ET LE BÉNÉVOLAT

Notre corps n'est-il pas un modèle d'harmonie de coopération cellulaire gigantesque ?

Tout travail que nous effectuons devient un service, qu'il soit rémunéré ou pas. Le service est important, qu'il soit sous forme de travail que nous accomplissons chaque jour ou qu'il soit sous forme de bénévolat. Le service inconditionnel ou sans attente nous aide à nous décentraliser de notre petite personne. Sa qualité dépend grandement des relations que nous aurons su créer. Tout travail bien intentionné devient un acte de générosité que nous apportons dans la vie de l'autre et l'est tout autant pour soi.

Lorsque Gaétan était médecin, il suggérait à ses patients déprimés de s'impliquer dans du bénévolat, étant donné qu'il croit fermement en l'efficacité de cette « prescription ». Les antidépresseurs ne sont pas supérieurs au placebo, affirment les études depuis quelques années [54-56]. Et pourtant, c'est encore un médicament très prescrit et qui rapporte des milliards. Pourquoi s'appuyer sur une béquille au lieu de corriger la situation de façon nettement supérieure ? Tout travail et projet stimulent la pensée de l'humain dans une direction positive et chasse par le fait même sa morosité. Il m'est souvent arrivé de voir des gens très aisés qui devenaient, à force de vacances multiples, désabusés.

Comme Philippe l'explique durant certaines de ses conférences, lorsque nous faisons un acte altruiste ou de gentillesse, nous arrêtons d'être centrés sur nous-mêmes et nous avançons dans le niveau 2 du bonheur [57]. Selon une étude en 2005, il existe une forte corrélation entre le bien-être, le bonheur, la santé et la longévité des personnes qui font preuve d'altruisme, tant qu'elles ne sont pas submergées par les tâches d'aide [58].

Quand nous aidons autrui, nous devenons UN avec lui. La non-localité s'opère et si nous portons attention à nos sentiments, nous pouvons ressentir une expansion, une légèreté qui nous apporte alors des points pour « augmenter notre bonheur ».

Nous sommes sans frontières, sans fin et tous interconnectés. Ce que nous faisons à autrui, nous le faisons à nous-mêmes.

Une étude nous montre que si nous dépensons de l'argent pour quelqu'un d'autre, cela nous apporte plus de bonheur que si nous en dépensons pour nous [59, 60]. Le fait de dépenser pour soi-même est un geste dualistique. Alors que dépenser pour autrui crée un effet d'unicité avec l'autre et nous permet de faire l'expérience du bonheur.

Soyez gentil ! Cela vous apportera beaucoup de bonheur.

VOUS VENEZ D'ÉLARGIR VOTRE CONSCIENCE.

Pour que ce changement devienne une réalité, répondez aux questions de réflexion relatives à ce chapitre dans votre **Guide d'accompagnement.**

➡ Si vous ne l'avez pas encore reçu, téléchargez votre guide et les bonus ici :

Scannez le code QR ou rendez-vous sur **https://vitaquantum.com/cadeaurepense**

CHAPITRE 23

LES GENTILS AUSSI MÉRITENT DE RÉUSSIR

DE YANNICK ALAIN

Avant d'être entrepreneur, Yannick Alain a eu une carrière de commercial, directeur commercial et directeur général, qui l'a appelée à diriger et mettre sur pied des équipes commerciales pour Microsoft, Toshiba, Intel et de grandes marques dans le domaine du high-tech.

Passionné par l'humain et le développement personnel, il a décidé de réconcilier tous les vrais « gentils » avec leur humanité et le business.

Il a donc décidé de fonder son propre centre de formation axé sur l'entrepreneuriat, le marketing, le commerce éthique et la connaissance de soi qui cartonne depuis 2016. (Plus de 7000 élèves et plus de 10 millions de chiffre d'affaires depuis 2016.)

Il a ensuite créé des événements d'inspiration comme la journée de l'audace (un peu partout dans le monde: France, Suisse, Belgique, Canada, Corse) et le *NeuroBusiness Live* (plus de 1 000 à 1 500 personnes à chaque représentation, notamment au Grand Rex).

Il a écrit le livre best-seller *Les gentils aussi méritent de réussir* et il a préfacé un livre majeur de Napoleon Hill, *La maîtrise de la persuasion*. Ce Napoleon Hill qui a aussi écrit *R*éfléchissez et devenez riche.

Yannick Alain est également cofondateur de la chaîne ABC Talk, la première chaîne du bien-être et du développement personnel (8 millions de vues par mois). Il a déjà reçu comme invités Flo Delavega, Gérard Darmon, Liane Foly.

Voici pourquoi il est le plus crédible pour parler de comment « les gentils aussi peuvent réussir dans leur vie », comme le fait Adam Grant Ph. D. qui en parle aussi dans son livre *Donner et prendre* (*Give and Take*).

Ces bonnes personnes qui ne peuvent dire NON. La gentillesse est une belle qualité, mais elle a aussi ses défauts ! Dire OUI pour les gentils est facile, mais dire NON leur crée beaucoup de pression ou même la peur d'être rejetés. Par ce fait, le bonheur leur glisse entre les doigts. Pour eux, dire NON demande beaucoup de courage, de fermeté comme tout autant de faiblesse.

Sommes-nous capables de dire un NON franc, sans arrière-pensée et sans excuse, sans les lèvres pincées et hésitantes ?

ALLONS VOIR CE QUE YANNICK ALAIN NOUS RÉVÈLE SUR LES GENTILS :

Je me souviens très bien de ma première rencontre avec Philippe. Je l'ai connu le jour où il a rejoint pour la première fois un cercle d'entrepreneurs dont je fais partie. On perçoit tout de suite son esprit brillant, son sérieux et sa franchise. Et ce qui a rendu cette rencontre mémorable pour moi, ce fut à quel point il ne s'inscrivait dans aucun des schémas comportementaux habituels d'une personne qui arrive dans ce type de groupe.

Pour que vous compreniez la suite, il faut que vous sachiez que ce cercle est constitué de personnes ayant rencontré un grand succès dans leur milieu. Certaines d'entre elles sont littéralement des *stars* dans leur domaine. La plupart des nouveaux intégrants que j'ai vus arriver, malgré leur succès, ont tendance à être au moins un peu impressionnés. Philippe, lui, est arrivé avec une grande tranquillité.

On ne percevait pas du tout chez lui le besoin de prouver quoi que ce soit, d'être validé et même apprécié. Là où la plupart font des efforts pour se montrer sympathiques et connectés avec tout le monde, lui n'était pas dans une démarche de séduction. Je dirais même plus : il ne se prêtait pas du tout à ce jeu social.

Au premier abord, cela m'a déstabilisé. Je suis d'une nature très sociable et quand je rencontre quelqu'un, je vais m'approcher pour connecter, créer un lien, apprendre à connaître la personne. Mais face à Philippe, je ne trouvais pas d'accroche. Il ne s'inscrivait tellement pas dans ce besoin de créer une connexion que je ne savais littéralement pas par quel bout le prendre ! Cela a servi à alimenter davantage ma curiosité et, je dois dire, une certaine fascination face à ce comportement inhabituel. Il y avait quelque chose chez lui qui me disait que je devais creuser. Et cette chose-là avait à voir avec mes attentes. Mais pas juste les miennes : les attentes plus ou moins universelles que l'on a les uns envers les autres, socialement parlant.

Quand je l'ai rencontré, Philippe ne cherchait pas à se montrer gentil. Pourtant, en apprenant à le connaître, j'ai découvert une personne sensible, bienveillante, attentionnée, avec qui je partageais beaucoup de valeurs, dont celle de la gentillesse.

Il s'agit d'une valeur profondément importante pour moi. Au point que j'ai écrit un livre à ce sujet, *Les gentils aussi méritent de réussir*. Je crois que la gentillesse n'est pas justement représentée dans notre société et je sais que nous avons tellement à gagner à réfléchir à notre relation avec elle. Avez-vous déjà remarqué qu'être gentil, c'est très valorisé quand on est enfant, mais devient presque un handicap quand on grandit et qu'on doit entrer dans le jeu de la société « moderne » ?

Quand, il y a quelques années, lors d'un séminaire de développement personnel où j'intervenais comme conférencier, mon ami Martin Latulippe m'a présenté comme étant un « gentil », j'ai grincé des dents ! Cette réaction face à l'une de mes valeurs principales m'a beaucoup surpris. D'autant plus qu'à l'époque, je pensais avoir fait la paix avec cette partie de moi. Cela m'a appelé à énormément creuser autour de cette notion.

Ce qui m'amène à la raison pour laquelle Philippe m'a autant intrigué. Il est un exemple vivant d'une notion clé de la gentillesse : l'INTENTION que l'on met derrière. C'est de cela que je voudrais vous parler aujourd'hui, ainsi que de la raison pour laquelle notre relation à cette notion est intrinsèquement liée à des blessures que l'on a tous vécues.

Vous êtes-vous déjà demandé pourquoi est-on gentil ? Quelle est l'intention que l'on met derrière un acte de gentillesse ? Pour comprendre, jetons un coup d'œil en arrière.

Quand on est enfant, on est aimé inconditionnellement. Notre entourage et le monde n'ont pas d'attentes particulières de nous. ÊTRE suffit. Mais plus on grandit, plus on va nous imposer des conditions pour recevoir la validation. Avoir de bonnes notes, ranger notre chambre, rentrer à l'heure sont des exemples de choses que l'on attend de nous et qui vont conditionner notre accueil à la maison.

Socialement aussi, à l'école et particulièrement à l'adolescence, lorsque tout le monde se cherche, se compare, se découvre, les comportements différents sont bien souvent stigmatisés. Tout nous invite à changer notre façon d'être pour être validés, appréciés. Plus le temps passe et les enjeux augmentent, plus on va avoir d'attentes envers nous. Moins ÊTRE est suffisant pour recevoir la validation des autres. Même des nôtres.

Grandir, ça veut aussi dire, dans beaucoup de cas, en arriver à la conclusion (souvent inconsciente) que pour être aimé et validé, ÊTRE n'est plus suffisant. Il faut aussi — et parfois surtout — FAIRE.

L'amour n'est plus totalement inconditionnel. Et à partir du moment où l'on met des conditions dans nos relations, les choses se compliquent, car nous entrons dans la « transactionalité. »

« Si tu as de bonnes notes, je serai fier de toi. »

« Si j'ai de bonnes notes, mes parents m'aimeront davantage. »

« Si je suis gentil, alors peut-être on sera gentil avec moi. »

« Si je rends ce service, alors on me rendra peut-être un service quand j'en aurai besoin. »

« Si je dis oui, alors on m'aimera davantage. »

Je crois qu'il y a plus d'une énergie qui nous pousse à être gentils et que l'une d'entre elles est l'avidité. Quand on est gentil avec quelqu'un pour obtenir quelque chose, on est avide. Avide de sa validation. Avide de son affection.

Rien de péjoratif là-dedans, si nous sommes avides, c'est parce que nous sommes « à vide » de quelque chose. Le plus souvent, c'est un grand besoin d'amour qui motive notre gentillesse. On souffre tous de ce passage de l'ÊTRE au FAIRE. Et le plus souvent, la « transactionalité » dans nos relations entretient cette souffrance et nous fragilise, puisque l'on dépend des autres pour se sentir bien (et perdre l'autre peut devenir une véritable condamnation).

Lors de ma rencontre avec Philippe, au début, je ne l'ai pas trouvé sympathique parce qu'il ne répondait pas à MON besoin de validation. Pourtant, c'est quelqu'un de profondément gentil. En apprenant à le connaître, j'ai mis le doigt sur ce qui m'avait tellement intrigué lors de notre rencontre : il incarne quelqu'un qui n'est pas (plus ?) dans la « transactionalité. »

Il est bienveillant, mais ne cherche pas la validation. Par conséquent, il n'a pas certains comportements auxquels l'immense majorité recourt pour se maintenir en sécurité dans un contexte social.

Je le redis, être animé par l'énergie du besoin n'a rien de négatif en soi. **Je crois que nous sommes tous blessés à notre manière (je suis d'avis qu'il n'y a pas de gens réellement méchants, juste des gens blessés)...** Et que nous cherchons tous à combler un vide à travers nos relations, du moins jusqu'à ce que l'on se rende compte que nous sommes la seule personne qui peut le faire.

J'ai beau avoir écrit un livre sur la gentillesse, je me prends régulièrement la main dans le sac à être gentil pour obtenir des choses. Comment l'éviter, quand être gentil m'a tellement apporté toute ma vie ? L'amour des autres, de magnifiques amitiés, des mains tendues, des chances données de faire mes preuves qui m'ont aidé à construire ma carrière, je dois tellement à la gentillesse !

Mais je suis conscient qu'être gentil est ma manière de me faire aimer. Que parfois, ce n'est pas gratuit. C'est une part de moi que j'essaie d'accepter pleinement et d'aimer au même titre que les autres. Je crois que cela fait partie du chemin de guérison que nous empruntons tous à notre façon. Accepter nos zones d'ombres, être gentils avec nous-mêmes pour que cette gentillesse puisse réellement rayonner à l'extérieur.

C'est à partir du moment où l'on comble notre propre vide que l'on cesse d'avoir BESOIN des autres et que l'on peut véritablement rayonner une gentillesse qui n'attend rien en retour. Que l'on peut être dans le don inconditionnel, en pleine conscience.

Peut-être vous demandez-vous ce qu'il advient des individus qui tirent parti de la gentillesse d'autrui ? Je crois qu'à partir du moment où l'on est en pleine conscience, on n'a plus grand chose à perdre. Si l'on donne à quelqu'un parce qu'on en avait envie et que cette personne ne réciproque pas, est-ce que cela nous a vraiment appauvris ? Que gagne-t-on à penser ainsi ? En fin de compte, même si l'on a une mauvaise surprise, on aura toujours gagné un enseignement.

Peut-être me direz-vous également que la « transactionalité » est nécessaire dans certains cas… et vous aurez raison ! Comme pour toute chose dans la vie, il y a un équilibre à trouver entre le « trop » et le « pas assez ». Entre être trop gentil et ne pas être suffisamment sélectif, et être tellement détaché qu'on ne construit rien.

Finalement, pour être gentil avec les autres, **il faut commencer par être gentil avec soi.** Cela passe inévitablement par poser des limites.

Ne plus se laisser guider par le besoin, mais par la conscience, nous met dans une position nouvelle : nous devenons notre propre arbitre. Cela nous demande parfois de prendre volontairement un pas de recul vis-à-vis de nous-mêmes pour analyser la situation, interroger notre intention, grâce à quoi nous pouvons choisir consciemment si l'on donne, quand et à qui.

Rassurez-vous : je ne suis pas parfaitement gentil non plus ! Je ne suis pas un être illuminé vivant en position du lotus, plongé dans l'observation de soi. Je suis une personne imparfaite avec ses aspérités, ses parts d'ombre et ses parts de lumière. Et je crois que l'on ne doit pas être trop durs avec nous-mêmes quand on met des attentes déraisonnables ou que l'on se rend compte qu'on a agi parce qu'on voulait quelque chose de l'autre. Personnellement, quand je me surprends à adopter une de ces démarches, j'essaie d'en rire. Puis, je corrige. Nous sommes humains et imparfaits, c'est en faisant des erreurs et en apprenant d'elles que l'on grandit.

Pour conclure, j'aimerais vous partager trois questions qui m'aident à être mon propre arbitre quand je doute de mon intention.

1. Est-ce que j'ai VRAIMENT ENVIE de le faire, et POURQUOI?
2. Est-ce JUSTE pour l'autre de lui rendre ce service? (Suis-je en train de lui ôter la responsabilité de quelque chose qu'il ou elle a besoin d'apprendre?)
3. Est-ce que c'est juste POUR MOI (pour ne pas entrer dans le SACRIFICE)?

Je me sers de ces questions très souvent et elles m'ont beaucoup aidé. Mais la plupart du temps, je suis mon intuition. Une part de nous connaît déjà la réponse.

Plus on apprend à se connaître, plus on met de conscience sur notre intention, plus on va se libérer de la «transactionalité». Ce ne sera alors plus la peur, le manque et le besoin qui nous animeront, mais l'abondance. C'est une démarche magnifique, bien que confrontante, et elle vaut mille fois la peine. Car à partir du moment où nous nous éloignons de la «transactionalité», où nous nous libérons du BESOIN de validation de l'autre, nous nous rendons compte que nous n'avons pas besoin de FAIRE pour être aimés... Qu'ÊTRE suffit.

Alors, notre enfant intérieur explose de joie et l'adulte en nous se sent enfin libéré.

Comme Yannick nous l'a démontré, nous pouvons voir le lien de la gentillesse souvent camouflé avec l'égocentrisme, niveau 2 du bonheur. Tu es gentil pour avoir quelque chose en échange comme de l'amour, un service, de l'argent, de la reconnaissance, etc. Il faut comprendre que cela est normal, mais plus nous sortirons de cette transaction, plus nous irons vers le niveau 3 du bonheur, la santé mentale positive. C'est la dualité entre avoir quelque chose ou être heureux. C'est à nous de choisir.

L'approbation et l'acceptation des autres font partie des gentils. Il faut parfois que le NON fasse aussi partie de notre vocabulaire et que nous devions le réapprendre. Ce même NON qui était très présent alors que nous avions deux ou trois ans. Il nous faut apprendre à dire NON parfois pour être mieux compris, pour se respecter et apprendre à s'aimer davantage et non pour tenter de combler un vide par le partage.

CHAPITRE 24

APPRENDRE À SE RESPECTER ET À S'AIMER

Qui sommes-nous réellement ? Sommes-nous simplement ce corps physique ou ce corps physique n'est-il qu'un véhicule pour notre incarnation actuelle ?

Comme nous l'avons déjà mentionné, ce corps physique nous permet de vivre l'expérience de ce monde matériel. Ce qui nous définit est la somme des énergies de notre corps vital, mental et supramental. Ce corps n'est pas le fruit du hasard, d'une coïncidence ou de la malchance, nous avons choisi notre ADN avant de revenir ici en choisissant nos parents. Il a ensuite évolué en fonction de nos traumatismes, de nos expériences passées et de nos conditionnements. Peu importe l'apparence de notre corps physique, il est parfait pour notre évolution.

Il faut éviter de le juger et surtout de le critiquer, chose pas facile. Que de foules de petits défauts nous lui reprochons ! Et plus les années avancent, plus nous en voyons. Tant et si bien que nous voulons le transformer. Il n'est pas parfait et il est bien de vouloir le garder en bonne santé avec une apparence jeune incluant un bon mode de vie. Quelques petits correctifs pourront parfois être nécessaires, mais souvent, nous allons trop loin. On enlève, on ajoute, on étire, puis on finit par détester notre corps tellement il n'est plus reconnaissable. Nous croyons que l'on corrige à l'excès. Ceci est un signe que nous ne nous acceptons pas notre corps tel qu'il est. Nous avons l'opportunité d'améliorer les contours de notre corps avec les chirurgies plastiques actuellement. Mais qu'en est-il de notre acceptation du chef-d'œuvre? Beau, plus beau, encore plus beau sont tous des qualificatifs qui sont personnels et qui varient d'une personnalité à l'autre. Sommes-nous capables de nous aimer et d'aimer notre corps en tant qu'objet de croissance évolutive?

Nous voyons tous des gens, des super modèles, qui n'aiment guère leur apparence, qui ont peu d'estime pour ce beau modèle qu'ils incarnent et qui sont d'une tristesse maladive. Puis, à l'autre bout du spectre, il y a ces modèles ordinaires, ces modèles communs, mais qui sont habités par cette joie de vivre. Leurs rides leur vont si bien! Nous y retrouvons une expression heureuse et joyeuse que les années ont déposée et qui participe à la symphonie de la vie.

Le corps est un précieux outil d'évolution sur cette terre. Si nous prenons le temps de l'observer, nous serons émerveillés. Il est biologique et il est normal qu'il subisse les effets du temps. Acceptons-le et aimons-le inconditionnellement. Plus nous lui rendons hommage, plus il nous sert et conserve sa beauté malgré les années.

Rappelez-vous: nos pensées créent notre réalité que nous pouvons améliorer avec des pensées positives. Ce qui compte le plus, c'est un corps qui rayonne et vibre avec qualité, bien au-delà de la beauté plastique. Pratiquons la gratitude envers cette merveille divine qu'est le corps humain comme dans cette invocation-intention à la vie:

LOUANGE À LA VIE

Tout ce qui compose la totalité de mon corps
se recrée continuellement.
Chaque cellule est à l'image de Dieu.

Composé du Son et de la Lumière, mon corps est
une perfection rare et magnifique.
Je glorifie l'âme que je suis et tous les atomes
qui vibrent en ses corps.
Je remercie chaque atome, cellule et organe pour
leur coopération harmonieuse.
Je rends grâce à leur intelligence supérieure
Et à leur pouvoir merveilleux de guérison et d'éternelle jeunesse.

Je louange tout le travail accompli en moi dans le passé,
le présent et le futur.
Ainsi, je jouis d'une santé florissante,
d'un bien-être extraordinaire.

Dans mon corps, chaque système opère dans la joie
Et procure un rendement fantastique.
Avec un court sommeil récupérateur,
Je suis rempli d'une énergie divine et d'une endurance inlassable.

Un esprit brillant et logique
Anime en moi un courant continu de pensées positives
et créatrices qui,
Avec habileté, se traduisent dans mes écrits et mes paroles.

L'Esprit circule partout en moi,
Apportant pureté, beauté, sagesse, liberté et amour.

Je suis en perpétuelle communication intérieure avec Dieu
et la Nature.

De façon individuelle, j'ai accès au Pouvoir qui m'attribue
une mémoire parfaite
Et un esprit créatif grandissant en tant que canal pour l'Esprit.
Mon état de conscience se développe à l'infini.
Je suis sans âge, éternel et illimité.

Rien ni personne ne peut m'affecter, me toucher ni me blesser.
Je suis étincelle rayonnante du Son et de la Lumière.
Je suis maître de ma mission et fidèle travailleur dévoué de Dieu.

Ici et maintenant, dans la joie et l'amour, avec enthousiasme,
Je gratifie et sers toute vie.

L'Esprit me fait voir, entendre et comprendre toute Réalité.

Merci à toi, Esprit de Pouvoir et de Création.

– Etbonan Karta
Fondation POORNA-JNANA YOGA

CHAPITRE 25

CULTIVER LA GRATITUDE

Philippe : *Lors de mon voyage de six semaines au Népal, en 2022, j'ai eu la chance de faire une formation sur le traitement avec les bols tibétains, une retraite bouddhiste, le camp de base de l'Everest et des entrevues privées avec différents moines bouddhistes tibétains.*

J'ai eu la chance d'avoir un entretien avec Jigmé Rinpoché et je lui ai demandé : « Si tu as un conseil pour être plus heureux, quel est-il ? » Il m'a répondu : « Be content, be content with what ever happened in you in life. » *Ce qui veut dire : sois heureux, satisfait, peu importe ce qui t'arrive dans la vie.*

Attention ceci ne veut pas dire de ne pas réagir, mais d'avoir de la gratitude pour chaque instant. À ce moment-là, il n'y a plus rien de bien ou de mal.

Il faut s'habituer à développer des émotions positives (bonheur du niveau 2) pour que le corps en profite. Ne pas attendre que les émotions positives arrivent de l'extérieur. Il faut les créer intérieurement et en faire profiter le corps positivement. Commencer par ÊTRE heureux et non attendre de FAIRE pour AVOIR et ÊTRE heureux par la suite. Vous avez la capacité de créer intérieurement une émotion positive dont le corps bénéficiera automatiquement à son tour. Vous êtes des créateurs, ne l'oubliez pas et servez-vous de vos talents.

Créez des émotions positives maintenant par votre intention et ceci va teinter automatiquement tout votre corps. Soyez magicien ! À partir de maintenant, pensez à quelque chose que vous avez, que vous avez toujours eu, et que vous avez oublié, tant il est toujours présent gratuitement dans votre vie. Revivez cette impression agréable. C'est tout votre corps qui en retrouvera les bienfaits.

Soyez reconnaissants et ayez de la gratitude d'avoir l'eau courante dans votre maison, d'avoir de la nourriture ou de l'électricité et même du chauffage tous les jours, d'avoir la santé et la vie en ce moment... Imaginez ce que vous avez!

Vous pouvez vous comparer à d'autres personnes et vous réaliserez tout le potentiel que vous avez. Mais attention, car la comparaison est souvent une des sources de malheur des plus importantes. Nous voulons toujours plus que ce que nous avons, car une autre personne a quelque chose que nous n'avons pas et vous avez quelque chose que d'autres n'ont pas.

Nous n'aimons pas la comparaison, mais cela est parfois utile pour une mise en évidence des bienfaits que vous avez. Que vous avez oubliés tellement cela vous est familier. **La familiarité tue non seulement la présence, mais tout autant le bonheur.** Combien de choses importantes et nécessaires avons-nous, utilisons-nous et bénéficions-nous, mais finissons-nous par oublier, sous prétexte de leur présence constante ou même gratuite?

Pensez-vous à la gratitude lorsque vous êtes en santé?

Exercice: Alors que vous êtes investis d'un thème de gratitude, ralentissez votre lecture. Ressentez cette petite joie de plénitude face à ce cadeau que vous avez tous les jours sans effort. Fermez les yeux, respirez et reconnaissez ce bienfait et ce présent. Ressentez de la gratitude, de la reconnaissance, de l'appréciation pour ces bienfaits que vous avez fini par oublier par insouciance, par familiarité. Laissez-vous imprégner par ces émotions positives que vous venez de créer personnellement et intentionnellement. La gratitude est et sera toujours le vaccin par excellence contre la dépression.

Lorsque Gaétan était médecin, il est arrivé de suggérer à des gens fortunés et dépressifs d'aller passer un mois ou deux dans un pays sous-développé, que ce soit en Inde, au Tibet, au Népal, en Thaïlande ou au Vietnam. Ces pays sont encore qualifiés de sous-développés au niveau matériel, mais sont aussi souvent plus développés au niveau bonheur.

Nous sommes portés à apaiser notre souffrance et notre malheur par une distraction plaisante venant de l'extérieur, mais qui ne corrigera pas la cause de cette souffrance et de ce malheur. C'est souvent ce type de fonctionnement inconscient qui nous porte vers la dépendance au plaisir.

À la place de continuer à ressentir cette souffrance, vous pouvez créer intentionnellement une émotion positive de gratitude et focaliser sur cette émotion que vous venez de créer. Le corps ne fait pas de différence entre ce qui est créé intérieurement ou extérieurement. Vous venez de créer une nouvelle réalité par ce moment présent. À son tour, avec ce sentiment de gratitude, votre corps va métaboliser de nouvelles protéines de bonheur dont il va pouvoir profiter aussitôt. Tous vos organes se réjouiront.

Le rêve devient réalité; vous êtes le créateur et vous influencez votre quotidien. Effectuez cet exercice tous les jours et même plusieurs fois par jour. C'est votre amour de vous-même que vous allez redorer. Vous êtes digne d'en recevoir les attributs positifs par cet acte de gratitude.

Il faut privilégier l'intelligence du cœur à l'intelligence cérébrale. Le cœur émet un champ magnétique qui vous irradie et qui irradie tout autour votre environnement. Nous sommes tous interreliés, interconnectés et ce que nous vivons, nous le communiquons à autrui nécessairement, sans effort et conscience. Cela se fait par la loi de partage et d'unité. D'ailleurs, les autres participent également à votre mieux-être. Pourquoi ne pas remercier ces gens qui ont des pensées positives pour vous, même à votre insu?

Voici un petit exercice pour mettre le bonheur dans votre quotidien. En débutant la journée, énumérez une gratitude qui vous vient à l'esprit:

Ce matin, au déjeuner, je remercie la vie pour...

Poursuivez ainsi à d'autres moments de la journée:

À l'heure du dîner, je remercie la vie pour...

À l'heure du souper ou au coucher, je remercie la vie pour...

Vous pouvez aussi mettre en place un agenda des actions positives que vous avez créées au cours de la journée. Notez les actions positives pour vous-même et celles pour autrui.

Récitez une louange à la vie tous les jours en vous imprégnant lentement de ces paroles. Inspirez ces émotions positives. Vivez-les intérieurement et celles-ci pourront se matérialiser dans votre corps à leur tour. Vous devenez plus positif, plus optimiste, plus créatif, car vous attirez ce que vous voulez dans le champ quantique de votre vie. Vous êtes ainsi créateur et en synchronicité pour une vie abondante!

CHAPITRE 26

SAVOURER LA VIE AVEC CONSCIENCE

Respirez consciemment, écoutez consciemment votre musique favorite, dansez sur un air que vous aimez, peu importe, bougez consciemment. Épluchez vos oignons consciemment en méditant ou en récitant un mantra. Vous bénissez tout autant la nourriture que vous préparez et que vous servirez. « Chérie, ton sauté de légumes est meilleur que d'habitude, qu'est-ce que tu as mis dedans en plus ? » C'est le moment présent imprégné des pensées positives qui attendrissent les mets et les rendent plus savoureux et plus nutritifs.

Les aliments ne sont pas seulement des apports caloriques, mais aussi des apports vibratoires positifs appelés Prana ou Chi, l'aspect vital. Donc si on prend le concept que tout est Conscience et que notre corps physique a un corps vital, pourquoi cela serait-il différent pour un aliment ? Un adulte à maturité est plein de force vitale et lorsqu'il n'a plus de force vitale, il meurt [61]. C'est la même chose avec notre alimentation, c'est pourquoi nous conseillons une alimentation non transformée et la plus fraîche et locale possible. Nous avons déjà vu des gens qui, après avoir donné de l'amour à certains aliments, ont constaté que l'aliment ne pourrissait pas et ne faisait que sécher.

Être conscient de ce cadeau qu'est la nourriture est un apport important dans la santé. Avoir de la gratitude pour la nourriture que nous avons et que l'on peut savourer est la première étape d'une bonne alimentation qui nous donnera l'énergie et la bonne humeur.

Tout commence par la conscience de la nourriture. Nous avons la liberté de pouvoir mordre dans une pomme, de pouvoir consommer des légumes de toutes sortes et de toutes les couleurs de l'arc-en-ciel, n'est-ce pas fantastique ?

Nous pouvons apprendre beaucoup sur nous-mêmes en comprenant le symbolisme de nos aliments favoris. Il n'y a pas de hasard dans le choix spontané d'un aliment. Quel est le *feeling* que le corps vous envoie devant un aliment ? Tout est énergétique. La vie nous offre des choix fantastiques et nous devons développer le plus grand respect face à ce bien précieux qu'est la nourriture.

Pourquoi avoir seulement un terrain avec un beau gazon vert, mais sans utilité et rempli d'engrais et herbicides toxiques ? Pourquoi ne pas faire un petit potager et y cultiver vos légumes et vos épices préférés ? Cette activité favorisera la détente et la conscience, augmentant la qualité vibratoire de vos aliments.

À la table, soyez dans votre assiette : regardez les couleurs, humez l'odeur, manipulez les aliments avec un ustensile, mastiquez lentement, ressentez dans votre bouche, goûtez et respirez de la gratitude. Éveillez tous vos sens, un sixième sens pourra émerger. Développez la présence, le *feeling*, car l'alimentation peut même devenir un médicament lorsque vous êtes en détresse et que vous voulez rétablir l'harmonie.

La connaissance de bons aliments pour assurer une qualité métabolique optimale sera capitale pour notre mieux-être. Se pourrait-il que l'alimentation puisse favoriser, générer et même accroître une partie de notre bonheur ? Tout est énergétique, tout est interconnecté.

Dans notre monde matériel, s'assurer d'avoir les bons nutriments devient une condition préalable à notre qualité d'être. Cela contribue à faciliter le bon fonctionnement de notre cerveau, de nos hormones et de nos molécules du bonheur.

Regardons ensemble ce que la femme de Philippe, Natasha Azrak, IFMCP, peut nous apprendre sur ce sujet fascinant et tellement important qu'est notre alimentation consciente. D'abord, laissez-nous vous présenter cette scientifique et militante de l'alimentation bienveillante.

CHAPITRE 27

L'IMPACT DE L'ALIMENTATION SUR NOS ÉMOTIONS ET NOTRE BONHEUR

NATASHA AZRAK, IFMCP

Natasha Azrak, bachelière en nutrition diplômée de l'Université McGill et certifiée par l'Institute for Functional Medecine (le Dr Hyman, l'a qualifiée de « Health Warrior », guerrière de la santé) nous parle des habitudes alimentaires que nous devrions adopter pour bien nourrir notre cerveau, diminuer le processus inflammatoire qui peut causer des débalancements au niveau de nos neurotransmetteurs (messagers de notre cerveau) et bien plus.

Experte en santé fonctionnelle depuis plus de dix ans, Natasha a enseigné à l'Université de Montréal pour des professionnels de la santé, dont des médecins, et a accompagné des milliers de personnes avec des problèmes très complexes de santé.

Elle est reconnue pour sa passion et pour sa grande curiosité envers les dernières avancées scientifiques en santé naturelle. C'est elle qui avait fait la recherche scientifique de toutes les preuves et citations/études (plus de 300 !) du premier livre du Dr Brouillard *La santé repensée*. Elle a également collaboré à son deuxième livre, *La douleur repensée*, en écrivant le chapitre sur la nutrition.

Son talent de vulgarisation (vous allez voir!) fait d'elle une conférencière internationale très populaire. Elle a collaboré avec plusieurs compagnies comme L'Oréal, Vichy Laboratoires, Radio-Canada (RDI), TV5, Global News et plusieurs autres.

Son approche est celle qui est reconnue par les grandes instances de la médecine fonctionnelle et qui démontre actuellement des bienfaits indéniables pour ce qui se rapporte à des maladies neurodégénératives et complexes. D'ailleurs, toute la question de la nutrition et des perturbations de notre flore intestinale est à l'ordre du jour dans tous les milieux médicaux éclairés. Il s'agit d'un sujet fascinant. Allons voir ce que Natasha Azrak nous révèle sur la santé:

Durant le début de ma formation en médecine fonctionnelle, je me rappelle encore la première prise de conscience que j'ai eue à propos du fait que **je n'étais pas vraiment «paresseuse» ou «trop négative, lourde ou malheureuse»**. J'avais plutôt un **débalancement biochimique dans mon corps**.

Si, jusqu'à présent, vous ne savez pas ce qu'est la médecine fonctionnelle, en gros, c'est une approche qui se focalise beaucoup plus sur le «pourquoi» que sur le «quoi». C'est donc moins important de savoir quelle maladie ou quel diagnostic est présent que de savoir **pourquoi** ils sont présents et qu'est-ce qui cause le tout. Cela permet de travailler en amont et en profondeur au lieu de «patcher» le symptôme.

Par exemple, ce n'est pas parce que deux personnes ont le même diagnostic qu'elles ont les mêmes causes. Plusieurs causes peuvent générer un même problème de santé et une cause peut générer plusieurs différents problèmes de santé, comme démontré à travers le diagramme suivant:

UNE CONDITION, PLUSIEURS CAUSES

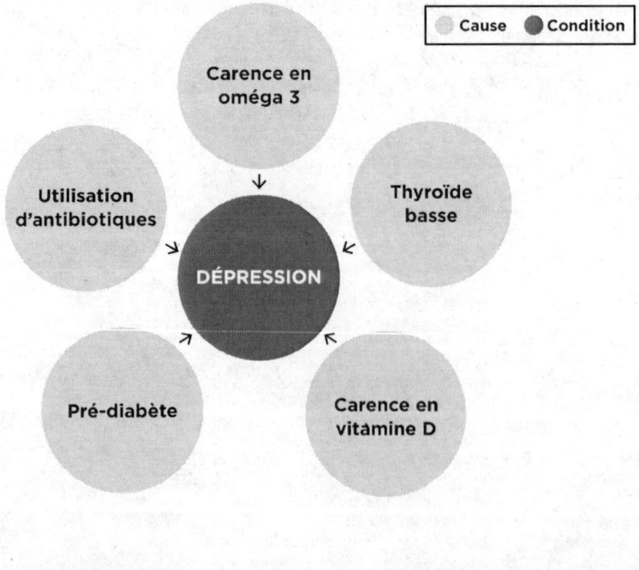

UNE CONDITION, PLUSIEURS CAUSES

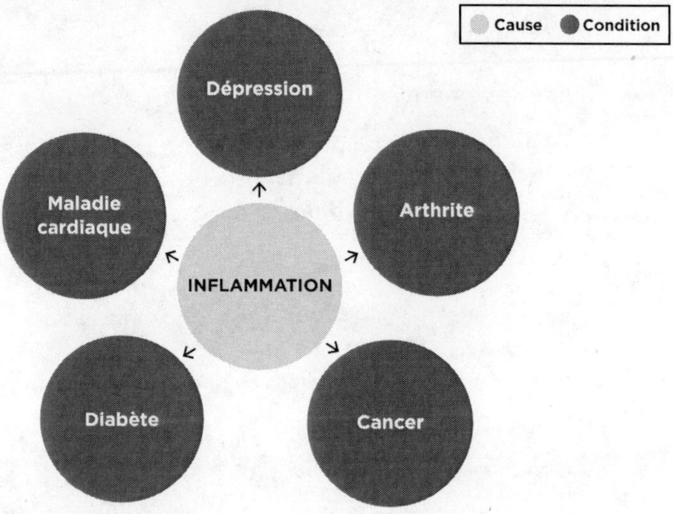

C'est important de savoir que ce n'est pas de la médecine, même si le nom de l'approche contient ce mot. Je ne suis pas médecin et même si j'ai un bac en nutrition, je ne pratique pas en tant que nutritionniste, car les méthodes de travail sont différentes. Mon rôle est plutôt de vous éduquer à comprendre le langage et le fonctionnement de votre corps physique pour que vous sachiez quoi faire. Pour tout problème de santé, toujours se référer à son professionnel de la santé.

Retournons aux premières semaines de ma certification. Imaginez, j'ai 21 ans, je viens de commencer il y a quelques semaines les premiers cours de certification et ils nous font faire sur nous-mêmes l'exercice d'évaluation pour trouver la cause du problème.

L'évaluation comprend plusieurs questions : « Ta mère avait-elle des problèmes digestifs avant de tomber enceinte de toi ? »

(Vous comprendrez tout à l'heure en écoutant les vidéos que j'ai préparées pour vous, pourquoi je suis autant passionnée de préparation à la grossesse et de maternité, parce que c'est justement là l'ultime prévention !)

Je me demandais tellement pourquoi ils posaient cette question !

« Es-tu née *par voie vaginale ou par césarienne ?* »

— Naturelle

« As-tu été allaitée ? »

— Je crois !

« Avais-tu des problèmes digestifs ? »

— Ouf ! Tellement !

- J'oscillais constamment entre diarrhée et constipation.
- Mes frères et moi, on faisait tout le temps des compétitions de pets et je gagnais chaque fois.
- Si jamais on partait en voyage, j'avais la gastro presque tout le temps avec des vomissements et la diarrhée. Je ne pouvais pas manger comme les autres, sinon j'avais mal au ventre, c'était horrible.

Mais je ne pensais pas que j'avais un problème. J'étais juste plus sensible que les autres.

« Avais-tu des douleurs ? »

J'avais très souvent mal à la tête, des migraines, mal au dos, des menstruations non seulement très douloureuses, mais qui duraient sept jours chaque mois et qui étaient tellement abondantes que je tachais très souvent mon matelas. Rien de pire que de devoir nettoyer tout ça en pleine nuit !

Et c'est là que j'ai eu un « flash ».

Je me suis rappelée que presque tous les *week-ends*, ma mère devait me supplier pour sortir du lit, pour aller soit à la plage ou faire des sorties. Et, chaque fois, je répondais d'y aller sans moi.

Pendant des années, je me blâmais d'être « paresseuse », de ne pas avoir envie de faire les choses comme les autres, d'être négative, sensible, malheureuse. Mais en regardant ma feuille de l'exercice d'évaluation avec tous ces défis écrits, je me suis dit pour la première fois : « Est-ce que finalement ce n'était pas moi le problème ? Mon problème se trouvait-il dans mon corps ? »

Sachez qu'il y a tellement de facteurs qui peuvent faire que vous ne vous sentez pas bien ! La bonne nouvelle, c'est qu'il y a des choses que vous pouvez faire à ce propos.

Je me suis rendu compte en écrivant ce chapitre, combien j'avais à dire sur le sujet. Ça pourrait représenter un livre entier! J'ai soumis 35 pages et c'était juste la moitié de ce que je voulais dire.

Vous comprendrez qu'il y avait une limite de pages que je pouvais soumettre, sans compter les plus de 100 références scientifiques. Donc, pour l'objectif du livre, j'ai résumé les propos les plus importants (ça a été TRÈS difficile de choisir les parties à partager pour que ce soit à la fois simple à suivre à l'écrit et pratico-pratique !). Mais si vous voulez la version entière incluant les références scientifiques, elle est disponible ici : https://uv.universvital.com/nutritionbonheur

Alors commençons par les bases fondamentales !

P.-S. : Au cas où vous ne voulez pas attendre la suite pour connaître la fin de mon histoire personnelle, sachez que j'ai été capable d'éliminer mes symptômes digestifs, mes migraines ainsi que le flux de mes menstruations qui ne durent maintenant que deux jours avec presque aucune crampe !

Une des raisons pour lesquelles j'avais choisi la nutrition (contrairement à l'architecture, alors que j'adorais les mathématiques, la géométrie et la physique) était parce que je ne pensais pas que j'aurais l'énergie et la capacité d'avoir un travail à temps plein en plus d'une famille. J'avais donc choisi la nutrition, car cela me permettait de travailler à temps partiel dans un petit bureau situé dans mon sous-sol. Rien de mauvais à ça, mais avec l'approche de la médecine fonctionnelle, j'ai pu trouver l'énergie de faire tellement plus ! Jamais je n'aurais cru que j'aurais une carrière, que j'aiderais tant de gens à l'international et que j'aurais plusieurs autres projets comme plusieurs programmes en ligne, construire un écovillage, etc.

Quand nous avons la santé, beaucoup plus que ce que nous pensons pouvoir faire devient alors possible. Comme le bonheur, car sans la santé, le bonheur n'y est souvent pas !

Et je ne suis pas la seule qui a eu ses résultats, plein de nos membres cliniques ont vécu la même chose.

Comment les bactéries influencent votre cerveau et bien plus !

Nous en entendons de plus en plus parler, notre système digestif est maintenant considéré comme notre deuxième cerveau, ce dont même Harvard parle dans son manuel *The Sensitive Gut* pour les personnes avec problèmes digestifs [62]. Ces deux organes ont un lien très serré [63].

Nous savons tous que lorsque nous sommes stressés, nous pouvons avoir des difficultés à digérer. C'est parce que nos émotions changent les bactéries dans nos intestins [64-67]. C'est pourquoi nous disons : « je le sens dans mes tripes ». Mais ce que la plupart des gens ne savent pas, c'est que votre intestin a également un impact sur votre cerveau.

Dans le manuel de Harvard, on explique comment un système digestif qui va mal peut envoyer des signaux au cerveau, tout comme un cerveau qui va mal peut envoyer des signaux à l'intestin [62]. Si vous avez un mauvais système digestif, cela peut également empêcher votre cerveau de bien fonctionner [68-73].

Les bonnes bactéries produisent 50 à 95 % des neurotransmetteurs (messagers de votre cerveau) [74]. Par exemple, le messager du bonheur, la sérotonine, est estimé être produit à 95 % par nos bactéries digestives [75] !

C'est pour ça que je dis souvent que notre système digestif n'est pas notre deuxième cerveau, mais notre premier !

Le microbiote altéré a été associé à des troubles neuropsychologiques, notamment la dépression et les troubles du spectre autistique [76]. Il y a en fait 80 % des nerfs qui vont dans la direction du système digestif vers le cerveau pour lui envoyer des messages et le contrôler alors qu'il n'y en a que 20 % dans le sens inverse !

Tout ça est important pour se sentir heureux, avoir un cerveau sain et avoir un bel équilibre émotionnel comme Gaétan et Philippe le mentionnent tout au long de ce livre !

Plusieurs personnes ne comprennent pas pourquoi ils souffrent de dépression parce que tout va bien dans leur vie — leur famille, leur travail, leurs finances et leurs loisirs. Ce qui est très frustrant, parce qu'il n'y a rien de pire que de ne pas avoir le goût de se lever le matin, alors que nous n'avons aucune bonne raison pour ça. Un peu comme moi dans mon enfance.

Lorsque je creuse plus profondément, je découvre que les personnes présentent souvent des symptômes digestifs tels que des ballonnements, de la constipation et d'autres troubles. Cependant, nous avons appris à accepter ces symptômes, tant qu'ils restent dans les limites de la norme, et nous les camouflons. Cette attitude nous déconnecte de nos sentiments et de notre corps et nous coupe aussi de notre bonheur.

Une fois que nous intervenons pour rétablir la santé du système digestif, nous constatons que la plupart des symptômes de dépression disparaissent. Les individus développent ainsi une plus grande conscience de leur corps et de la réalité qui les entoure. Il est important de noter que d'autres facteurs peuvent être en jeu, que nous explorons lors des différentes étapes de nos programmes cliniques.

Et ça, c'est juste par rapport au cerveau et à notre humeur !

Votre flore digestive n'est pas juste reliée à votre cerveau ou aux maladies digestives comme les maladies intestinales inflammatoires (colites ulcéreuses, maladie de Crohn, diverticulite, etc.). C'est aussi relié à des maladies immunitaires (asthme ou maladies de peau comme le psoriasis, l'eczéma, l'urticaire) [77, 78], à des maladies auto-immunes comme la sclérose en plaques, ou même à des maladies métaboliques comme le diabète ou l'obésité. Une flore inadéquate, en effet, peut expliquer pourquoi vous n'arrivez pas à perdre votre gras abdominal [79-81]. Plusieurs études le démontrent [80, 82-86], y compris une menée au Québec [87].

Donc, vous comprendrez pourquoi je parle tant du microbiote (notre flore digestive). Surtout que 60 % des Canadiens [88] ont un diagnostic de maladie digestive ! Et ça, c'est sans compter toutes les personnes qui ont des ballonnements ou de la constipation de temps en temps ou autres petits symptômes et qui n'en parlent pas à leur médecin. C'est ça, la réelle épidémie de la santé de notre corps physique !

Une autre raison pour laquelle il est important de posséder une flore intestinale équilibrée est que la dysbiose (plus de mauvaises bactéries que de bonnes) crée un intestin perméable [77, 89-91].

Nous n'irons pas dans les détails, néanmoins, il faut savoir que c'est souvent la raison pour laquelle on commence à moins bien tolérer différents aliments. Que c'est à cause de ça qu'on a l'impression que plusieurs personnes ont des problèmes soit avec le gluten, les produits laitiers ou les œufs.

Il est essentiel de comprendre que les aliments en eux-mêmes ne sont pas responsables des problèmes, mais plutôt de l'état de nos intestins. Blâmer la nourriture serait équivalent à blâmer une personne pour nos soucis. Philippe nous rappelle que l'aspect vital et mental joue un rôle crucial et que nous ne devrions jamais attribuer la faute à des éléments extérieurs. En comprenant cela, nous pouvons prendre le contrôle de notre bien-être et améliorer notre qualité de vie de manière positive.

Rappelez-vous, 60 % des Canadiens ont un diagnostic de maladie digestive, et ça, ça ne compte pas ceux qui ont des petits symptômes ici et là et qui n'en parlent pas.

Le plus gros problème, c'est que si l'intestin des gens n'est pas réparé, ils toléreront de moins en moins d'aliments. C'est donc important de faire la réparation en profondeur pour ne pas se retrouver avec une alimentation hyper restrictive et perdre le plaisir de l'alimentation et la possibilité de pouvoir manger socialement avec ceux qu'on aime.

L'ALIMENTATION DE BASE DU CERVEAU

Maintenant que nous avons vu l'importance de notre système digestif pour notre cerveau et notre bonheur, parlons de ce qu'il faut manger pour bien nourrir notre cerveau : les nutriments essentiels.

Un nutriment essentiel veut dire que notre corps ne peut pas le produire, donc il faut absolument le retrouver dans notre alimentation.

1. *Les protéines* : Vous devriez viser 30 g par repas pour avoir les sources pour les muscles, mais aussi pour tous les organes qui sont aussi des muscles !

2. *Les gras* : Nous ne devons pas craindre les gras, notre corps en est composé à 30 %. Toutes les membranes de nos cellules sont faites de gras et ont besoin de ce gras pour permettre que la communication entre nos cellules se fasse bien. Nos hormones sont construites par le cholestérol. Le cerveau est l'organe le plus gras avec une composition d'environ 60 % [92]. Ainsi, un cerveau en pleine santé nous guide sur la voie du bonheur.

Dans les gras, il y en a deux essentiels : les oméga-6 et les oméga-3. Les 6, nous n'en parlerons pas parce que nous en consommons déjà beaucoup trop dans notre alimentation.

Les oméga-3 sont probablement quelque chose dont vous avez déjà entendu parler. Nous avons des besoins journaliers approximatifs de 250 mg de EPA et de 250 mg de DHA. Est-ce que vous en consommez suffisamment ?

LES NUTRIMENTS DU BONHEUR ET DU SOMMEIL

Plus haut, j'ai mentionné que notre flore digestive nous permettait de produire environ 95 % du neurotransmetteur de sérotonine (messager du bonheur dans notre cerveau), celui qui nous fait avoir envie de partir notre journée d'un bon pied. Toutefois, nous avons besoin de certains nutriments pour pouvoir faire ces conversions en sérotonine.

Savez-vous que pour produire de la mélatonine (l'hormone du sommeil) nous avons besoin de sérotonine ? Comme le montre le graphique[1] ci-dessous :

[1] Image de science Direct : https://www.sciencedirect.com/topics/medicine-and-dentistry/5-hydroxyindole

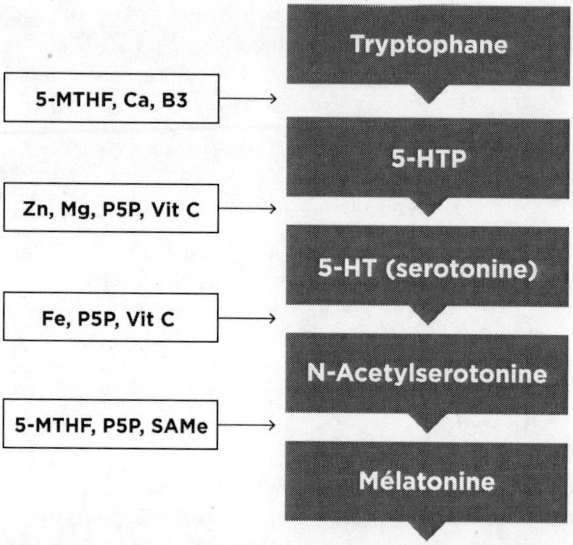

C'est pour ça que si nous avons des problèmes digestifs, nous avons plus de chance d'avoir des problèmes de sommeil ou un sommeil non profond et réparateur.

Le problème ici, c'est que le sommeil est hyper important pour notre récupération, notre bien-être mental et notre corps physique comme notre poids et notre bonheur.

Dans une étude [93], on a comparé des personnes qui avaient huit heures de sommeil à d'autres n'en ayant que cinq, même s'ils avaient une diète et des entraînements identiques. Le groupe avec moins de sommeil a eu 55 % moins de perte de gras et 60 % plus de perte musculaire.

Est-ce que ça vous sonne une cloche ?

Qu'est-ce que nous avons besoin pour bien produire le messager du bonheur (la sérotonine) et l'hormone du sommeil (la mélatonine) ?

Comme nous le voyons dans le graphique, plusieurs vitamines et minéraux sont nécessaires pour bien produire celles-ci.

En voici une brève énumération :

DU CÔTÉ DES MINÉRAUX, IL Y A:	DU CÔTÉ DES VITAMINES, IL Y A:
• le calcium, • le zinc, • le magnésium, • le fer.	• la vitamine C, • les vitamines B.

Ce sont des vitamines hydrosolubles, c'est-à-dire qu'elles se transportent dans l'eau et non dans le gras. Ce qui fait qu'elles sont éliminées dans nos urines tous les jours, et c'est pour ça que c'est si important d'en avoir tous les jours !

Finalement, il y a la vitamine D, qui ne se retrouve pas dans le graphique. Elle est non seulement tellement importante [94-105], mais elle est aussi une des plus grandes déficiences.

Quelque chose que très peu de gens savent, c'est que pour bien faire son travail, la vitamine D a besoin de vitamine K2. La K1, on la retrouve dans les légumes verts, mais la K2 est produite par nos bonnes bactéries digestives. Oui, ces bactéries reviennent toujours ! Donc, si vous n'avez pas une bonne flore digestive, vous pourrez prendre de la vitamine D, mais elle ne fera pas effet [104, 106, 107]. C'est pour ça que les cardiologues sont frileux de prescrire de la vitamine D en supplément, parce que la vitamine D aide à l'absorption du calcium, mais c'est avec la vitamine K2 que ce calcium va dans notre ossature. Donc si vous manquez de K2, le calcium se retrouve dans les artères qui se calcifient et cause plus de problèmes cardiaques [108]. À tous ceux qui n'ont pas une flore optimale, je recommande de prendre le complexe D3-K2.

Voilà ! On a fait le tour des informations les plus importantes. Je vous rappelle que je vous offre un chapitre complet dont les sujets suivants :

- Les six causes d'une mauvaise flore digestive
- Des exemples d'aliments et dosages pour chaque nutriment
- Manger ses émotions ou une faim physiologique ?
- Et les troubles alimentaires ?
- La routine pré-repas magique

Le tout est ici :
https://uv.universvital.com/nutritionbonheur

N'hésitez pas à me suivre sur les médias sociaux :

Facebook :
https://www.facebook.com/NatashaAzrak

Instagram :
https://www.instagram.com/NatashaAzrak

Youtube :
https://www.youtube.com/NatashaAzrak

CHAPITRE 28

L'EXERCICE, UN SAUT DE BONHEUR

L'exercice est un moyen puissant et bien étudié pour brûler les produits chimiques du stress, guérir l'esprit et retrouver ainsi notre mieux-être et le bonheur. Essayez de faire 30 minutes de mouvement par jour, même 15 minutes pour débuter. Vous pouvez sortir pour une promenade ou simplement faire les commissions tout en stationnant la voiture le plus loin possible. Profitez d'une balade à vélo, par exemple. Les couleurs de la nature influenceront positivement votre humeur. Même s'inscrire à un cours d'exercice physique recommandé par des kinésiologues (adapté à votre âge) permettra de garder la forme et l'équilibre de votre posture.

Aussi peu que deux ou trois sorties à l'extérieur sauront apporter une note de légèreté et de joie. L'exercice permet d'augmenter significativement les neurotransmetteurs du bonheur (les endorphines) et notre système endocrinien avec ses hormones comme la testostérone.

Il ne faudra pas verser dans l'excès d'exercices (dépendance). Plusieurs personnes deviennent accros à l'exercice et succombent au « culte du corps » (*Body Cult*). De plus, la tendance au culte du corps est souvent alimentée par les pressions sociétales et les normes de beauté.

Philippe a vu dans le gymnase d'un hôtel le mémo suivant: « Ceci est ma thérapie. » Il faut faire attention. L'exercice n'est pas une thérapie, mais bien quelque chose qui apporte l'équilibre. Si, chaque jour, vous devez aller au gym, car vous vous sentez épuisé et déprimé, alors il faut faire autre chose que d'y aller chaque jour. Ceci ne fait que camoufler le problème et donc devient une dépendance au plaisir. Par contre, il ne faut pas oublier qu'il est très important de bouger. L'énergie vitale est remplie de bénéfices pour la santé.

L'exercice participe à de nombreux avantages : il prévient les maladies chroniques, dont le cancer, le diabète et les maladies du cœur. Il augmente la capacité d'attention, de concentration et de bien-être en plus de maintenir une bonne santé mentale, il améliore le sommeil et diminue le stress.

L'OBSERVATION TRANSFORME LA RÉALITÉ.
LA RÉFLEXION L'ANCRE.

Profitez de ce moment pour intégrer les concepts de ce chapitre à votre expérience.

Consultez dès maintenant votre **Guide d'accompagnement** et répondez aux questions liées à ce chapitre.

➡ Si vous ne l'avez pas encore téléchargé, vous pouvez le faire ici

Scannez le code QR ou rendez-vous sur
https://vitaquantum.com/cadeaurepense

CHAPITRE 29

LA COHÉRENCE CARDIAQUE

Une autre façon de diminuer le stress est de pratiquer la technique de cohérence cardiaque trois fois par jour et cinq minutes à la fois. Cette approche est facile à pratiquer. La méditation vous transforme pour vous rapprocher de votre silence intérieur qui vous emplit sereinement. On atteint la cohérence cardiaque par une respiration contrôlée. Avec cette technique, vous obtenez une détente automatique en l'espace de deux à trois minutes. La technique de respiration contrôlée est une façon simple et rapide de parvenir à un état de cohérence cardiaque.

Dans cet état, le système nerveux passe en mode parasympathique, c'est-à-dire en mode relaxation et réparation. La synchronicité cardio-respiratoire signifie que la respiration contrôlée (ou consciente) apporte une régularité cardiaque, procurant une détente à tous les organes du corps.

Il est important de pratiquer cet exercice trois fois par jour, car vous serez à même d'y voir des changements significatifs au niveau de votre calme et de votre mieux-être. Il peut servir de prélude à tout exercice de méditation, d'autohypnose ou de visualisation.

Voici une manière facile de réussir cette technique :

- Inspirez pendant cinq secondes, puis expirez pendant cinq secondes sans faire de pause.
- Inspirez pendant cinq secondes, puis expirez pendant cinq secondes sans faire de pause.
- Chaque cycle de respiration dure ainsi 10 secondes (inspire-expire).
- Poursuivez l'exercice pour un total de cinq minutes.

Pour plus de précision, le recours à une minuterie favorise la régularité.

Il existe une application gratuite, « RespiRelax », qui peut vous aider : une gentille bulle d'air monte et descend toutes les cinq secondes. Regarder cette bulle permet au mental de se détendre également plus rapidement et d'obtenir l'état de cohérence.

VOUS VENEZ D'ÉLARGIR VOTRE CONSCIENCE.

Pour que ce changement devienne une réalité, répondez aux questions de réflexion relatives à ce chapitre dans votre **Guide d'accompagnement.**

Si vous ne l'avez pas encore reçu, téléchargez votre guide et les bonus ici :

Scannez le code QR ou rendez-vous sur **https://vitaquantum.com/cadeaurepense**

CHAPITRE 30

LA TECHNIQUE DU STOP

Soyez présent en prenant rapidement conscience de vos réactions émotionnelles ravageuses et pratiquez la technique du STOP que Gaétan a souvent partagée dans ses conférences. Celle-ci permet d'apaiser vos craintes, vos pensées incessantes, de maîtriser les peurs rapidement et d'être véritablement créatifs. De plus le stress aura ainsi moins d'emprise sur votre état émotionnel.

Avez-vous remarqué que, la plupart du temps, vous êtes ailleurs dans vos pensées, alors que vous êtes en train de vous brosser les dents, ou même ailleurs dans vos pensées d'inquiétude alors que vous mangez ? Vous n'êtes plus dans l'instant présent, cet instant merveilleux de vous brosser les dents avec attention et d'apprécier ces dents qui sont précieuses. Vous n'êtes plus dans ce moment fantastique de savourer un repas succulent que vous avez mijoté ou que votre partenaire a concocté. Vous êtes dans des pensées automatiques, complètement ailleurs que dans ce repas merveilleux, cet instant de gratitude et de bonheur qui devrait vous habiter.

La technique « STOP » (Saisir le Temps d'Observer vos Pensées) est un antistress des plus efficaces qui engendre paix et joie. Étant donné que nous souffrons tous d'inconscience et de pensées discursives, permettez-vous de laisser des rappels STOP sur votre bureau, dans votre garde-robe, sur votre réfrigérateur ou dans la salle de bain. Ces petits autocollants que vous aurez placés vous permettront de vous ramener dans ces instants présents où vous êtes physiquement. Graduellement, cette technique vous entraînera dans le moment présent et vous permettra de poursuivre votre travail avec intention et de manière plus créative.

Stoppez la procrastination en commençant la technique maintenant ! Et pour plus de bénéfice, quand vous réussissez à faire STOP, pourquoi ne pas faire une cohérence cardiaque par la suite pour retrouver votre équilibre ? Vous réaliserez que vous avez beaucoup à apprendre et à comprendre, et c'est votre raison d'être ici. Plus vous apprenez, plus vous prenez conscience que vous savez très peu et savoir que l'on sait peu demande beaucoup d'humilité.

PRENEZ UN INSTANT POUR INTÉGRER.

Chaque chapitre ouvre la voie à un changement de perspective, mais pour l'intégrer pleinement, la réflexion est essentielle.

Consultez dès maintenant votre **Guide d'accompagnement** et répondez aux questions liées à ce chapitre.

➡ Si vous ne l'avez pas encore téléchargé, vous pouvez le faire ici :

Scannez le code QR ou rendez-vous sur **https://vitaquantum.com/cadeaurepense** pour accéder à vos bonus.

CHAPITRE 31

DÉVELOPPER L'HUMILITÉ

Il faut savoir reconnaître notre peu de connaissance de soi… et de la science tout autant. Développer notre humilité devant l'univers en expansion nous permet de s'étonner davantage. Platon disait : « Je sais que je ne sais rien. » Il faut admettre que nous ne savons pas grand-chose. Plus nous apprenons, plus nous réalisons que nous ne savons encore moins que rien. Et pour ça, il nous faut de l'humilité comme nous dit Stephen Hawking : « Le plus grand ennemi de la connaissance n'est pas l'ignorance. C'est l'illusion de la connaissance. »

Nos univers intérieur et extérieur sont incommensurables et pourtant, ils sont réunis. Nos nombreuses vies ne sont que des occasions d'en apprendre encore un peu plus sur notre ignorance. Nous nous devons de garder cette âme d'enfant dans tout ce que nous voyons, nous lisons et apprenons. Nous devons nous émerveiller devant toute cette beauté qui nous entoure.

Toute rencontre, toute découverte, toute connaissance se font avec humilité et me préservent de toute trace d'orgueil et de suffisance. La connaissance de soi est primordiale. Comment comprendre le monde quand nous ne savons pas qui nous sommes ? La connaissance de soi devient une démarche globale de réflexion sur soi et une valorisation des potentiels cachés qui nous unissent à l'univers. C'est toute la qualité de notre vie et de celle des autres qui en bénéficie. La conscience de soi est une carte majeure pour atteindre le bonheur.

L'arrogance scientifique est une maladie qui nous rend aveugle à l'inconnu, et cela se produit parfois juste devant nos yeux. Ce n'est parce que nous ne voyons pas le vide avec nos instruments encore désuets et imprécis dans la quantique que le « vide » est vide et dénué de tout champ d'énergie. Nous savons maintenant que tout le « vide » est en réalité plein et rempli d'énergie, c'est ce qu'on appelle le champ quantique.

Nos mesures que nous qualifions encore de précises sont remplies de limites, de relativités et de grandes approximations encombrées de multiples interprétations. Il est d'un naturel humain dans les domaines scientifiques de se remplir de connaissances jusqu'à prétendre presque tout connaître. Il sera facile à ce moment de glisser sur la pente savonneuse de l'arrogance et d'un trop-plein de sérieux, de perdre toute joie pour ces merveilles de la vie.

Le Dr Brouillard dit dans son livre *La santé repensée* : « Telle une huître, nous nous fermons à l'océan des réalités invisibles qui nous entourent, et notre carapace de mémoires et de fausses croyances nous préserve de tout ce qui pourrait ébranler nos certitudes. La vie se construit au fur et à mesure que se démantèlent nos certitudes. »

Plus nous investiguerons dans l'infiniment petit ou dans l'infiniment grand, plus nous serons confrontés à des découvertes qui nous surprendront au point où nous mettrons en doute ces découvertes parce qu'elles chamboulent nos conceptions acquises depuis des décennies. Avez-vous été surpris et confronté dans la section sur la physique quantique ?

Nous voyons que les tenants du système newtonien sont en réaction et frileux avec les prémisses des tenants quantiques. Le bonheur de la découverte devrait nous émerveiller et faciliter nos échanges pour aller vers de plus hauts sommets dans l'exploration de nos univers. Nous permettre de s'ouvrir à la communication, de s'éblouir, de parfaire nos connaissances et de les partager pour un monde meilleur.

Tout le domaine des sciences quantiques permet à l'humain des approches naturelles, intuitives et à portée de main pour retrouver non seulement ses racines et son fonctionnement dans cet univers, mais tout autant un support fondamental pour la quête du bonheur.

Quand avez-vous donné ou reçu un beau sourire quantique ?

CHAPITRE 32

RETROUVER L'ENFANT INTÉRIEUR

Il est essentiel de cultiver l'humilité, mais il y a quelque chose de plus puissant à découvrir. Souvenez-vous de cette simplicité de la vie lorsque vous étiez enfant ou en voyant votre enfant grandir. Pourquoi ne pas aborder la vie avec cette innocence et cette curiosité, tout en alliant la sagesse de l'adulte ?

Laissez tomber la gravité excessive. Soyez intrigué, posez des questions, vivez le moment présent et surtout, jouez comme un enfant. C'est le moment idéal pour expérimenter la vie à travers les yeux émerveillés d'un enfant, avec le cœur ouvert. Les enfants sont les agents du changement dans notre monde, alors pourquoi ne pas redevenir un enfant à part entière et contribuer à ce changement ?

Chaque soir, avant de vous endormir, demandez-vous combien de fois vous avez été un enfant aujourd'hui.

PARTIE 4

IL EST TEMPS DE REPRENDRE NOTRE POUVOIR !

CHAPITRE 33

L'HUMAIN EST ISSU D'UNE PROGRAMMATION UNIVERSELLE

L'humain subit une programmation pour que son évolution soit croissante et toujours effective par rapport au grand plan de la Création. Elle impose donc des expériences qui pourront parachever le cheminement de l'humain sur terre. Cette programmation s'effectue toujours en accord avec la volonté de l'âme, mais pour un mortel, cette nécessité est souvent mal perçue, car elle l'oblige à passer par des expériences souvent pénibles. D'autant plus qu'une fois incarné, l'ego n'a plus la mémoire des vies passées.

Cette programmation est une feuille de route invisible qui permettra à l'humain de bien vivre son karma, étant donné qu'il est aveugle à son destin. Nous sommes dans une programmation, mais nous devons être libres à l'intérieur de celle-ci. La grande question est la suivante: si nous sommes programmés, avons-nous un libre arbitre?

Avec ce que nous venons de voir, ce que nous appelons le destin est en fait la somme de nos actions passées. D'un certain point de vue, l'humain ordinaire n'a pas de libre arbitre, il est assujetti à tout son karma passé. Ses obligations karmiques l'amènent à suivre certains cheminements déjà tracés. Mais en prenant action et conscience dans son présent, il pourra faire de meilleurs choix. Ainsi, graduellement, il pourra se libérer de certaines chaînes et mémoires du passé. C'est ici que se joue son libre arbitre. Ses décisions ne seront pas faciles et souvent entachées de souffrance. Le changement demandera de clore les points faibles de sa personnalité ou de quitter les habitudes confortables de sa mémoire, de ses passions et de ses attachements. Ses choix ne seront plus nécessairement personnels et à propos de son petit moi, mais il s'agira de choix altruistes en fonction du bien et d'une volonté supérieure.

Changer son destin, son karma, demande des efforts constants sur le chemin de la conscience. D'où l'importance de se responsabiliser, d'être actif et non passif dans la vie. Voyant les changements positifs dans sa vie, l'humain y verra quelque chose de réconfortant qui le mènera à une plus grande conscience. Peu importe le karma endossé et vécu, l'important, c'est d'y rester serein, détaché et de lâcher prise.

POUR PASSER DE LA CONNAISSANCE À L'ÊTRE, PRENEZ LE TEMPS DE RÉFLÉCHIR DÈS MAINTENANT AUX RÉVÉLATIONS DE CE CHAPITRE.

Retrouvez les questions correspondantes dans votre **Guide d'accompagnement.**

➡ Si vous ne l'avez pas encore téléchargé, accédez-y ici :

Scannez le code QR ou rendez-vous sur **https://vitaquantum.com/cadeaurepense**

CHAPITRE 34

GO WITH THE FLOW

Nous pourrions comparer notre passage ici sur terre à la traversée d'un cours d'eau. Pour certains, ce sera une rivière étroite tandis que pour d'autres, ce sera un long fleuve. Dépendant de la durée de notre passage ici, une dizaine d'années ou une centaine d'années, la vie consisterait à traverser ce cours d'eau.

L'attitude avec laquelle nous allons le franchir fait toute la différence. Cette traversée peut se faire au beau calme, mais elle peut aussi être semée d'embûches, de rapides, de turbulences, de bourrasques de vent ou même de chutes. Car qui a dit que la vie est toujours facile, que tout glisse aisément et que le beau temps nous escorte tout le temps ? Alors quels sont les aspects et les conditions qui pourraient nous aider à trouver le trajet agréable ? Serait-il même possible de ressentir un certain bonheur dans cette nécessité de nager pour rejoindre l'autre rive ? Tout ça sans savoir ce qu'il y aura sur l'autre rive.

Il faut apprendre à aimer ce que Dame Nature nous donne et non ce que nous voulons de Dame Nature. C'est primordial ! La pluie, le vent, les rapides, les turbulences de la rivière font partie de notre périple. Il faut simplement continuer à nager sans connaître l'endroit précis où nous arriverons sur l'autre rive. Une chose est certaine, nous allons atteindre l'autre rive.

Par moments, il y aura des bifurcations, mais ne résistez pas si le flot semble vous attirer dans une direction que vous n'aviez pas prévue. Le flot vous amènera à bon port. Le flot, c'est la vie et… *Go with the flow*. La vie vous connaît plus que vous-même. Elle sait pertinemment ce qui vous convient. Le flot de la vie n'est pas nécessairement votre « flot » où tout est aisé, prévisible et où tout défile si bien.

Trop de gens croient qu'ils sont dans le « flow », car tout semble avancer « si bien » dans leur vie. Mais est-ce vraiment le cas ? Qui dirige ? Est-ce la conscience ou la personnalité ?

Nous connaissons tous des gens pour qui la vie semble généreuse, qui sont gâtés par une vie matérielle où tout coule si merveilleusement bien. Dans leur inconscience, les circonstances arrivent facilement alors qu'ils sont dans leur monde matérialiste. Ils croient être dans le « flow » alors qu'ils sont complètement déconnectés de la réalité. Le flot de la vie dont il est question ici consiste à cheminer en expansion de conscience dans cette vie. Ce cheminement dans la conscience n'est pas de tout repos pour l'ego.

Si vous nagez en eau trouble, apprenez à faire confiance au flot de la vie, à la conscience derrière tout ce qui est animé. Sachez que vous n'avez pas toujours en main la barre de direction. Vous ne connaissez pas vos forces et encore moins ce dont vous avez besoin ni ce que la vie vous demande pour susciter le meilleur en vous.

Ce livre pourrait vous servir de « livre de bord ». Aucune traversée n'est facile, mais vous n'avez pas le choix de vous rendre sur l'autre rive et encore moins de cesser de nager. Et lorsque vous aurez appris à nager dans les eaux agitées, vous aurez développé un pouvoir que vous n'aviez pas. « Tout ce qui ne vous tue pas vous rend plus fort. » Peut-être allez-vous apprendre à surfer sur les grosses vagues par moments, et même à surfer un jour, prêt à vous envoler.

Ne gaspillez pas vos précieux moments de tranquillité en vous laissant ballotter sans direction. *Go with the flow!* Continuez à tirer profit du flot que la vie vous présente. Ne résistez pas quand le courant change de direction. Suivez le courant, relaxez-vous, car la vie sait mieux que vous. *Go with the flow* et posez-vous la question : qu'est-ce que la vie veut m'enseigner dans ma confusion, dans cette direction qui m'est inconnue ?

Go with the flow, c'est apprendre à demeurer avec le temps qui passe, à surnager dans le moment présent avec conscience, tout en se détachant du passé et tout autant de l'avenir. Être dans le flot, c'est accepter les diverses circonstances que la vie nous envoie. C'est un lâcher-prise, un « cessez de tout vouloir contrôler » et même la reconnaissance de notre vulnérabilité. Il faut se laisser couler avec le flot de la vie et, tout autant, dans notre flot personnel : savoir exprimer avec conscience notre fluidité, notre créativité et notre joie de vivre.

Nous devons réaliser qu'il est tellement épuisant de nager à contre-courant ! Nous voulons tous atteindre l'autre rive croyant que sur l'autre rive, le bonheur nous attend. **Le bonheur ne réside-t-il pas avant tout dans le simple fait de nager dans le courant ?**

Oui, restez dans le *flow*. Continuez à apprendre, à comprendre et à augmenter votre conscience. Surfer sur les vagues de la vie, même si elles sont parfois agitées. Demeurez debout et confiant sur votre planche, car ce n'est que dans les eaux stagnantes que tout se meurt éventuellement.

**L'OBSERVATION TRANSFORME LA RÉALITÉ.
LA RÉFLEXION L'ANCRE.**

Profitez de ce moment pour intégrer les concepts de ce chapitre à votre expérience.

Consultez dès maintenant votre **Guide d'accompagnement** et répondez aux questions liées à ce chapitre.

➡ Si vous ne l'avez pas encore téléchargé, vous pouvez le faire ici :

Scannez le code QR ou rendez-vous sur **https://vitaquantum.com/cadeaurepense**

CHAPITRE 35

ET SI NOTRE VIE ÉTAIT UN FILM D'AVENTURES !

Vous aimez l'aventure, l'intrigue? Alors pourquoi n'aimez-vous pas votre vie lorsqu'elle devient agitée et que vous vous sentez ballottés? Avez-vous peur de l'inconnu et du prochain tournant que prendra votre vie?

Vous savez quoi? C'est normal, et vous êtes normal d'être remué lorsque des changements rapides arrivent à l'improviste.

Les batailles qui n'en finissent plus, les victoires qui tardent à venir, les maladies incurables; tous ces films qui nous passionnent, qui nous apportent de belles leçons de morale, qui nous donnent des serrements de gorge, qui nous font peur, nous les regardons jusqu'à la fin. Une fois la projection terminée, nous disons: « C'était quand même bien ce film qui nous parle de la vie, de faits vécus dans la souffrance ou dans la tourmente, mais qui ont fait grandir et évoluer ces personnages devenus maintenant des héros. »

On est satisfait d'avoir regardé une certaine réalité fictive, même si cela semblait pénible pour le personnage. Notre vie n'est pas toujours rose, comme la plupart des films, d'ailleurs. Nous aimons les faits inhabituels, les obstacles dépassés, les expériences douloureuses surpassées et nous sommes fiers de réaliser la façon dont l'acteur a traversé toutes ces adversités. Il en est sorti vainqueur. Qui n'aime pas les films qui finissent bien, les héros qui gagnent?

Dans le film de votre vie, ce héros c'est vous. C'est nous tous.

Pourquoi ne pas faire de notre vie un film dans lequel nous sommes le personnage principal avec toutes ses expériences, bonnes ou mauvaises, faciles ou difficiles, que nous devons traverser et dont nous sortirons victorieux ?

Nous sommes les acteurs d'une vie matérielle en quelque sorte fictive, elle aussi. La vie est un film, mais la Vie dans toute sa grandeur est bien plus grande que la petite vie que nous vivons ici-bas. L'acteur que nous sommes est bien plus grand que ce personnage fictif, une personnalité qui devra se raffiner dans ce monde matériel. Dites-vous bien que les plus grands héros cinématographiques ont toujours des épreuves à la hauteur de leur puissance.

Chaque personne qui interagit avec nous dans la vie joue un rôle secondaire dans notre film. Nous ne devons pas oublier que si ces personnages sont présents dans notre vie, c'est que nous les avons invités à participer à notre film. Pourquoi se prendre tellement au sérieux ? Pourquoi perdre notre joie ou sombrer dans la tristesse ou la colère, alors que tout cela n'est que du cinéma ?

Soyez le témoin de votre film, ayez de la présence pour chaque moment. Cessez de vous impliquer sombrement dans votre vie tout comme vous ne vous impliquez pas dans un film. Après tout, ce n'est qu'un film qui se projette sur la toile de la vie ! Vous avez oublié que vous étiez seulement un acteur dans cette petite vie qui fait partie de la grande Vie. Vous êtes un personnage temporaire. Et vous serez un acteur différent dans votre prochain film, celui de votre prochaine vie.

Pourquoi attendre au dernier moment, sur votre lit de mort, pour réaliser avec chagrin que ce film, vous en avez parfois gâché des séquences par manque d'attention, par manque de présence ou par manque d'amour ?

La vie physique n'est même pas la réalité selon les sciences spirituelles telles que l'hindouisme, le chamanisme, le bouddhisme, etc. C'est maya selon la pensée hindoue, c'est-à-dire un mirage, tout comme la science quantique vient de nous le démontrer. Les sciences quantiques affirment que notre monde matériel n'est qu'une illusion de notre mental humain. Tout est énergie, point. Tout n'est qu'énergie d'abord qui crée une certaine réalité, un monde fabriqué par notre mental, mais que nous avons oublié depuis la nuit des temps.

Il est temps pour vous de créer le monde que vous voulez, d'arrêter d'être le spectateur passif et rouspéteur. Devenez l'acteur principal, le héros. Et encore mieux, **devenez le metteur en scène de votre vie**. Posez-vous des questions et réagissez comme vous le faites en regardant un film : pourquoi l'acteur a-t-il fait ça ? Il aurait dû réagir de telle façon.

Vous vous êtes souvent investi dans un film, alors pourquoi ne pas faire la même chose dans votre propre vie ?

PRENEZ UN INSTANT POUR INTÉGRER.

Chaque chapitre ouvre la voie à un changement de perspective, mais pour l'intégrer pleinement, la réflexion est essentielle.

Consultez dès maintenant votre **Guide d'accompagnement** et répondez aux questions liées à ce chapitre.

➡ Si vous ne l'avez pas encore téléchargé, vous pouvez le faire ici :

Scannez le code QR ou rendez-vous sur **https://vitaquantum.com/cadeaurepense** pour accéder à vos bonus.

CHAPITRE 36

Conditionnement à être vieux et malheureux

Être âgé est devenu source de maladie ou, pire encore, synonyme de maladie ! On nous conditionne à penser ainsi. Notre inconscient collectif nous fait vieillir plus vite que nous devrions et contribue à créer toutes ces maladies. On ne veut plus vivre trop vieux, de peur de ne plus faire comme autrefois ou d'être malade et de souffrir [109].

Voici, en général, comment nous pensons actuellement dans nos sociétés occidentales : si vous êtes âgé et que vous ne prenez pas de médicaments, vous n'êtes pas normal. La vieillesse serait-elle devenue synonyme de souffrance ? Voilà une triste réalité de nos sociétés actuelles.

Comme Le Dr Brouillard a mentionné dans son livre *La santé repensée* : « nous vieillissons à cause de nos croyances dans notre société ». Une pensée qu'il répète encore et encore. Quand allons-nous réaliser que la société nous a programmés à vieillir et à être malades, et ce, même jusqu'au cancer ?

Le cancer n'est pas seulement génétique. Le Dr Bruce Lipton rapporte que des enfants n'ayant aucune génétique en relation avec certains cancers ont des chances de développer les mêmes cancers qui sont présents dans leurs familles adoptives. L'enfant reçoit les impressions des parents adoptifs qui ont un cancer et sera sujet par cette imprégnation à endosser ces tendances familiales.

Parler ou entretenir des conversations à propos de cancers ou de toute autre maladie comme la fibromyalgie, l'arthrite, les maladies cardiaques engendre de nouvelles possibilités, de nouvelles croyances. L'enfant risque de développer, par ces nouvelles croyances véhiculées, ces mêmes maladies à un âge avancé.

Nous souffrons de cette croyance qu'être âgé signifie être vieux et malade. Ceci fait partie de notre inconscient collectif. Nous le verrons plus loin avec les études de la Dre Ellen Langer. Tout le processus de vieillissement serait, à un certain niveau, un choix. Vieillir serait un choix que nous faisons. Dépendant de notre état d'esprit, nous avons le pouvoir d'agir sur notre propre métabolisme et, par le fait même, sur notre propre processus de vieillissement. Nous pouvons programmer nos cellules pour rester jeunes plus longtemps. Notre état mental favorise la santé, probablement davantage que tous les suppléments que nous prendrons.

Notre société occidentale actuelle nous modèle sur le vieillissement, tout comme les générations précédentes l'ont fait. Le grand sage Confucius a dit : « Libère-toi des conseils et des croyances des sociétés, beaucoup d'entre elles n'ont aucune idée de ce qu'elles font. »

En Occident, on est « vieux » à 65 ans et on est souvent poussés à la retraite ou au banc des vieux très tôt. Alors que dans les pays plus à l'est, les aînés sont très appréciés dans la société et continuent de rendre de grands services à la communauté. Par le fait même, ces gens bénéficient d'une meilleure qualité de vie, en se sentant toujours utiles.

À la retraite, on se met sur pause de manière indéfinie. On ne pense qu'à s'amuser. Pour un grand nombre, le service est évincé. Évidemment, la biologie a ses principes, mais probablement que nous vieillissons trop vite et nous mourons trop jeunes. Pourquoi ne pas penser à se rendre à 120 ans en bonne santé ? Imaginez : vous prenez l'autobus, plus personne ne vous cède sa place. Au contraire, c'est vous, pourtant plus âgé, qui spontanément vous levez pour laisser votre siège... à beaucoup plus jeune que vous !

Au Canada, il n'y a pas si longtemps, on nous faisait miroiter la « liberté 55 » sous prétexte qu'à 55 ans, nous avions amassé suffisamment d'argent pour avoir droit à la retraite tellement anticipée ! « Maintenant, je profite de la vie. Je cesse de travailler et je dépense. »

Voyager, regarder nos émissions favorites ou simplement regarder le temps passer... Quelle tristesse!

Pourquoi avoir si hâte de prendre sa retraite? Est-ce parce que le travail n'était pas épanouissant? Peut-être que le bonheur n'y était pas? Était-ce une sorte d'esclavage?

Il faut que les choses changent et prennent une nouvelle orientation pour que la prétendue retraite devienne un moment pour faire des choses que vous aimez, que vous créez: poursuivre un travail, faire du bénévolat, un voyage stimulant, des lectures enrichissantes au lieu de regarder le petit écran avec ces commerciaux qui vous prennent pour des enfants.

Si nous ne contrôlons pas notre esprit et nos croyances, quelqu'un d'autre le fera à notre place.

Il est important de se remémorer notre façon de penser, nos croyances profondes et d'éliminer ces fausses croyances souvent inculquées. En 1979, Ellen Langer, docteure diplômée en psychologie de l'Université de Yale et professeure de psychologie à l'Université de Harvard, a dirigé une expérience hors de l'ordinaire pour démontrer la relativité du temps au niveau du vieillissement. Dans cette mémorable étude, *dont elle a tiré le livre Counterclockwise*, elle a démontré à quel point le mental, dont nos croyances, a des répercussions sur le vieillissement et la santé.

Elle a pris un groupe de personnes âgées de 75 ans et, après leur avoir fait subir plusieurs examens médicaux en lien avec leurs capacités physiques et mentales, l'a emmené dans un lieu où tout avait été transposé de façon identique à la réalité de 1959, c'est-à-dire 20 ans plus tôt. Autant les meubles que les journaux, les films, les magasins et les restaurants étaient ceux de 1959. Même la nourriture! Les gens possédaient une photo d'eux alors qu'ils avaient 55 ans et ils ne parlaient entre eux que des événements de l'époque. Il n'était pas permis de discourir sur aucun événement survenu après cette époque, pas même en lien avec leur carrière ou leur famille. Il s'agissait donc de donner tous les signaux au corps d'une personne plus jeune de 20 ans.

Au bout d'une semaine — seulement une semaine, certains symptômes de vieillissement avaient commencé à s'inverser. Ces personnes devenaient plus souples dans leurs mouvements; leur vue, leur audition et leur mémoire s'étaient améliorées, même leur apparence avait commencé à changer. Certaines avaient délaissé leur canne; d'autres avaient plus de dextérité et d'autres encore un meilleur appétit, résultant d'un gain de poids significatif.

La docteure Langer conclut qu'« avec un état d'esprit approprié, nous avons le pouvoir d'agir sur la réalité externe comme sur la réalité interne de notre physiologie et de nos processus de vieillissement ». Étant donné que le mental de ces personnes avait voyagé dans le passé, le corps physique avait commencé à s'adapter à cette nouvelle programmation.

Nous pouvons déduire que le vieillissement s'opère non seulement dans nos cellules, par une certaine programmation naturelle, mais aussi qu'il résulte d'un processus mental (épigénétique).

Non seulement nous créons notre réalité, mais notre réalité nous crée tout autant.

La bonne nouvelle, c'est que nous pouvons tous apprendre à changer le regard que nous portons sur la vie et sur les expériences que nous traversons. Notre environnement sonore et visuel nous perturbe beaucoup plus que nous le croyons comme nous l'avons vu avec les études de la Dre Langer. Se lever le matin et ouvrir la télévision ou la radio n'est pas la bonne chose à faire pour le bien-être psychologique, car la plupart des nouvelles ne concernent que les fléaux et catastrophes de notre monde. Cela remplit nos pensées de thèmes négatifs qui donneront le ton quant au déroulement de notre journée. De plus, tous ces médias risquent de nous conditionner.

Il n'y a rien d'anodin dans tout ce que nous entendons et voyons. Tout cela s'incruste dans notre inconscient et donne la spécificité et la nature pour la journée qui débute. Il faut changer nos habitudes du matin pour de bonnes habitudes, mais attention pour que celles-ci ne viennent pas nous conditionner.

Nous sommes intimement connectés à nos pensées, nos croyances et tout autant à notre environnement, et ce, tellement que nous devenons ultimement cette réalité.

Du fait de l'accumulation des années, nous savons mentalement que nous vieillissons et cela affecte irrémédiablement notre corps. En quelque sorte, le vieillissement est une affaire de **conscience collective.** Cette conscience s'imposerait à nous et, comme les années s'accumulent, nous « déciderions », intérieurement et inconsciemment, de vieillir. Cela devient alors intégré à notre inconscient personnel. Nous nous conditionnons nous-mêmes à décliner. C'est ce que les générations précédentes ont toujours fait.

Vous êtes la pilule miracle! Sachez-le maintenant, et n'hésitez pas à poursuivre votre démarche en hygiène de vie. **Votre bonheur en dépend**! Les années futures le prouveront.

Gaétan: *Je le dis depuis l'an 2000 dans mes conférences, si la tendance se poursuit, selon les statistiques médicales, les problèmes de démence pourraient toucher près de 10 % de la population.*

Selon la Société Alzheimer de Québec, d'ici 15 ans, ces maladies affecteront plus de 1 million de personnes au Canada et 360 100 personnes au Québec, soit une augmentation de 70 %! Après 65 ans, le risque d'être atteint de la maladie d'Alzheimer double tous les 5 ans. L'âge est le plus grand facteur de risque et la maladie frappe des personnes dans la cinquantaine, quarantaine et même dans la trentaine [110]. L'Alzheimer n'est pas uniquement une maladie de vieux!

Le diabète pourrait toucher 30 % de la population avec ses conséquences morbides et les maladies cardiaques qui tuent encore 50 % des gens. Nous dépensons au Canada près de 40 milliards en médicaments (avec ou sans ordonnance, incluant les médicaments en assurance privée) dont la triste majorité est détenue par les aînés. Ce coût a doublé en 20 ans (2001-2020)! Cette augmentation frappante risque de se poursuivre dans les années à venir.

L'Association des pharmaciens des établissements de santé du Québec (APES) a mené une analyse auprès de 4317 résidents dans 34 CHSLD (centre hospitalier de soins de longue durée) de six régions de la province [111]. Conclusion étonnante : chaque résident de ces centres a reçu en moyenne 14 ordonnances différentes de médicaments, c'est bien **14 sortes** et donc possiblement plus de 20 pilules par jour! Il n'y a pas de pilules miracles et que penser d'un tel cocktail de médicaments pouvant interagir les uns aux autres? Combien de temps doit-on dispenser et dépenser des médicaments qui ne sont pas efficaces, voire dangereux? Le temps est à la dé-prescription pour un mieux-être de la population!

Pourrions-nous retrouver un jour une vie plus digne pour les aînés, en incluant leur présence plus près de nous?

Gaétan: *Nous avons un devoir de préserver la santé de nos aînés pour qu'ils puissent jouir de la vie et non pas subir le temps qui passe. Ce n'est plus une question de mourir dans la dignité, mais de vivre dans la dignité. Les aidants en maisons pour aînés me disaient souvent : qu'est-ce que vous leur faites à nos vieux? Ils sont joyeux, alertes... Un mode de vie sain, n'est-ce pas une pilule miracle? Un mode de vie sain et des suppléments ajustés peuvent éviter en grande partie les infections virales et permettent d'en ressortir vainqueurs.*

Gardez espoir, agissez différemment et devenez la pilule miracle, car demain, qui sait...

Nous savons que la longueur des télomères assure une longévité accrue [112, 113]. Ils sont les gardiens de sécurité au bout des chromosomes. Ils raccourcissent à chaque fois qu'il y a division cellulaire, qu'il y a un manque d'antioxydants indispensables ou que notre mode de vie laisse à désirer. Le stress fait raccourcir ces télomères. Notre état mental est de première importance, que vous soyez jeune ou moins jeune.

Les personnes âgées, trop souvent par peur, se rapprochent des centres urbains sous prétexte des soins de santé disponibles avant même qu'ils soient déclarés malades. On commence même à y penser juste au cas où ! **Alors que le grand air, vivre dans la nature, le travail autour de la maison, l'exercice, la lecture, les activités créatives, le jardinage, la méditation, les pensées positives seront les jalons pour une bonne santé et d'une vie jusqu'à 100 ans comme nous le voyons dans les *Blue Zones*.**

Nous nous sommes égarés. Il faut retourner dans le temps et voir comment les communautés étaient bâties. Les personnes plus âgées s'occupaient des enfants pendant que les parents travaillaient la terre, allaient à la chasse. Les jeunes apprenaient de la sagesse des personnes plus âgées et les personnes plus âgées étaient stimulées par les enfants. Ceci changerait notre santé physique, mentale et financière.

Imaginez plus de garderies interreliées avec des centres pour personnes âgées. Mais non, nous préférons agir de façon égocentrique et nous occuper de nos affaires. Les parents ne veulent pas que les grands-parents éduquent leurs enfants, car ils se croient plus sages et les grands-parents ne veulent pas s'occuper des petits-enfants, car il est temps pour eux de profiter de la vie après avoir travaillé si dur.

Nos sociétés sont-elles dépourvues de bon sens ? Quels avantages pourraient découler de la création de plus de garderies œuvrant avec des centres pour personnes âgées, favorisant ainsi l'interaction intergénérationnelle et l'échange de sagesse ? Comment pourrions-nous retrouver l'équilibre entre les générations et rétablir la connexion entre les personnes âgées et les jeunes pour améliorer notre santé physique, mentale et financière ?

Notre conditionnement à vieillir n'est qu'un exemple parmi d'autres. Nous sommes façonnés par de nombreux conditionnements, mais la question cruciale demeure : avons-nous le libre arbitre de transcender ces conditionnements ?

CHAPITRE 37

LIBRE ARBITRE OU CONDITIONNEMENT ?

Si nous devenons 100 % conditionnés, nous perdons alors toute possibilité de choix et de libre arbitre. À ce moment-là, le seul choix que nous avons est de choisir entre deux conditionnements, comme quel chandail nous allons mettre aujourd'hui. On nous fait souvent croire que ce choix est libre, mais en réalité, il ne l'est pas du tout. La bonne nouvelle est que nous ne sommes pas 100 % conditionnés ; nous avons toujours la possibilité de dire non à notre conditionnement.

Dans les années 1980, le neurophysiologiste Benjamin Libet a mené une expérience sur le libre arbitre. Avant de lever notre bras, nous pouvons voir dans notre cerveau, à l'aide d'un électroencéphalogramme (EEG), que le bras va lever. Mais même après que le cerveau ait dit de lever le bras, nous avons toujours la possibilité de ne pas le lever. Donc, lors de l'expérience, il a demandé à ses sujets de lever le bras et, dès que l'EEG montrait que le bras allait lever, le sujet devait refuser de le faire. Les sujets de Libet étaient capables de résister à leur volonté et de ne pas lever leur bras, démontrant ainsi qu'ils conservaient leur libre arbitre pour dire non à l'action conditionnée de lever les bras.

Quand je demande à mon bras de se lever, mon corps se prépare à lever le bras, puis j'ai le choix de le faire ou non et cela se passe entre 0,5 à 0,9 seconde environ.

Suis-je libre de cesser de respirer ? Il y a nécessairement des choses que je dois faire pour assurer la continuité dans le monde où j'évolue. Suis-je libre de laisser mourir l'accidenté sur le bord du chemin en ne lui apportant aucun secours ? Est-ce la peur ou est-ce la compassion qui dictera mon comportement ? Il faut être dans la situation pour pouvoir répondre à cette question qui dépend tellement des conditions qui se présentent !

Suis-je libre de penser de telle ou telle façon ? Suis-je libre de penser, simplement ? Nous croyons en toute sincérité que l'être humain actuel n'est pas libre de sa pensée. Non seulement il pense constamment, mais c'est un flot ininterrompu de jeux d'associations et il n'a que peu de contrôle et de conscience sur ce processus.

La très grande majorité de nos émotions, nos pensées et nos actions sont issues des valeurs et croyances qu'une société fait transparaître ou de ce que notre éducation familiale nous a légué ou des expériences particulières qui nous ont marqués. C'est ce que l'on a vu au début du livre, notre vision du monde.

Comme Gaétan l'explique dans son livre *C'est une question de vie et de mort*, 95 % de nos comportements ou de ce que nous appelons notre liberté sont issus du subconscient, lui-même constitué de tout ce que la société, l'éducation, la parenté nous ont donné comme impression visuelle ou auditive. Et Philippe explique la même chose dans ses cours.

Nous nous croyons libres alors que, majoritairement, nous agissons selon des impulsions de notre subconscient que nous prenons pour personnelles et originales. Nous souffrons majoritairement de pensées réflexives, c'est-à-dire de pensées qui ne sont pas nôtres véritablement. Elles sont la réflexion de notre environnement, de notre passé et des pensées collectives depuis la nuit des temps. En d'autres mots, notre vision du monde est conditionnée. Nous souffrons de la pensée issue de toutes nos mémoires.

Mais nous devons comprendre que tout est vrai et que tout peut être faux également. Vous pouvez devenir ce que vous désirez, car vous avez la faculté de changer à tout moment. Le temps de penser « joie » et vous serez heureux. Le temps de penser « misère » et vous serez misérable. Vous avez donc le choix de devenir ce que vous voulez. Tout en changeant votre expression selon vos désirs, vos besoins fondamentaux et non pas selon vos désirs égocentriques. Maîtrisez vos pensées et vos émotions et vous voilà créateur de vos aspirations les plus élevées.

Vous avez donc toute liberté de dire non à vos conditionnements. Vous dépasserez toutes vos limitations, imposées par vous-même ou imposées par une société. **Vous avez pleinement le choix de devenir libre et ceci peu importe la situation dans laquelle vous vivez. Faites-en votre croyance, car toutes vos croyances deviennent votre vérité.** Réalisez également que toutes les vérités sont présentes et qu'elles doivent exister en harmonie. Laissez-vous aller et laissez couler en vous la création.

Malheureusement, l'humain vit trop dans la peur créée par les sociétés qui tirent avantage de sa naïveté pour régner encore plus fermement. Nous n'avons donc que très peu de véritables pensées créatrices et réellement nouvelles. Nos pensées subjectives et réflexives nous dominent encore trop et font de nos vies des prisons où la souffrance est encore très présente. L'humain doit apprendre à devenir libre dans les manipulations, conditionnements et programmations du passé qui, de façon sournoise, le pénètrent.

Plus l'humain développera sa conscience, plus il pourra devenir véritablement libre. L'humain a beaucoup de vécu et de mémoires qui font ce qu'il est dans l'immédiat. Il ne peut en être autrement. Il se doit de devenir libre des choix qui s'offrent à lui et des conditionnements réflexes imposés. Tout ceci aura à voir avec sa liberté intérieure. Il peut être menotté, mais libre dans son esprit. Lorsque l'humain arrivera dans sa pleine lumière et dans sa pleine conscience, il ne sera plus un être assujetti.

Évoluer, c'est se déconditionner et se déconditionner, c'est se libérer du connu, du prévisible et de la mémoire où tout est statique. Tout conditionnement devient réflexe et asservissement sans conscience.

Vivre de façon inconsciente sans être présent, c'est vivre dans des possibilités qui sont déjà manifestées et conditionnées. Il n'y a plus de possibilités d'être autrement. L'humain subit encore trop son passé et ses illusions plutôt que de vivre l'expérience présente dénuée de son passé. Vivre l'instant présent est quelque chose auquel l'humain n'est pas habitué. C'est dans l'instant présent que l'humain a véritablement le choix. C'est à ce moment-là que l'humain devient quantique, rempli de possibilités d'être divin.

CHAPITRE 38

VOTRE MEILLEUR OUTIL POUR ALLER VERS LE BONHEUR RAPIDEMENT

Bien sûr, aucun outil ne peut être plus important que de développer notre présence et notre conscience de nos sentiments (corps vital) et de nos pensées (corps mental), mais il y a beaucoup de choses que nous ne savons pas et dont nous n'avons pas fait l'expérience encore. Comme toute personne qui veut passer au prochain niveau, il est important de s'entourer de bons individus. D'où l'importance d'avoir un coach, un mentor, un instructeur, etc. qui a déjà fait le chemin. Cette personne saura vous apporter la connaissance pour vous aider à développer votre sagesse. Elle vous guidera en vous montrant les angles morts inconscients de vos programmes et conditionnements qui bloquent l'établissement du bonheur.

Tous les athlètes de haut niveau, même s'ils sont les meilleurs dans leur domaine, ont besoin d'un œil extérieur pour leur faire voir leurs patterns et ouvrir leur conscience vers des solutions plus puissantes. C'est la même chose au niveau des affaires. Les plus grands propriétaires d'entreprise vous diront combien leurs mentors et collègues leur ont été précieux. Mais pourquoi n'acceptons-nous pas d'être soutenus lorsqu'il s'agit de notre vie personnelle et de notre bonheur?

Philippe: *Dans les moments de crise que j'ai vécus régulièrement depuis mes débuts, mes mentors, mes coachs, mes professeurs, etc.*

m'ont aidé à comprendre et à assouplir ces passages parfois difficiles. J'ai eu à plusieurs reprises le goût de tout laisser tomber et de ne plus rien faire.

La lecture de ce livre pourra vous éclairer et apporter des réponses à vos questions sur la qualité de votre vie et de votre bonheur. Et en même temps, elle va pouvoir créer de nouvelles prises de conscience qui vous mettront face à de nouveaux défis où il n'est pas toujours facile de cheminer seul, sans quelqu'un avec qui vous pouvez réfléchir, discuter, afin de trouver des solutions qui ne viennent pas de votre passé conditionné. Pourquoi ne pas bénéficier du soutien d'une personne ayant déjà marché ce chemin ?

Si vous voulez explorer davantage ou approfondir certains domaines, les programmes quantiques en ligne de Philippe sont toujours à votre disposition pour progresser consciemment.

VOUS VENEZ D'ÉLARGIR VOTRE CONSCIENCE.

Pour que ce changement devienne une réalité, répondez aux questions de réflexion relatives à ce chapitre dans votre **Guide d'accompagnement.**

➡ Si vous ne l'avez pas encore reçu, téléchargez votre guide et les bonus ici :

Scannez le code QR ou rendez-vous sur **https://vitaquantum.com/cadeaurepense**

CONCLUSION

VERS UNE NOUVELLE SOCIÉTÉ

Personne, ou à peu près personne, ne pouvait prévoir ce qui était pour arriver ici sur terre. Les menaces qui pèsent sur notre planète sont, à bien des niveaux, non seulement écologiques, mais aussi climatiques, médicales, économiques, sans parler des querelles entre les peuples et des menaces de guerre nucléaire.

Le péril est à nos portes, mais si péril il y a, il y a aussi ce qui pourrait nous sauver. L'humain d'aujourd'hui est le résultat d'un long passé qui n'a cessé de croître et l'évolution sera toujours ascendante. Mais depuis environ une centaine d'années, avec l'évolution de la technologie, nous sommes en désévolution humaine comme le dit aussi le Dr Amit Goswami. Nous sommes plus que jamais séparés, malades et déprimés.

Il ne s'agit pas d'avoir la tête dans le sable ou de désespérer, mais de réaliser qu'en des temps sombres, la lumière est toujours présente, la conscience progresse et les horizons s'élargissent. Malgré tant d'éléments destructeurs, le renouveau aura sa place. Beaucoup d'éléments positifs pourront s'y greffer, même si le temps sera toujours de nature incertaine.

C'est tout notre système de croyances et notre vision du monde que nous devons changer.

Il est impératif que le monde quantique, celui de la dimension submicroscopique, prenne la place dans notre monde matérialiste. Il faut non seulement les reconnaître, mais vivre selon les lois de la science quantique. La spiritualité, qui date de milliers d'années, est enfin supportée scientifiquement par la science quantique. Le vieux devra faire place au nouveau. Depuis 100 ans, nous avons vécu une période industrielle où la matérialité newtonienne prédominait et supplantait tout.

Comme la science quantique le démontre, nous avons imaginé collectivement ce monde que nous habitons et tout ce qui nous arrive. Nous avons la possibilité de tout remettre en ordre. Il ne faut pas désespérer, car le meilleur arrivera si la conscience des gens s'éveille de plus en plus, si nous utilisons notre pouvoir créateur infini et si nous reconnaissons que nous sommes Unité. Tout est énergie.

Le problème auquel nous sommes confrontés est fondamentalement dans la psyché humaine, où la frontière entre le vrai et le faux est difficilement mise en lumière face à une désinformation totale.

Notre transformation intérieure doit s'opérer maintenant, une masse critique de gens doit s'éveiller pour cette nouvelle société à repenser. L'expansion de la conscience humaine doit se manifester rapidement pour éviter le marasme qui pèse sur notre planète. Une chose est certaine : l'époque industrielle deviendra demain immatérielle et quantique, mais cette transformation fait peur, car ce sera à tous les niveaux à la fois : travail, gouvernement, éducation, économie, écologie, sociologie, etc. Notre forme du travail connue deviendra obsolète. Elle fera place à une vie de prospérité et de créativité.

Tout changement fait peur et l'humain préfère le connu, même si ce connu fait mal et est dépassé. Tout ce qui changera sera pour le meilleur, éventuellement, puisque l'humain a toujours su retomber sur ses pieds. Ce sera aux jeunes de réinventer une nouvelle roue, même si ce ne sera pas facile, car ce qui était en place peut demeurer encore des siècles. Cette époque révolue devra céder le pas pour faire place à une nouvelle société. Le profit mesquin et l'argent démesuré seront remplacés par la simplicité, le nécessaire, l'entraide, l'égalité et la liberté. Nous participerons enfin à cet entrelacement quantique, à cette Unicité tant désirée.

Le chemin du renouveau est déjà amorcé dans la conscience des gens. Ce sera la fin d'une époque pour le début d'un monde nouveau. Les sociétés capitalistes devront faire place aux nouvelles valeurs divines (archétypes). L'humain sera à l'écoute du mouvement de son énergie vitale (corps vital) et son mental sera tranquille. Mais nous n'avons pas encore dompté notre mental de singe ni notre ego. La folie de la guerre est encore plus omniprésente sur terre. « La guerre n'est-elle pas l'expression d'un instinct animal sophistiqué ? » disait Bernard de Montréal.

À bien y regarder, les animaux et la nature s'organisent beaucoup mieux que nous, car ils vivent en symbiose avec entre eux. L'humain vit tout à fait le contraire depuis trop longtemps et ce temps doit être réformé. Il a agi trop longtemps de façon newtonienne, séparée et croyant n'avoir qu'un corps physique soumis à la simple physicalité, un simple objet matériel alors que nous avons vu que ce même corps est étroitement interrelié à ses autres corps : vital (éthérique), mental, spirituel et énergétique.

La médecine sera également présente, mais à des niveaux inconnus jusqu'à maintenant. Tout le processus énergétique prendra un essor pour participer à la santé des gens ainsi qu'aux traitements qui deviendront simples et sans effets secondaires. Traitements qui seront régis par les sciences quantiques, où l'énergie sera au service de l'humain. Tout sera détecté précocement à travers le subtil corps vital de l'humain, car ce corps gouverne la matière corporelle. Le dépistage des maladies, tout comme leur traitement, pourra intervenir dès le départ au niveau du corps vital (éthérique). Les maladies en devenir seront perçues précisément et radiées aussitôt.

Notre système d'éducation fera un revirement à 180 degrés autant dans la compréhension de l'humain, de sa nature et de son potentiel transcendant inavoué ou réprimé. L'éducation devra cesser de niveler tous nos hypersensibles et surdoués (douance). Les enfants et adultes à haut potentiel reconnaîtront le manque de logique et de bon sens dans nos systèmes actuels. Ces êtres hypersensibles aux énergies et plus conscients auront beaucoup à apporter à la société qui s'éveille pour le bonheur.

Tout sera renouveau, stimulant et emballant, que ce soit au niveau de la gestion du travail, du temps, des relations et des sciences quantiques et spirituelles. L'humain aura graduellement contact avec les énergies supramentales. Du cœur de l'humanité et de l'âme émerveillée, des gens surgiront joyeusement avec les nouvelles expressions de l'humain intégré et unifié. La politique elle-même sera au diapason du peuple, car la Conscience sera le point unificateur de tout notre système. La Conscience sera la clé de voûte de cette humanité croissante.

Au départ, cet ajustement créera beaucoup d'inquiétudes et de colère, mais le principe évolutif suivra son chemin. Ce sera à nous de ne pas regarder le passé, de ne pas considérer le bas, mais d'apprécier le haut, ce futur de la nouvelle race en train d'émerger. Cette métamorphose ne pourra plus supporter ce qui est faux, ce qui est mensonge, ce qui est voilé et ce qui est irréel. Ce sera une intensification des énergies en vue d'une transmutation et même d'une transfiguration de notre monde.

Les GAFAM (Google-Apple-Facebook-Amazon-Microsoft), ces méga-entreprises devront s'ajuster et même s'incliner, car elles n'auront pas compris l'avènement de cette ère de renouveau. La renaissance est à nos portes pour un monde meilleur et plus conscient. Les sciences quantiques viendront enrichir cette vision que la Conscience crée la matière et que la matière en est un de ses fruits. Le nouveau paradigme où science quantique et spiritualité s'accordent et s'unissent parfaitement pour le meilleur de l'humanité. Il est en train de s'implanter.

De nouveaux médias privés établiront des normes altruistes et délogeront les médias désuets, cloisonnés et subventionnés par un état autocratique, qui devra s'ouvrir et reconnaître enfin la vraie nature de l'humain et du bonheur.

Le cerveau quantique humain est d'une force incroyable. Il se développera davantage sous la guidance de l'Esprit. Il dépasse les ordinateurs intelligents. Il est non seulement un ordinateur parfaitement intelligent, mais un émetteur, un récepteur et un pont avec le cœur parfaitement aligné avec la Lumière universelle.

Pour que cette nouvelle société voie le jour, il est temps de se transformer, de se réinventer tel un phénix qui renaît de ses cendres. Il est temps de prendre conscience de son potentiel infini et de se libérer des chaînes de l'ego, des émotions négatives et des dépendance.

Il est temps de te poser des questions profondes. Explore la nature de ta réalité et cherche à éveiller ta conscience et ta sagesse intérieure. Rappelle-toi que tu es un être quantique, un être sans limites, rempli de possibilités infinies. Seuls tes croyances et tes conditionnements te limitent, rien ni personne d'autre. Le pouvoir de transformation réside en toi, et toi seul peut prendre conscience de tes sentiments, de tes pensées, de tes émotions, de tes valeurs et de tes croyances. C'est ainsi que tu deviendras un être humain quantique et divin.

Ce chemin n'est pas facile, mais peut-être que ce livre t'aidera. Philippe propose des cours passionnants sur le monde fascinant de la science quantique. N'oublie pas que si tu t'entoures de personnes partageant la même vision, le processus sera plus facile et agréable. Ensemble, vous pourrez vous connecter à cette nouvelle réalité magique qui attend d'être explorée.

Alors, passe à l'action dès maintenant. Ne laisse pas tes rêves et ton potentiel se perdre dans l'oubli. Élève-toi au-dessus de tes limitations. Embrasse ta véritable nature et contribue à la création d'une société empreinte de conscience et de transformation.

Le monde a besoin de toi, de ton énergie et de ta Lumière.

Ensemble, nous pouvons faire de grandes choses.

Que cette ère de transformation déverse sa Lumière sur nous tous.

Bon voyage et au plaisir de se retrouver dans un meilleur monde quantique, où bonheur et joie coexistent.

Gaétan et Philippe

VOTRE VOIX CRÉE LA RÉALITÉ

Si ce livre a touché quelque chose en vous, s'il vous a aidé à voir au-delà des apparences, à remettre en question l'illusion de la séparation ou à vous éveiller à une vérité intérieure plus profonde, alors vous participez déjà au changement dont il parle.

En termes quantiques, nous sommes entrelacés. Chaque choix que vous faites, chaque action consciente résonne dans le champ énergétique. En laissant un commentaire sur Amazon, vous ne faites pas que soutenir cet ouvrage. Vous aidez d'autres personnes à se connecter à la même fréquence d'éveil, de clarté et de bonheur intérieur. Vous devenez co-créateur de cette nouvelle réalité collective, une réalité où la conscience, l'amour et la science ne font plus qu'un.

Scannez le code QR ou rendez-vous sur Amazon:

Canada

France

Laissez votre voix rayonner.

Nous sommes déjà connectés. Amplifions maintenant le signal.

EXERCICES PRATIQUES

Ce livre est rempli d'informations pour vous aider à voir le monde d'une nouvelle façon. Il y a eu beaucoup d'informations mentales, maintenant il est temps de passer aux expériences pratiques pour avoir de meilleurs résultats dans nos vies et notre transformation.

Vous trouverez sur https://vitaquantum.com/lecadeaurepense plusieurs exercices pour vous aider à atteindre une plus grande expansion de conscience et à vivre une vie avec encore plus de bonheur.

RÉFÉRENCES

1. Peron, J., *C'est quoi le bonheur pour vous*? Film. 2020.
2. Poll, H ., *Happiness survey*. 2017.
3. Ortiz-Ospina, E. et M. Roser, *Happiness and life satisfaction.* Our World in Data. 2013.
4. Gallup, *Gallup Global Emotions*. 2019.
5. Veenhoven, R. et Y. Choi, *Does intelligence boost happiness? Smartness of all pays more than being smarter than others.* International Journal of Happiness and Development, 2012. **1**(1): p. 5.
6. Kahneman, D. et A. Deaton, *High income improves evaluation of life but not emotional well-being.* Proceedings of the National Academy of Sciences, 2010. **107**(38): p. 16489-16493.
7. Pollard, I., *From happiness to depression.* Today's Life Science, 2003. **15**(4): p. 22-26.
8. Lustig, R. H., *The Hacking of the American Mind: the science Behind the Corporate Takeover of Our Bodies and Brains*. Penguin Press. 2018.
9. Goswami, A. et S. Pattani, *The Quantum Science of Happiness: Live Quantum, Be Happy*. 2021.
10. Baumeister, R. F. et al., *Bad is Stronger than Good.* Review of General Psychology, 2001. **5**(4): p. 323-370.
11. Ito, T.A., J. T. Larsen, N. K. Smith, et J. T. Cacioppo, *Negative information weighs more heavily on the brain: the negativity bias in evaluative categorizations.* Journal of Personality and Social Psychology, 1998. **75**(4): p. 887–900.
12. Einstein, A., B. Podolsky et N. Rosen, *Can quantum-mechanical description of physical reality be considered complete?* Physical review, 1935. **47**(10): p. 777.
13. Grinberg-Zylberbaum J., M.D., L. Attie et A. Goswami, *The Einstein-Podolsky-Rosen Paradox in the Brain: The Transferred Potential.* Physics Essays 7, no. 4, 1994.
14. Schmidt, H., *Observations of a psychokinetic effect under highly controlled conditions.* Journal of Parapsychology, 1993. **57**: p. 351-372.
15. Wigner, E.P., *Symmetries and Reflections*, B.I.U. Press, Editor. 1967.
16. Harrell, E., *Neuromarketing: What You Need to Know*. Harvard Business Review. 2019.
17. Coca-Cola. *Faites des heureux*. 2014. https://cocacolaweb.fr/

publicite-coca-cola-de-noel-2015-faites-des-heureux/

18. Uppal, R.K.C.e.S., *L'endettement des ménages au Canada*, D. d.l.s.d. travail, Editor. Statistique Canada. 2015.
19. Alimentarium, *The history of the American food pyramid.*
20. Lipton, B., *Are You Programmed at Birth?* 2010.
21. HEC-Montréal, *La pyramide de l'apprentissage*. Direction de l'apprentissage et de l'innovation pédagogique.
22. Gagné, L., *Les impacts à long terme de la pandémie sur les enfants sous la loupe*. COVID-19 : tout sur la pandémie 16 mars 2022 [cited 15 novembre 2023; https://ici.radio-canada.ca/nouvelle/1869186/impacts-pandemie-enfants-tout-petits-quebec-mesures-confinement-retards-developpement-apprentissage-reussite-scolaire
23. Galipeau, S., *Trop de devoirs?. La Presse*. 25 août 2015.
24. Gagné, L., *La santé émotionnelle des adolescents malmenée par la pandémie*. COVID-19 : tout sur la pandémie 14 mars 2022 [cited 15 novembre 2023; https://ici.radio-canada.ca/nouvelle/1868771/adolescents-jeunes-adultes-quebec-impacts-deux-ans-pandemie-sante-developpement-confinement
25. Paris, A., *Plusieurs tentatives de suicide chez les jeunes filles au Québec. Radio-Canada*. 31 janvier 2022.
26. Carrier, L., *La pandémie a tout chamboulé. La Presse*. 19 nov. 2022.
27. Langlois, K. and D. Garriguet, *Consommation de sucre chez les Canadiens de tous âges*. 2011. Statistique Canada.
28. *Sommeil chez l'adolescent*. 10 oct 2023. https://www.chudequebec.ca/patient/maladies-soins-et-services/m-informer-sur-ma-maladie-ou-ma-condition/le-sommeil-chez-l%E2%80%99adolescent.aspx
29. Québec, G. d. *Utilisation équilibrée des écrans chez les jeunes*. https://www.quebec.ca/sante/conseils-et-prevention/saines-habitudes-de-vie/utilisation-saine-des-ecrans-chez-les-jeunes
30. Moine, M. L., *L'impact de la lumière bleue sur la mélatonine*. 12 Juin 2020. https://www.mlactu.fr limpact-de-la-lumiere-bleue-sur-la-melatonine/
31. Robinson, S. K., *Do schools kill creativity?*, TED, Editor. 2006. p. https://www.ted.com/talks/sir_ken_robinson_do_schools_kill_creativity.
32. McDermott, J., *The rise and fall of the factory system: technology, firms, and households since the industrial revolution A comment.* Carnegie-Rochester Conference Series on Public Policy, 2001. **55**: p. 1-45.
33. George Land, B. J., *The Failure Of Success*. 16 Février 2011. TEDxTucson.

34. George Land, B. J., *Breakpoint and Beyond: Mastering the Future Today.* 1992. Leadership 2000 Inc.

35. Kim, K. H., *The Creativity Crisis: The Decrease in Creative Thinking Scores on the Torrance Tests of Creative Thinking.* Creativity Research Journal, 2011. **23**(4): p. 285-295.

36. Holt-Lunstad, J., T. B. Smith et J.B. Layton, *Social relationships and mortality risk: a meta-analytic review.* PLOS medicine, 2010. **7**(7): p. e1000316.

37. Malone, J. C. et al., *Midlife Eriksonian Psychosocial Development: Setting the stage for late-life cognitive and emotional health.* Developmental psychology, 2016. **52**(3): p. 496.

38. Cacioppo, J. T. et S. Cacioppo, *Social Relationships and Health: The Toxic Effects of Perceived Social Isolation.* Social and Personality Psychology Compass, 2014. **8**(2): p. 58-72.

39. Smith, B. J. et M. H. Lim, *How the COVID-19 pandemic is focusing attention on loneliness and social isolation.* Public Health Research & Practice, 2020. **30**(2): p. 3022008.

40. Choukér, A. et A. C. Stahn, *COVID-19—The largest isolation study in history: the value of shared learnings from spaceflight analogs.* npj Microgravity, 2020. **6**(1).

41. Palinkas, L. A. et P. Suedfeld, *Psychological effects of polar expeditions.* The Lancet, 2008. **371**(9607): p. 153-163.

42. Rein, G., M. Atkinson et R. McCraty, *The physiological and psychological effects of compassion and anger*. 1995: Institute of HeartMath.

43. Lecorps, B., D. M. Weary et M. A. G. von Keyserlingk, *Captivity-Induced Depression in Animals.* Trends in Cognitive Sciences, 2021. **25** (7): p. 539-541.

44. Ranganathan, V. K. et al., *From mental power to muscle power—gaining strength by using the mind.* Neuropsychologia, 2004. **42**(7): p. 944-956.

45. Cohen, P., *Mental gymnastics increase bicep strength*, NewScientist, 2001.

46. *Troubles mentaux.* Organisation mondiale de la santé. 8 juin 2022.

47. Bordeleau, J.-L., *Les jeunes toujours plus médicamentés pour traiter leur santé mentale. Le Devoir*. 31 janv. 2023.

48. *La pandémie a fait augmenter la prise d'antidépresseurs au Québec. Radio-Canada*. 20 février 2021.

49. *L'OMS souligne qu'il est urgent de transformer la santé mentale et les soins qui lui sont consacrés*, in *Organisation mondiale de la santé*. 17

juin 2022.

50. *Mental Health and COVID-19: Early evidence of the pandemic's impact: Scientific brief, 2 March 2022.* Organisation Mondiale de la Santé, 2 mars 2022.

51. *Répercussions globales de la COVID-19 : Regard sur l'évolution des méfaits liés à la consommation de substances durant la pandémie.* Agence de la santé publique du Canada, 5 mai 2021.

52. Kraft, T.L., *The role of positive facial feedback in the stress response.* 2011, University of Kansas.

53. D'Acquisto, F., L. Rattazzi, and G. Piras, *Smile—It's in your blood!* Biochemical pharmacology, 2014. **91**(3): p. 287-292.

54. Peciña, M., et al., *Association Between Placebo-Activated Neural Systems and Antidepressant Responses: Neurochemistry of Placebo Effects in Major Depression.* JAMA Psychiatry, 2015. **72**(11): p. 1087-94.

55. Sonawalla, S.B. and J.F. Rosenbaum, *Placebo response in depression.* Dialogues in clinical neuroscience, 2002. **4** (1): p. 105-113.

56. Fournier, J. C., et al., *Antidepressant drug effects and depression severity: a patient-level meta-analysis.* Jama, 2010. **303**(1): p. 47-53.

57. Rowland, L. and O.S. Curry, *A range of kindness activities boost happiness.* The Journal of Social Psychology, 2019. **159**(3): p. 340-343.

58. Post, S.G., *Altuism, happiness, and health: it's good to be good.* Int J Behav Med, 2005. **12**(2): p. 66-77.

59. Dunn, E.W., L.B. Aknin, and M.I. Norton, *Spending money on others promotes happiness.* Science, 2008. **319** (5870): p. 1687-8.

60. Soyoung Q. Park, T.K., Azade Dogan, Sabrina Strang, Ernst Fehr & Philippe N. , *A neural link between generosity and happiness.* Nature Communications, 2017. **doi:10.1038/ncomms15964**.

61. Srinivasan, T., *Prana and electrons in health and beyond.* Int J Yoga, 2014. **7** (1): p. 1-3.

62. Friedman, L.S., *The Sensitive Gut.* A Harvard Medical School Special Health Report. 2012: Harvard Medical School, Health Publications Group.

63. Emeran A. Mayer, Tor Savidgem, and Robert J. Shulman, *Brain-Gut Microbiome Interactions and Functional Bowel Disorders.* Gastroenterology, 2014. **46**: p. 1500-1512.

64. Bailey, M.T. and C.L. Coe, *Maternal separation disrupts the integrity of the intestinal microflora in infant rhesus monkeys.* Developmental Psychobiology, 1999. **35**(2): p. 146-155.

65. Bailey, M.T., et al., *In Vivo Adaptation of Attenuated Salmonella*

typhimurium Results in Increased Growth Upon Exposure to Norepinephrine. Physiology & Behavior, 1999. **67**(3): p. 359-364.

66. Borre, Y.E., et al., *Microbiota and neurodevelopmental windows: implications for brain disorders.* Trends in Molecular Medicine, 2014. **20**(9): p. 509-518.
67. Foster, J.A. and K.-A. McVey Neufeld, *Gut–brain axis: how the microbiome influences anxiety and depression.* Trends in Neurosciences, 2013. **36**(5): p. 305-312.
68. Steenbergen, L., et al., *A randomized controlled trial to test the effect of multispecies probiotics on cognitive reactivity to sad mood.* Brain, Behavior, and Immunity, 2015. **48**(Supplement C): p. 258-264.
69. Tillisch, K., et al., *Consumption of Fermented Milk Product With Probiotic Modulates Brain Activity.* Gastroenterology, 2013. **144**(7): p. 1394-1401.e4.
70. Labus, J.S., et al., *Impaired Emotional Learning and Involvement of the Corticotropin-Releasing Factor Signaling System in Patients With Irritable Bowel Syndrome.* Gastroenterology, 2013. **145**(6): p. 1253-1261.e3.
71. Yano, Jessica M., et al., *Indigenous Bacteria from the Gut Microbiota Regulate Host Serotonin Biosynthesis.* Cell, 2015. **161** (2): p. 264-276.
72. Arseneault-Bréard, J., *Effet des probiotiques Lactobacillus helveticus RO052 et Bifidobacterium longum RO175 sur la dépression post-infarctus du myocarde chez le rat.* 2011.
73. Malick, M., *Différentes approches dans le traitement de la dépression post-infarctus du myocarde: effet de la desvenlafaxine et des probiotiques.* 2015.
74. Eisenhofer, G., et al., *Substantial production of dopamine in the human gastrointestinal tract.* The Journal of Clinical Endocrinology & Metabolism, 1997. **82**(11): p. 3864-3871.
75. Kim, D.-Y. and M. Camilleri, *Serotonin: a mediator of the brain-gut connection.* Am J Gastroenterol, 2000. **95**(10): p. 2698-2709.
76. Linghong Zhou and Jane A Foster, *Psychobiotics and the gut–brain axis: in the pursuit of happiness.* Neuropsychiatric Disease and Treatment, 2015. **11**: p. 715-723.
77. Bowe, W.P. and A.C. Logan, *Acne vulgaris, probiotics and the gut-brain-skin axis - back to the future?* Gut Pathogens, 2011. **3**(1): p. 1.
78. Neu, J., M. Douglas-Escobar, and M. Lopez, *Microbes and the Developing Gastrointestinal Tract.* Nutrition in Clinical Practice, 2007. **22**(2): p. 174-182.

79. Ley, R.E., et al., *Human gut microbes associated with obesity.* Nature, 2006. **444** (7122): p. 1022-1023.

80. Turnbaugh, P.J., et al., *An obesity-associated gut microbiome with increased capacity for energy harvest.* Nature, 2006. **444** (7122): p. 1027-1031.

81. Harris, K., et al., *Is the gut microbiota a new factor contributing to obesity and its metabolic disorders?* Journal of obesity, 2012. **2012**.

82. Ley, R.E., et al., *Microbial ecology: Human gut microbes associated with obesity.* Nature, 2006. **444** (7122): p. 1022-1023.

83. Turnbaugh, P.J., et al., *A core gut microbiome in obese and lean twins.* Nature, 2009. **457** (7228): p. 480-484.

84. Kadooka, Y., et al., *Regulation of abdominal adiposity by probiotics (Lactobacillus gasseri SBT2055) in adults with obese tendencies in a randomized controlled trial.* Eur J Clin Nutr, 2010. **64**(6): p. 636-643.

85. Annadora J. Bruce-Keller, et al., *Obese-type Gut Microbiota Induce Neurobehavioral Changes in the Absence of Obesity.* Society of Biological Psychiatry, 2014. **7**(12): p. 1-9.

86. Othman A. Baothman, et al., *The role of Gut Microbiota in the development of obesity and Diabetes.* Lipids in Health and Disease, 2016. **15**(108): p. 1-8.

87. Sanchez, M., et al., *Effect of Lactobacillus rhamnosus CGMCC1.3724 supplementation on weight loss and maintenance in obese men and women.* British Journal of Nutrition, 2014. **111**(08): p. 1507-1519.

88. *Statistiques — Canadian Digestive Health Foundation.* [cited 2017 15 Fév].

89. Dagci, H., et al., *Protozoon infections and intestinal permeability.* Acta Tropica, 2002. **81**(1): p. 1-5.

90. Maes, M., I. Mihaylova, and J.-C. Leunis, *Increased serum IgA and IgM against LPS of enterobacteria in chronic fatigue syndrome (CFS): Indication for the involvement of gram-negative enterobacteria in the etiology of CFS and for the presence of an increased gut-intestinal permeability.* Journal of Affective Disorders, 2007. **99**(1): p. 237-240.

91. Maia-Brigagão, C., J.A. Morgado-Díaz, and W. De Souza, *Giardia disrupts the arrangement of tight, adherens and desmosomal junction proteins of intestinal cells.* Parasitology International, 2012. **61**(2): p. 280-287.

92. O'Brien, J.S. and E.L. Sampson, *Lipid composition of the normal human brain: gray matter, white matter, and myelin.* Journal of Lipid Research, 1965. **6**(4): p. 537-544.

93. Nedeltcheva, A.V., et al., *Insufficient sleep undermines dietary efforts to*

reduce adiposity. Ann Intern Med, 2010. **153**(7): p. 435-41.

94. Vin Tangpricha, et al., *Vitamin D Insufficiency among Free-Living Healthy Young Adults.* Am J Med., 2002. **112**(8): p. 659-662.

95. Silvina Levis, et al., *Vitamin D Deficiency and Seasonal Variation in an Adult South Florida Population.* The Journal of Clinical Endocrinology & Metabolism, 2005. **90**(3): p. 1557-1562.

96. Elina Hyppönen and Chris Power, *Hypovitaminosis D in British adults at age 45 y: nationwide cohort study of dietary and lifestyle predictors.* Am J Clin Nutr, 2007. **85**: p. 860-868.

97. Ingrid A.F. van der Mei, et al., *The High Prevalence of Vitamin D Insufficiency across Australian Populations Is Only Partly Explained by Season and Latitude.* Environmental Health Perspectives, 2007. **115** (8): p. 1132-1139.

98. Reinhold Vieth, et al., *The urgent need to recommend an intake of vitamin D that is effective.* Am J Nutr., 2007. **85**: p. 649-650.

99. Michal L. Melamed, et al., *25-hydroxyl Vitamin D Levels and the Risk of Mortality in the General Population.* Arch Intern Med., 2008. **168**(15): p. 1629-1637.

100. Adit A. Ginde, Mark C. Liu, and Carlos A. Camargo, *Demographic Differences and Trends of Vitamin D Insufficiency in the US Population, 1988–2004.* Arch Intern Med., 2009. **169**(6): p. 626-632.

101. Mart Kull Jr, et al., *Seasonal variance of 25-(OH) vitamin D in the general population of Estonia, a Northern European country.* BMC Public Health, 2009. **9**(22): p. 1-8.

102. K. Brock, et al., *Low Vitamin D Status Is Associated With Physical Inactivity, Obesity And Low Vitamin D Intake In A Large Us Sample Of Healthy Middle-Aged Men And Women.* J Steroid Biochem Mol Biol., 2010. **121**(1-2): p. 462-466.

103. Claude-Laurent Benhamou, et al., *La vitamine D chez l'adulte : recommandations du GRIO.* Rhumatologie, 2011. **40**: p. 673-682.

104. Michael F. Holick, *Vitamin D: Evolutionary, Physiological and Health Perspectives.* Current Drug Targets, 2011. **12**: p. 4-18.

105. Silva Hovsepian, et al., *Prevalence of Vitamin D Deficiency among Adult Population of Isfahan City, Iran.* J HEALTH POPUL NUTR, 2011. **29**(2): p. 149-155.

106. Yukihiro Ikeda, et al., *Intake of Fermented Soybeans, Natto, Is Associated with Reduced Bone Loss in Postmenopausal Women: Japanese Population-Based Osteoporosis (JPOS) Study.* Journal of nutrition, 2006. **136**: p. 1323-1328.

107. Chris Masterjohn, *On the Trail of the Elusive X-Factor: A*

Sixty-Two-Year-Old Mystery Finally Solved. Weston A. Price Foundation ,, 2008.

108. Johanna M. Geleijnse, et al., *Dietary Intake of Menaquinone Is Associated with a Reduced Risk of Coronary Heart Disease: The Rotterdam Study.* Journal of nutrition, 2004. **134**: p. 3100-3105.

109. Ekerdt, D.J., et al., *Is longevity a value for older adults?* J Aging Stud, 2017. **43**: p. 46-52.

110. *Statistiques et rapports annuels.* 2023; https://www.societealzheimerdequebec.com/a-propos/statistiques-et-rapports-annuels/.

111. *Une moyenne de 14 médicaments par résident dans les CHSLD*, in *Radio-Canada*. 2018.

112. Nakamura, K.-I., et al., *Telomeric DNA length in cerebral gray and white matter is associated with longevity in individuals aged 70 years or older.* Experimental Gerontology, 2007. **42**(10): p. 944-950.

113. Heidinger, B.J., et al., *Telomere length in early life predicts lifespan.* Proceedings of the National Academy of Sciences, 2012. **109**(5): p. 1743-1748.

Distributeur: Prologue
3785, rue La Fayette Ouest, Boisbriand
(Québec) J7H 1N5
Tél : (514) 777-3207